Télémédecine et Droit
Le cadre des relations professionnelles

Efrahime Kwassi N'GUESSAN
Docteur en droit privé et sciences criminelles
Enseignant contractuel à l'Université de Tours

Autres livres de l'auteur

Le Risque Juridique en Télémédecine, Didactijuris, 2024, 283 pages.

Réflexions sur la Générosité et sur la Subrogation, Didactijuris, 2025, 153 pages.

Incursions pénalistes de privatistes, en collab., Didactijuris, 2025, 258 pages.

ISBN : 979-10-977232-4-8

EAN : 9791097723248

Préface

La pratique de la télémédecine continue de susciter bon nombre d'interrogations allant de sa pertinence réelle à l'analyse des différentes responsabilités engagées. C'est une question centrale qui mérite d'être posée et qui se pose en pratique courante. L'aborder à travers l'analyse combinée d'une stratégie de déploiement bien codifiée comme c'est le cas en France et à partir des différents cas de jurisprudence nés de sa vulgarisation dans ce pays européen peut orienter son encadrement juridique dans les pays émergeants comme la Côte d'Ivoire qui ont élaboré des plans nationaux de télémédecine malgré un environnement le plus souvent différent.

La question juridique peut en effet constituer un frein à l'essor de cette forme de pratique médicale à distance basée sur la contribution des technologies de l'informatique et de la communication. C'est pourquoi, il est judicieux de saluer cet ambitieux chantier que conduit Efrahime N'GUESSAN, docteur en droit privé français et spécialiste des questions du numérique en santé mais aussi originaire de la Côte d'Ivoire et donc au parfum des défis sanitaires et organisationnels de la plupart des pays d'Afrique subsaharienne.

Sa contribution à travers cet ouvrage qui est une analyse froide, comparative du cadre juridique français et ivoirien dans le cadre de la pratique de la télémédecine devrait offrir à ces pays émergeants, les subtilités juridiques pour orienter leur stratégie en matière de télémédecine qui tout en préservant aussi bien le droit des patients devrait réconforter l'ensemble des professionnels médicaux qui s'engageront dans ce processus.

Si la télémédecine n'est pas un luxe en Afrique Subsaharienne, sa pratique ne devrait pas se faire sans cadre juridique et loin de la déontologie médicale. Efrahime N'GUESSAN invite l'ensemble des acteurs de ce déploiement à considérer l'intérêt du patient à travers un cadre règlementaire mettant en confiance l'ensemble des acteurs.

Dr Florent DIBY KOUAKOU
Maître de conférences Agrégé
Université Alassane Ouattara
Président de la Société ivoirienne de télémédecine

Remerciements

A DIEU, seul maître des temps et des circonstances, celui qui dirige les pas de l'Homme sur terre, à celui sans qui cette entreprise n'aurait jamais abouti soient la louange et la gloire pour des temps indéfinis !

En préambule, je souhaite remercier toutes les personnes qui ont accompagné mes recherches dans le domaine du cadre juridique d'exercice de la télémédecine et qui m'ont apporté le soutien nécessaire à la rédaction de ce travail. Je remercie tout d'abord les membres du jury ici réunis d'avoir accepté de participer à cette soutenance de thèse.

Je sais gré au professeure Madame Joëlle VASSAUX qui me fait l'honneur de présider ce jury. J'exprime mes remerciements et toute ma gratitude au professeure Madame Pélagie N'DRI-THEUOA vice-présidente de l'Université Alassane OUATTARA de Bouaké qui m'a fait l'immense plaisir, l'honneur de participer à cette soutenance en acceptant d'en être l'un des rapporteurs. Je remercie le professeur Mostefa MAOUENE de l'Université Sidi bel Abbès d'Algérie pour sa présence et sa participation précieuse à cette soutenance.

Je tiens à remercier sincèrement Madame la professeure Nathalie NEVEJANS, qui, en sa qualité de Directeur de thèse, a fait preuve d'une grande disponibilité tout au long de cette aventure, ainsi que pour les conseils qu'elle m'a donnés, et sans qui ce travail n'aurait jamais vu le jour. Je lui dois cette « ParenThèse », inoubliable et réjouissante qui précise et enrichit le sens de ces études universitaires pour réaliser, à l'âge adulte, un rêve de jeune homme. Sans doute la traversée est encore longue et hasardeuse mais la rive se rapproche peu à peu, les côtés sont désormais visibles après beaucoup de travail et de sacrifices.

Pourtant, je continue à penser, malgré les doutes et les craintes qui m'ont fait quelques fois vaciller, que cette aventure en valait la peine à double titre. D'une part, le chemin des études et en particulier le domaine du droit ont enrichi mes connaissances et me permettent, j'espère, de porter un regard plus nuancé et plus ouvert sur le monde. D'autre part, et surtout, et là est l'essentiel, cette aventure m'a donné la possibilité de faire des rencontres formidables, de lier des amitiés tendres et profondes et de renforcer les liens d'affection déjà existants.

Mes remerciements s'adressent aussi à Dr. Pierre SIMON, codirecteur de ma thèse pour le temps qu'il a bien voulu me consacrer ainsi que pour sa disponibilité. Je remercie également le Pr. Hans-J. BRAUNS pour ses conseils avisés sans oublier qu'il a été l'un des premiers à m'encourager dans cette aventure.

J'exprime ma gratitude envers Dr. K. Florent DIBY qui a suscité en moi la vocation de chercheur sur les aspects juridiques de la pratique de la télémédecine en Côte d'Ivoire. Non seulement il a suscité en moi cette vocation au moment où l'ONG WUA se lançait dans ces activités de télémédecine, mais jamais il n'a cessé de me soutenir et m'assister ainsi que les miens pour m'accorder un peu plus de sérénité dans cette entreprise.

Je veux aussi remercier le Pr. Anicet ADOUBI et le Dr. MEMAN pour avoir accepté de me recommander à cette activité de recherche.

Je salue l'aide apportée par monsieur Jean Louis EVRARD qui m'a accordé l'accueil et l'hébergement pendant la durée de ce projet.

Je n'oublie pas mon frère N'GUESSAN Osée pour son soutien et encouragement ainsi que mon père, ma mère et mon oncle ASSA et tous les membres de ma famille pour leur patience et leurs encouragements.

Enfin, j'adresse toute ma reconnaissance à mon épouse Aya Agnès YAO-N'GUESSAN pour son soutien et réconfort. Je dédie ce travail à mon épouse et nos enfants Ephraïm Miracle Yadhiël Shiméï N'GUESSAN et Claulèh Béroukia N'GUESSAN nés pendant cette aventure et à qui j'ai énormément manqué.

Je n'oublie pas mes amis et les membres de l'ONG WUA ainsi que tous ceux que je n'ai pas cités ici, mais qui m'ont toujours encouragé au cours de cette formidable expérience.

Vous avez tous été des témoins et acteurs bienveillants de mes efforts. Je veux dire à toutes ces personnes, que sans elles, cette aventure n'aurait pas été possible.

J'adresse ma profonde reconnaissance et mes sincères remerciements à monsieur Clotaire MOULOUNGUI de m'avoir consacré une part importante de son temps à la relecture de ce travail ainsi qu'à sa publication.

Comme le disait Albert CAMUS, étudier c'est créer et « créer c'est vivre deux fois ». Si je n'ai pas gagné l'immortalité, en tout cas cela ressemble au bonheur.

Merci à toutes et à tous.

A propos de l'auteur

Efrahime N'GUESSAN, est un docteur en droit privé et sciences criminelles spécialisé dans les questions liées aux technologies de l'information et de la communication. Titulaire d'un doctorat obtenu le 14 février 2020 à l'Université d'Artois, il est reconnu pour ses recherches approfondies à l'intersection du droit des obligations, du droit des affaires et de la responsabilité, en particulier dans le contexte de l'utilisation croissante des outils numériques. Il est également titulaire d'un DU de pédagogie universitaire de l'Université de Lille (2023) et d'un DIU de télémédecine de l'Université catholique de Lille (2019).

Les travaux d'Efrahime N'GUESSAN se concentrent sur le droit de la responsabilité dans les systèmes économiques modernes qui reposent sur l'intégration des technologies numériques. Sa thèse de doctorat, qui a porté en grande partie sur les interactions entre le droit, l'Université et le monde médical, a été une analyse novatrice des défis juridiques soulevés par la télémédecine et les systèmes de santé numériques.

Au-delà de ses recherches, Efrahime N'GUESSAN a publié plusieurs articles scientifiques, notamment dans les domaines du droit des affaires, du droit des obligations, du droit du travail, et des questions juridiques relatives à la télémédecine. Sa perspective unique, nourrie par une connaissance approfondie des enjeux numériques, se caractérise par un dialogue constant entre la théorie juridique et la pratique numérique.

Actuellement, ses travaux se tournent vers l'exploration des relations entre la recherche académique et le monde extra-académique, notamment dans le cadre de la collaboration entre le secteur public, les entreprises et les institutions universitaires. Son objectif est d'étendre ses réflexions sur la manière dont le droit peut accompagner et réguler l'intégration des nouvelles technologies dans le monde de l'entreprise et des institutions.

En tant qu'enseignant, Efrahime N'GUESSAN est un juriste résolument généraliste, capable de transmettre une vision multidimensionnelle du droit à ses étudiants. Il est reconnu pour sa capacité à relier les aspects théoriques et pratiques du droit, particulièrement dans le contexte des évolutions technologiques rapides et des défis qu'elles posent au système juridique.

Au-delà de ses recherches, Efrahime N'GUESSAN est résolument engagé dans la promotion de la télémédecine comme moyen d'amélioration de l'organisation de l'offre de soins et un instrument d'équité et de justice sociale pour une meilleure démocratie sanitaire face aux déserts médicaux et l'inadéquation du ratio médecins/patients.

Pour ce faire, Efrahime N'GUESSAN est depuis 2010 acteur engagé de l'ONG WAKE UP AFRICA qui œuvre à la promotion de la télémédecine en Côte d'Ivoire et Afrique à travers la réalisation de projets de télémédecine. Également, depuis 2018, il est le responsable du département « Ethique, Juridique, Economie – Sociologique » de la Société Ivoirienne de Télémédecine où, il est impliqué dans la formation-action sur le cadre juridique d'exercice professionnel et les risques juridiques en Télémédecine.

Liste des abréviations

Art.	Article
Ass.Plén	Assemblée Plénière
AU	Acte Uniforme
PARSSI	Projet d'Appui à la Redynamisation du Secteur de la Santé Ivoirien
PNDS	Plan National de Développement Sanitaire
MSHP	Ministère de la Santé et de l'Hygiène Publique
DMHP	Direction de la Médecine Hospitalière et de Proximité
DIIS	Direction de l'Informatique et de l'Information Sanitaire
TIC	Technologies de l'Information et de la Communication
CNDTICs	Coordination Nationale pour le développement des TICs
ANSUT	Agence Nationale du Service Universel des Télécommunications
ARTIC	Autorité de Régulation des Télécommunications/TIC
ARS	Agence Régionale de Santé
DPI	Dossier Patient Informatisé
DGOS	Direction Générale de l'Offre de Soins
HAS	Haute Autorité de Santé
SIH	Système d'Information Hospitalier
SFT-ANTEL	Société Française de Télémédecine
DM	Dispositif Médical
DMC	Dispositif Médical Communicant
DMT	Dispositif Médical de Télémédecine
CC	Code Civil
CP	Code Pénal

CHR	Centre Hospitalier Régional
CHU	Centre Hospitalier Universitaire
EPN	Etablissement Public National
GHT	hospitalier de Territoire
CNTM	Centre National de Télémédecine
CNIL	Commission Nationale Informatique et Libertés
CSU	Centre de santé urbain
CSR	Centre de santé rural
Cass.	Cour de Cassation
CAA	Cour d'Appel Administrative
CAA	Cour d'Appel d'Abidjan
CACS	Chambre Administrative de la Cour Suprême
CJCS	Chambre Judiciaire de la Cour Suprême
CCJA	Cour Commune de Justice et d'Arbitrage
CSP	Code de la Santé Publique
CE	Conseil d'Etat
CNOM	Conseil National de l'Ordre des Médecins
TC	Tribunal des Conflits
TPI	Tribunal de Première Instance
TGI	Tribunal de Grande Instance
ECG	Electrocardiogramme
RAFT	Réseau Africain Francophone de Télémédecine
WUA	Organisme non gouvernemental Wake Up Africa
WHO	World Health Organisation
OMS	Organisation Mondiale de la Santé
OHADA	Organisation pour l'Harmonisation du Droit des Affaires en Afriqua
UE	Union Européenne
UA	Union Africaine
CEDEAO	Communauté Economique Des Etats de l'Afrique de l'Ouest
UEMOA	Union Economique et Monétaire Ouest Africaine

ONMCI	Ordre National des Médecins de Côte d'Ivoire

Sommaire

Introduction

1. Monsieur L. NZA, 38 ans, revient des champs vers 16h le 10 octobre 2014. Il se plaint de douleurs à la poitrine qu'il attribue à la fatigue liée aux travaux champêtres. Quelques heures plus tard, les douleurs persistent et s'intensifient. Cette nuit-là, la maisonnée ne dormira pas à BLESSÉGUI son village car il faut l'évacuer à l'hôpital le plus proche, situé à 133 km de là.
2. Mais comme le véhicule de transport ne passe qu'une seule fois dans la journée aux environs de 12h, il faudra attendre jusqu'au lendemain, pour qu'il puisse espérer se rendre à l'hôpital général de BOUNDIALI. Il a de la chance quand il est admis 30 heures plus tard au service des urgences du centre de santé. L'électrocardiogramme réalisé en urgence est scanné par le médecin qui l'adresse immédiatement via la messagerie du projet à son correspondant cardiologue au CHU de Bouaké, distant de 321 km.
3. Celui-ci émet une heure plus tard un avis par la même messagerie à partir de la plateforme de télé-expertise pour la lecture des électrocardiogrammes. Il diagnostique un infarctus du myocarde et définit un protocole de prise en charge urgente du patient. Quelques heures plus tard l'état du patient se stabilise. Et progressivement son état s'améliore.
4. Son problème a pu être traité en quelques jours grâce à la télé-expertise en cardiologie demandée par le médecin requérant dans le cadre du projet télé-ECG[1]. Sans la

[1] Le projet Télé-ECG qui est une offre de réalisation d'Electrocardiogrammes vise à améliorer le diagnostic et la prise en charge des pathologies cardiovasculaires en Côte d'Ivoire par l'usage de la télémédecine. Il permet d'équiper les centres de santé de kit médico-net (KMN) dans le domaine de la cardiologie permettant la transmission, l'analyse et

télémédecine, il aurait fallu plusieurs jours avant que l'infarctus de Monsieur L. NZA puisse être correctement pris en charge. Le délai de prise en charge étant défini comme le temps écoulé entre l'apparition de la douleur thoracique ou des symptômes inauguraux et l'arrivée à l'hôpital. Ce délai était de 74,6 heures soit 3,08 jours2. Ce cas clinique illustre la façon dont l'exercice de la médecine à distance qu'est la télémédecine peut raccourcir les délais de prise en charge et améliorer l'accès aux soins.

5. Il explique aussi pourquoi des médecins ont cru il y a une vingtaine d'années que l'arrivée du numérique pourrait changer les pratiques médicales et permettre de mieux prendre en charge les patients, en leur apportant leurs compétences à distance, en leur donnant plus d'autonomie, en travaillant mieux ensemble3.

6. Si la télémédecine suscite aujourd'hui plus d'intérêt, il convient de préciser qu'elle n'est cependant pas une modalité nouvelle de la pratique médicale. En effet, l'utilisation des technologies de l'information et de la communication (TIC) pour améliorer le dépistage et la prise en charge des patients remonte déjà aux années 50. « La première utilisation de la communication vidéo interactive en santé s'est produite à la fin des années 50 par l'institut psychiatrique du Nebraska (USA) qui, via un

---

l'expertise d'électrocardiogrammes (ECG) par un groupe d'experts en cardiologie du service des maladies cardiovasculaires et thoraciques du CHU de Bouaké.

[2] J-B ANZOUAN-KACOU, C. KONIN, I. COULIBALY, J. KOFFI, A. EKOU, M-P. N'CHO-MOTTOH, R. N'GUETTA, M. ADOH ADOH, R. ABOUO-N'DORI, Délai de prise en charge de l'infarctus du myocarde à l'Institut de Cardiologie d'Abidjan, *Le Journal Africain du Thorax et des Vaisseaux 2010 ; Volume 00 : N° 00 Page 7.*

[3] P. SIMON, « *Télémédecine : Enjeux et pratiques* », synthèses et repères, éd. Le Coudrier, col. Synthèses et repères, Juillet 2015.

système de télévision interactive à deux voies, opéra une téléconsultation en psychiatrie avec l'hôpital de Norfolk, 112 miles plus loin4.

7. Vers la fin des années 60, un projet de télé-dermatologie a été mené entre l'aéroport international de Boston et l'hôpital général du Massachusetts (USA)5. Ensuite ce sont les projets de la NASA (USA) qui ont permis le développement de ces outils de télécommunication lors du contrôle médical et des soins médicaux des astronautes dans l'espace6 ».

8. De nos jours, l'évolution des technologies et leur fiabilité ont conduit à améliorer les pratiques de télémédecine non seulement mais également diminuer leur coût pour une plus grande accessibilité. La télémédecine repose sur le transfert d'informations médicales via les TIC. Mais bien plus qu'une activité de communication à distance, mise en œuvre dans le monde médical au moyen des TIC, la télémédecine est un ensemble de procédés techniques qui tendent à révolutionner la pratique médicale7.

9. En France, depuis plusieurs années, les autorités ont développé la pratique de la médecine à distance à travers la conception et l'utilisation d'applications fonctionnelles, pour contourner les problèmes de répartition inégale de la démographie médicale, l'égalité d'accès aux soins de santé. Cette modalité de la pratique médicale permet aux professionnels de la santé, toutes spécialités confondues d'avoir une meilleure collaboration dans l'intérêt du

---

[4] HAS, Efficience de la télémédecine : état des lieux de la littérature internationale et cadre d'évaluation. Note de cadrage, juin 2011.

[5] HAS, note de cadrage, *ibid.*

[6] *Ibid.*

[7] C. ESPER, « Télémédecine » Lamy Droit de la santé, Lamy 2003.

patient non seulement, mais permet également une amélioration de l'offre de soins8.

10. En Côte d'Ivoire, comme dans de nombreux pays africains, le système de santé connaît de sérieux problèmes liés non seulement à l'insuffisance des structures sanitaires, la défaillance du plateau technique mais également au déficit en ressources humaines9. Ainsi, on constate un déséquilibre tant au niveau de la qualité des soins que de la continuité des services de santé entre Abidjan et les villes de l'intérieur et les zones rurales10.

11. L'une des difficultés majeures identifiées en Côte d'Ivoire dans le domaine de la santé est la couverture très disparate des soins de santé primaires, secondaires et de spécialités sur l'étendue du territoire. Aussi, depuis 2012 le gouvernement ivoirien à l'instar des pays d'Afrique subsaharienne entend promouvoir l'utilisation des TIC

---

[8] P. SIMON, 2008, « *La place de la télémédecine dans l'organisation des soins* », rapports à DGOS, 2008.

[9] Plan Stratégique GRH 2009-2013, p. 4, « le personnel de santé sur le territoire est plus concentré dans les grandes villes particulièrement à Abidjan et ses environs. Les évaluations des RHS (4,11) ont confirmé cette situation. Elles ont fait apparaître une grande disparité dans la répartition géographique des RHS au profit de la région des Lagunes et ses environs. En effet, cette région concentre a elle seule 60% des RHS ».

[10] PNDS 2016-2020, Facteurs liés au système de santé et équité des soins en Côte d'Ivoire, p.31. Selon la MICS 2006, il existe des disparités importantes du fait du statut socio-économique des populations et de leur situation géographique. Les enfants des ménages appartenant au quintile des plus pauvres ont deux fois moins de chance de recevoir des soins en cas de maladie. De même, les femmes accouchant dans les régions de l'ouest, du nord-ouest et du nord-est ont trois fois moins de chance de recevoir une assistance par du personnel de santé qualifié que celle de la ville d'Abidjan.

pour améliorer les soins de santé sur le territoire de la république11.

12. Cela permettrait non seulement de réduire l'écart ratio expert médical-patient, mais également de permettre à tous un égal accès aux soins de qualité ainsi qu'à l'expertise la plus raffinée. C'est donc un choix stratégique important pour essayer de résoudre les difficultés d'accès aux soins de qualité et le déficit ou la mauvaise répartition géographique des ressources humaines en santé sur le territoire12.

13. De plus, cela permet d'assurer la formation continue des professionnels de la santé. Mais il convient de réaliser que si la télémédecine mobilise tant d'énergie de nos jours, ce n'est pas uniquement pour son utilité pratique. Elle présente des enjeux à la fois d'ordre économique, technique, sociétal et juridique13.

14. En effet, comme toute activité professionnelle, la pratique de la médecine qu'elle soit par contact direct avec le patient ou à distance, expose les praticiens à des risques de

---

[11] Le Gouvernement ivoirien a lancé fin 2012 un projet e-santé dont la maitrise d'ouvrage a été confiée à l'ANSUT (Agence Nationale du Service Universel des Télécommunications-TIC) et dont le but est d' D'intégrer les Tics à la gestion des établissements sanitaires par la mise en place des infrastructures requises, D'améliorer l'efficacité des acteurs de santé par l'introduction des systèmes de télémédecine et de téléenseignement, Doter les structures sanitaires d'un accès internet haut débit et Réaliser le dossier patient informatique (DPI).

[12] H. ALAMI et al., La télémédecine au Québec : état de la situation des considérations légales, juridiques et déontologiques, European research in telemedecine/ Recherche Européenne en télémédecine, 2015, 4, 33-43.

[13] B. GIRAUD, « *La révolution de la prise en charge des patients par les objets connectés* », thèse présentée et soutenue publiquement le 16 décembre 2016 à l'Université Claude BERNARD - Lyon 1 faculté de pharmacie, institut des sciences pharmaceutiques et biologiques, n°143 ; http://portaildoc.univ-lyon1.fr.

violation des droits des patients. Ce qui peut naturellement ouvrir droit à la mise en œuvre de leur responsabilité même si la diversité des acteurs peut entraîner un risque de dilution de responsabilité.

15. Mais avant d'aborder toutes ces questions, il nous paraît tout à fait logique de présenter le cadre théorique (Section 1) et méthodologique (Section 2) de notre étude.

Section 1 : Cadre théorique

La diversité des applications, des objectifs poursuivis rend difficile la définition de la télémédecine. La télémédecine a fait l'objet de plusieurs définitions dans le temps et se présente aujourd'hui encore sous des approches différentes. Mais une bonne définition des concepts (§1) permettra de bien définir et formuler les questions de recherche (§2).

§ 1 : Définition des concepts

La télémédecine appartient au secteur de la santé numérique, champ d'action investi à la fois par des industriels du numérique et des professionnels de santé. La diversité des termes utilisés pour la définir (A) crée quelques fois une certaine confusion avec des notions voisines (B).

A : La diversité des termes relatifs à la télémédecine

Plusieurs approches de définitions de la télémédecine ont été élaborées au fil des ans et de l'évolution de la pratique. Chaque pays en a une approche différente.

1. Première approche

Le terme télémédecine est composé du préfixe grec « télé », qui signifie « de loin », et du mot médecine, en latin « medicina » qui suggère la profession ou la science ayant pour finalité le rétablissement de la santé14. L'activité de télémédecine apparaît dès lors comme une sorte de médecine à distance. Toutefois, il convient de remarquer que cette approche ne permet pas d'avoir une vision claire de la notion. Pas plus que ne l'est la définition du dictionnaire.

La télémédecine est en effet définie comme une « activité de diagnostic et de prescription médicale effectuée à distance grâce aux télécommunications »15. Elle est donc une partie de la médecine qui utilise la transmission par télécommunication d'informations médicales (images, enregistrements, etc.) en vue d'en obtenir à distance un diagnostic, un avis spécialisé, une surveillance continue d'un malade, une décision thérapeutique.

Cette définition, semble présenter la télémédecine comme une « partie de la médecine », ce qui n'est pas exact. Car elle est un ensemble d'outils mis au service du médecin. Les procédés de télémédecine améliorent certes la pratique médicale mais n'en modifient pas la nature. Ce n'est donc pas une nouvelle branche, ni une spécialité médicale nouvelle en l'état actuel même si en France, des changements majeurs peuvent s'opérer dans la formation des futurs médecins en interaction avec les innovations16.

C'est qui ressort des recommandations majeures de la conférence des doyens des facultés de médecine en préfiguration de la

---

[14] Encyclopédia universalis, 2015, https://www.universalis.fr/recherche/l/1/q/55959.

[15] Encyclopédia universalis, 2025, https://www.universalis.fr/dictionnaire/t%25C3%25A9l%25C3%25A9m%25C3%25A9decine/

[16] Rapport de la CDD e-sante_ Janvier 2020[124134].pdf, https://solidaritessante.gouv.fr/IMG/pdf/masante2022_rapport_adaptation_des_formations.pdf

nouvelle formation des étudiants "en santé" dans les Facultés " de santé", à compter de septembre 2020. Ces recommandations ont inspiré la réforme du système de santé. La loi du 24 juillet 2019 relative à l'organisation et à la transformation du système de santé, dont l'article premier est consacré à la formation, énonce les principales orientations d'une réforme de l'accès aux études de santé.

Cette réforme vise trois objectifs majeurs : « augmenter les effectifs afin de répondre aux besoins croissants de la population, favoriser la réussite en limitant les redoublements et en encourageant les réorientations à l'université, et diversifier les profils géographiques, académiques et sociaux des étudiants »17.

2. Les définitions de la télémédecine par l'OMS en 199818

La télémédecine fait partie d'un ensemble plus large appelé la télématique de santé qui recouvre selon l'Organisation Mondiale de la Santé (OMS) « les activités, services et systèmes liés à la santé, pratiqués à distance au moyen de technologie d'information et des communications pour les besoins planétaires de promotion de la santé, des soins et du contrôle des épidémies de la gestion et de la recherche appliquées à la santé »19.

« La télémédecine est une composante de la médecine : elle désigne, en général, la fourniture de services de soins de santé, lorsque l'éloignement est un facteur déterminant, par des professionnels des soins de santé faisant appel aux technologies

---

[17] L'accès aux études de santé, communication à la commission des affaires sociales du Sénat ; https://www.ccomptes.fr/sites/default/files/2024-12/20241211-Lacces-aux-%C3%A9tudes-de-sante.pdf.

[18] World Health Organization. A health telematics policy in support of WHO's health-for-all-strategy for global health development. Geneva: WHO; 1998. Ref ID: 762.

[19] WHO, *ibid.*

de l'information et des communications, d'une part, pour assurer l'échange d'informations valides à des fins de diagnostic, de traitement et de prévention des maladies et des blessures et, d'autre part, pour les besoins tant des activités de la formation permanente des prestataires de soins de santé que des travaux de recherche et d'évaluation, toujours dans l'optique de l'amélioration de la santé des individus et des communautés dont ils font partie »20.

Ainsi, selon l'OMS, la télésanté est vue comme la compréhension d'un moyen d'intégration des systèmes de télécommunication pour protéger et faire avancer la santé, alors que la télémédecine est l'incorporation de ces systèmes à l'intérieur d'une médecine curative. Il ressort de cette définition une double conception de la télémédecine.

La télémédecine est dite informative quand elle correspond à un service de communication audiovisuelle interactif qui organise la diffusion du savoir médical et des protocoles de prise en charge des malades et des soins dans le but de soutenir et d'améliorer l'activité médicale.

Quant à la télémédecine clinique elle est définie comme une activité professionnelle qui met en œuvre des moyens de télécommunication numériques permettant à des médecins et d'autres membres du corps médical de réaliser à distance des actes médicaux pour des malades.

3. La définition Européenne de la télémédecine

La télémédecine est la fourniture à distance de services de soins de santé par l'intermédiaire des technologies d'information et de communication dans des situations où le professionnel de la santé

[20] WHO 1998 762, précité.

et le patient (ou deux professionnels de la santé) ne se trouvent pas physiquement au même endroit. Elle nécessite la transmission en toute sécurité de données et d'informations médicales par le texte, le son, l'image ou d'autres moyens rendus nécessaires pour assurer la prévention et le diagnostic ainsi que le traitement et le suivi des patients21.

Il en ressort que les portails d'information sur la santé, les systèmes de dossiers informatisés de santé la transmission électronique de prescriptions ou l'orientation du patient vers un spécialiste (prescription en ligne, orientation vers un spécialiste par voie électronique) ne sont pas considérés comme des services de télémédecine22.

4. La définition française de la télémédecine

En France, la télémédecine est définie comme « une forme de pratique médicale à distance utilisant les technologies de l'information et de la communication. Elle met en rapport, entre eux ou avec un patient, un ou plusieurs professionnels de santé, parmi lesquels figure nécessairement un professionnel médical et, le cas échéant, d'autres professionnels apportant leurs soins au patient.

Elle permet d'établir un diagnostic, d'assurer, pour un patient à risque, un suivi à visée préventive ou un suivi post-thérapeutique,

---

[21] Communication de la Commission au parlement européen, au conseil, au comité économique et social européen et au comité des régions concernant la télémédecine au service des patients, des systèmes de soins de santé et de la société, COM (2008)689 final du 4/11/2008 ; en ligne, https://eur-lex.europa.eu/legal-content/FR/TXT/PDF/?uri=CELEX:52008DC0689&from=FR.

[22] La question des dossiers informatisés de santé a été abordée dans une récente communication de la Commission: COM(2008) 3282 final du 2.7.2008.

de requérir un avis spécialisé, de préparer une décision thérapeutique, de prescrire des produits, de prescrire ou de réaliser des prestations ou des actes ou d'effectuer une surveillance de l'état des patients », (Article L 6316-1 Code de la santé publique).

5. Définition ivoirienne de la télémédecine

Jusqu'à très récemment, il n'existait pas de texte officiel définissant la télémédecine en Côte d'Ivoire. Un décret vient d'être pris relativement à la réglementation de la télémédecine. Il définit la télémédecine en y intégrant à la fois celle de la télémédecine informative et celle la télémédecine clinique23. Ce texte organisant le cadre réglementaire de l'exercice de la télémédecine a été proposé et retenu par le groupe de validation lors de l'atelier de Grand Bassam pour figurer dans le projet de décret24. Il s'inscrit dans le projet de réforme hospitalière en cours en Côte d'Ivoire25.

Le cadre juridique de la télémédecine en Côte d'Ivoire a été renforcé également par quatre arrêtés. Le premier arrêté, publié le 10 mai 2021, établit la création du Plan National de Télémédecine (PNT), marquant une étape importante après près de trois années de préparation. Ce plan a désormais été officiellement validé par le gouvernement ivoirien.

---

[23] Article 1 du Décret N° 2018-361 DU 29 MARS 2018 portant réglementation de la télémédecine en Côte d'Ivoire.

[24] P. SIMON, Rapport final du déploiement de la télémédecine en Côte d'Ivoire, 15 novembre 2016.

[25] Un projet de loi sur la réforme hospitalière en Côte d'Ivoire est actuellement en examen devant le parlement. La Côte d'Ivoire a promulgé le 23 juillet 2019 la loi n° 2019-678 portant réforme hospitalière. http://www.assnat.ci/assembleenationale/IMG/pdf/loi_reforme_hospitaliere.pd

Le second arrêté, également daté du 10 mai 2021, intègre la télémédecine dans le paquet d'activités minimales des établissements sanitaires publics, constituant ainsi une étape clé. Cet arrêté exige que tous les établissements de santé publics en Côte d'Ivoire intègrent les pratiques de télémédecine dans leurs activités et leur financement. L'article 3 de cet arrêté précise que les professionnels de santé des établissements de premier recours (ESPC) et des établissements publics hospitaliers (EPH) doivent avoir exploré toutes les options de télémédecine avant d'envisager une référence physique du patient. En d'autres termes, avant de transférer un patient vers un établissement hospitalier départemental (ESHD) ou régional (ESHR), le professionnel doit d'abord avoir recours à la téléconsultation ou à la téléexpertise, en lien avec l'établissement concerné, afin de valider le transfert.

Un troisième arrêté, aussi publié le 10 mai 2021, détaille les démarches nécessaires pour créer un service de télémédecine dans un établissement de santé public ou privé. L'article 3 de cet arrêté indique les éléments du dossier à soumettre à l'approbation du ministre de la Santé, incluant notamment la description du service de télémédecine, les moyens informatiques alloués, ainsi que la liste des professionnels impliqués dans ces pratiques. Enfin, un quatrième arrêté, relatif à la répartition des coûts associés aux actes de télémédecine.

Le décret ivoirien de télémédecine est identique au décret français de 2010 sur la télémédecine dont il s'inspire même s'il s'en distingue quelque peu sur certains points. L'article 1er du décret n° 2018-361 du 29 mars 2018 portant réglementation de la télémédecine en Côte d'Ivoire distingue clairement entre la télémédecine, la télémédecine informative et la télémédecine clinique.

Ainsi l'alinéa 1 de l'article 1 du décret du 29 mars 2018 définit la télémédecine comme « toute forme de pratique médicale à distance utilisant les technologies de l'information et de la communication. Elle met en rapport, un ou plusieurs professionnels de santé avec un ou plusieurs patients en vue de leur dispenser des soins de type préventif, curatif et promotionnel ».

Elle peut également mettre en rapport entre eux plusieurs professionnels de la santé à partir des technologies de l'information et de la communication26. Selon l'alinéa 2 du décret précité la télémédecine informative est « Toute forme de pratique médicale à distance utilisant les technologies de l'information et de la communication pour transmettre en toute sécurité des données de santé à caractère personnel par le texte, le son, l'image ou d'autres moyens rendus nécessaires pour assurer la prévention, le diagnostic, le traitement et le suivi des patients ».

L'alinéa 3 du même texte définit la télémédecine clinique comme « Toute forme de pratique médicale à distance utilisant les technologies de l'information et de la communication (TIC) comme une pratique médicale à distance mettant en rapport, entre eux ou avec un patient, un ou plusieurs professionnels de santé, parmi lesquels figure nécessairement un professionnel médical et, le cas échéant, d'autres professionnels apportant leurs soins au patient ».

A partir de ces définitions la Côte d'Ivoire conceptualise deux niveaux de télémédecine. Le premier niveau appelé télémédecine basse doit se réaliser entre les hôpitaux généraux et les centres de

[26] Article 5 du décret n° 2018-361 du 29 mars 2018 portant réglementation de la télémédecine en Côte d'Ivoire.

santé communautaires27. Quant au deuxième niveau appelé télémédecine haute, il doit se réaliser entre les hôpitaux généraux et les CHU et centres spécialisés28.

Aujourd'hui la télémédecine apparaît comme un concept aux contours très précis et recoupe deux réalités, malgré la confusion des termes utilisés parfois par les différents acteurs (industriels du numériques et professionnels de la santé). On a, d'une part, la télémédecine « médicale » ou « clinique » définie comme « une activité professionnelle qui met en œuvre des moyens de télécommunication numérique permettant à des médecins et d'autres membres du corps médical de réaliser à distance des actes médicaux pour des malades »29, et d'autre part, la télémédecine « informative » qui s'appréhende comme « un service de communication audiovisuelle interactif qui organise la diffusion du savoir médical et des protocoles de prise en charge des malades et des soins dans le but de soutenir et d'améliorer l'activité médicale »30.

La télémédecine clinique correspond donc à l'exercice de la médecine à distance grâce à des moyens technologiques, tandis que la télémédecine informative concerne la diffusion de savoirs et d'informations à usage médical grâce à ces mêmes moyens. Il est important de marquer la distinction entre ces deux formes de télémédecine, car elles ne relèvent pas du même régime juridique.

---

[27] La télémédecine basse permet de mettre en relation les infirmiers et sages-femmes des centres de santé communautaires (CSU) avec les médecins généralistes des hôpitaux généraux.

[28] La télémédecine haute met les médecins généralistes des hôpitaux généraux en relation avec les spécialistes des CHU et centres spécialisés.

[29] J-M. CROELS, Le droit des obligations à l'épreuve de la télémédecine. PU d'Aix-Marseille, 2006, P38

[30] J-M. CROELS, op. cit. P39.

En France, les services de la télémédecine informative, en effet sont des prestations régies par le droit de la concurrence qui relèvent des directives européennes de 1998 et 2000 sur l'e-commerce31.

En Côte d'Ivoire, cela relèverait généralement de la loi n°. 2013-546 du 30 juillet 2013, relative aux transactions électroniques conformément aux aspirations de la Communauté Economique des Etats de l'Afrique de l'Ouest (CEDEAO) visant à harmoniser et uniformiser les règles juridiques applicables dans l'espace32. L'article 3 de cette loi précise que les dispositions non contraires des Actes uniformes de l'OHADA sont également applicables33.

Mais dans la mesure où la télémédecine informative permet d'assurer la prévention et le diagnostic, ainsi que le traitement et le suivi des patients, elle est également régie par le décret n°2016-598 du 03 août 2016 portant organisation du Ministère de la Santé et de l'Hygiène Publique.

Les pratiques de la télémédecine clinique relèvent en France du droit de la santé et sont inscrites au Code de la santé publique. La télémédecine est entrée dans le droit français grâce à la loi Hôpital, patients, santé et territoires de juillet 2009 qui lui a

---

[31] Directive 98/34/CE du parlement Européen et du Conseil du 22 juin 1998, http://eurlex.europa.eu/LexUriServ/LexUriServ.do?uri=CONSLEG:1998L0034:20070101:fr:PDF - Directive 2000/31/CE du parlement européen et du Conseil du 8 juin 2000 relative à certains aspects juridiques des services de la société de l'information, et notamment du commerce électronique dans le marché intérieur ("directive sur le commerce électronique"). http://eur-lex.europa.eu/LexUriServ/LexUriServ.do?uri=OJ:L:2000:178:0001:0016:FR:PDF

[32] Acte additionnel A/SA.2/01/10 portant transactions électronique dans l'espace CEDEAO.

[33] OHADA, Organisation pour l'Harmonisation du Droit des Affaires en Afrique

donné une définition correspondant à la locution télémédecine clinique de l'OMS. Ainsi le Code de la santé publique définit la télémédecine comme « une forme de pratique médicale à distance utilisant les technologies de l'information et de la communication.

Elle met en rapport, entre eux ou avec un patient, un ou plusieurs professionnels de santé, parmi lesquels figure nécessairement un professionnel médical et, le cas échéant, d'autres professionnels apportant leurs soins au patient. Elle permet d'établir un diagnostic, d'assurer, pour un patient à risque, un suivi à visée préventive ou un suivi post-thérapeutique, de requérir un avis spécialisé, de préparer une décision thérapeutique, de prescrire des produits, de prescrire ou de réaliser des prestations ou des actes ou d'effectuer une surveillance de l'état des patients. (...)»34.

A partir de cette définition, on note que les actes de télémédecine sont clairement identifiés. Il s'agit des actes de téléconsultation, de téléexpertise, de télésurveillance médicale et de téléassistance médicale, tout comme la réponse médicale apportée dans le cadre de la régulation médicale. Tous constituent des actes médicaux réalisés à distance au moyen d'un dispositif utilisant les TIC qui relèvent de la télémédecine35.

« Le décret n°2010-1229 du 19 octobre 2010 pris en application de la loi HPST précise le sens des actes médicaux réalisés à distance au moyen d'un dispositif utilisant les TIC dans le cadre de la télémédecine. Ce décret définit cinq actes de la télémédecine clinique.

« 1° La téléconsultation, qui a pour objet de permettre à un professionnel médical de donner une consultation à distance à un patient. Un professionnel de santé peut être présent auprès du

---

[34] Article L6316-1 de la loi HPST

[35] Décret n°2010-1229 du 19 octobre 2010, portant télémédecine

patient et, le cas échéant, assister le professionnel médical au cours de la téléconsultation. Les psychologues mentionnés à l'article 44 de la loi no 85-772 du 25 juillet 1985 portant diverses dispositions d'ordre social peuvent également être présents auprès du patient ;

« 2° La téléexpertise, qui a pour objet de permettre à un professionnel médical de solliciter à distance l'avis d'un ou de plusieurs professionnels médicaux en raison de leurs formations ou de leurs compétences particulières, sur la base des informations médicales liées à la prise en charge d'un patient ;

« 3° La télésurveillance médicale, qui a pour objet de permettre à un professionnel médical d'interpréter à distance les données nécessaires au suivi médical d'un patient et, le cas échéant, de prendre des décisions relatives à la prise en charge de ce patient. L'enregistrement et la transmission des données peuvent être automatisés ou réalisés par le patient lui-même ou par un professionnel de santé ;

« 4° La téléassistance médicale, qui a pour objet de permettre à un professionnel médical d'assister à distance un autre professionnel de santé au cours de la réalisation d'un acte ;

« 5° La réponse médicale qui est apportée dans le cadre de la régulation médicale mentionnée à l'article L. 6311-2 et au troisième alinéa de l'article L. 6314-1 »36. Les actes de télémédecine demeurent dès lors de véritables actes médicaux quoique réalisés à distance. Leur nature clinique n'est donc pas remise en cause.

C'est donc à juste titre que le Conseil National de l'Ordre des Médecins (CNOM) considère que l'acte de télémédecine constitue

[36] HAS, note de cadrage, *ibid.*

un acte médical à part entière, quant à son indication et sa qualité, et qu'il ne doit pas en être une forme dégradée. De même, l'échange d'informations doit être réalisé à des fins de diagnostic, de traitement et de prévention des maladies et des blessures et, toujours dans l'optique de l'amélioration de la santé des individus et des communautés.

En Côte d'Ivoire, après quelques années d'exécution de projets ouvre-piste de télémédecine en dehors de toute règle spécifique, les pouvoirs publics viennent de prendre une option sérieuse sur la réglementation de la télémédecine. En effet, le décret qui vient d'être pris en vue de la réglementation de la télémédecine permet d'envisager que celle-ci peut se réaliser également autour de cinq actes37.

Pour pratiquer la télémédecine « un professionnel de santé ivoirien doit appartenir à un établissement sanitaire public ou privé ou un organisme à finalité sanitaire autorisé »38. L'organisme à finalité sanitaire serait donc toute entité n'ayant pas le statut juridique d'établissement sanitaire, mais qui a une activité à finalité sanitaire autorisée. Une autre particularité de ce décret est que l'activité de télémédecine fait l'objet d'un Plan national fixé pour une durée de 5 ans par arrêté du Ministre de la santé39.

Enfin, lorsqu'un projet de télémédecine est autorisé par le Ministre en charge de la santé dans le cadre du plan national de télémédecine, les investissements sont assurés par décision conjointe des Ministres en charge de la santé, en charge de

---

[37] Article 15 du décret n° 2018-361 du 29 mars 2018 portant réglementation de la télémédecine en Côte d'Ivoire.

[38] Article 3 du décret n° 2018-361 du 29 mars 2018 portant réglementation de la télémédecine en Côte d'Ivoire.

[39] Article 8 du décret précité.

l'Economie numérique et de la Poste et en charge de l'Economie et du Budget même si d'autres sources de financements sont possibles40.

La rémunération des actes de télémédecine intègre le cadre de rémunération des actes médicaux en général41.

L'article 15 du décret ivoirien reprend à l'identique les actes de télémédecine définis par le décret français de télémédecine.

La téléconsultation permet à un professionnel médical de donner une consultation à distance à un patient. Un professionnel de santé peut être présent auprès du patient et, le cas échéant, assister le professionnel médical au cours de la téléconsultation. Pour respecter les grands principes éthiques et déontologiques, une téléconsultation ne peut se réaliser sans une information préalable des personnes concernées, de façon loyale, claire et appropriée, afin de recueillir leur consentement à cette nouvelle pratique médicale42.

La télé-expertise représente une nouvelle façon d'exercer la médecine. Elle permet aux professionnels médicaux de se consulter régulièrement, de mutualiser leurs connaissances médicales et d'enrichir leur compétence réciproque. Elle ne fait que respecter les devoirs du médecin envers les patients43.

La téléassistance médicale concerne essentiellement les professionnels de santé non médicaux (pharmaciens, auxiliaires

---

[40] Article 18 du décret n° 2018-361 du 29 mars 2018 portant réglementation de la télémédecine en Côte d'Ivoire.

[41] Un arrêté du MSHP doit être pris de ce sens mais les actes de télémédecine intègrent le PMA en vigueur dans les établissements publics de santé.

[42] Articles 122, 123 et 150 du Code harmonisé de déontologie et d'exercice de la CEDEAO.

[43] Article 121 du Code harmonisé de déontologie et d'exercice de la CEDEAO.

médicaux, sage-femmes) qui participent à un parcours de soins structuré par la télémédecine, sous la responsabilité d'un professionnel de santé médical. La téléassistance médicale permet à un médecin, une sage-femme ou un chirurgien-dentiste d'assister à distance un professionnel de santé non médical. Cette activité est la traduction en télémédecine des coopérations entre professionnels de santé par délégation44.

La télésurveillance médicale permet au médecin de suivre certains indicateurs cliniques et/ou biologiques chez les patients atteints de maladies chroniques, même à son domicile à partir de dispositifs médicaux connectés. Ces dispositifs recueillent des données physiologiques (par exemple : tension artérielle, glycémie, poids, fréquence cardiaque, etc.) qui sont ensuite transmises automatiquement aux professionnels de santé via une plateforme sécurisée. Au-delà du suivi thérapeutique, la télésurveillance médicale permet de renforcer le lien entre le patient et les professionnels de santé.

La réponse médicale urgente donnée par l'hôpital est une pratique de télémédecine répondant à une urgence vitale suite à un appel au n° 185. Elle permet à un professionnel de santé à distance d'apporter une assistance à un malade en situation d'urgence. La conceptualisation de la télémédecine permet de la distinguer de notions voisines, même si l'exercice ne semble pas du tout évident. La difficulté naît de ce que tant la télémédecine que les notions voisines utilisent toutes des applications du numérique dans le vaste champ de la santé45.

---

[44] Article 34 du Code harmonisé de déontologie et d'exercice de la CEDEAO.

[45] Préambule à la Constitution de l'Organisation Mondiale de la Santé, Conférence internationale sur la santé, New York, 19-22 juin 1946 : « La santé est un état de complet bien-être physique, mental et social et ne consiste pas seulement en une absence de maladie ou infirmité »

B : La télémédecine et les notions voisines

La télémédecine dépasse le cadre de la simple information du public. Elle ne se confond pas non plus à la e-santé. C'est une application des télécommunications dans le domaine de la santé. Elle est orientée autour de l'activité médicale. L'amalgame entre télémédecine et réseaux de santé semble aussi douteux. Les réseaux permettent des transmissions d'informations et une certaine mutualisation des données46.

Les réseaux de santé peuvent dès lors être le support de télémédecine mais n'en sont pas une branche. Encore, la télémédecine permet de réaliser des actions dans le domaine du réel. On cherche à obtenir un diagnostic, avis spécialisé...Cette pratique se dissocie donc de la « médecine virtuelle » qui ne s'applique pas à de vrais patients mais à des malades dématérialisés, modélisés en images de synthèse afin de faciliter l'apprentissage des nouvelles techniques par les médecins et étudiants. En effet, la « médecine virtuelle » se fonde sur l'utilisation de ce qu'il est convenu d'appeler les jumeaux numériques ou virtuels créés à partir de la modélisation d'objet réels47.

1. Télémédecine et e-santé

John MITCHELL présenta une vision du développement de la santé numérique lors du 7ème congrès international de télémédecine de Londres en 1999. Il utilisa le terme « e-health »

---

[46] Par exemple : réseaux, santé sociale ou les réseaux ville/hôpital.

[47] Gérard Haas, "Un cadre juridique pour le jumeau numérique", **Revue de Droit Immobilier** 2021 n°1. [Disponible en Ligne], 18/01/2021, p.1

(e-santé)48 qu'il définit comme « l'usage combiné de l'internet et des technologies de l'information à des fins cliniques, éducationnelles et administratives, à la fois localement et à distance »49. De cette définition naît une certaine ambiguïté qui conduit certains auteurs à proclamer la mort de la télémédecine qui devrait donc être remplacée par la e-santé50.

Plusieurs auteurs par la suite entendaient remplacer la télémédecine par le concept de (e-santé). Mais en réalité, la e-santé ou encore cybersanté n'a rien de commun avec la télémédecine51. Jeannette GROS souligne cette différence dans son rapport « santé et NTIC », au Conseil économique et social en France52. La vocation de la e-santé est, en effet, bien plus large que la télémédecine.

Elle recouvre les activités de publication de sites médicaux en ligne à destination des professionnels de la santé mais également des internautes. Elle propose des services médicaux en ligne tels que forum entre patients, les lettres d'informations, avis ou conseils médicaux d'ordre général. Il apparaît dès lors que la e-santé ne s'inscrit pas pleinement dans une démarche diagnostic et thérapeutique comme la télémédecine. Elle est juste un moyen d'information du public ou de sensibilisation sur certaines maladies.

---

[48] J. MITCHELL, Increasing the cost-effectiveness of telemedecine by embrasing e-health. J Telemed Telecare 2006 ; 6 Suppl1 :S16-S19.

[49] J. MITCHELL, From telehealth to e-health : the unstoppable rise of e-health. Camberra, australia : National Office for the information Technology, 1999.

[50] E. ROSEN, The death of telemedecine ? Telemed Today 1999 ; 8(1) :14-17.

[51] Vocable utilisé par certains auteurs pour échapper ou se démarquer du vocable propre de IBM. www. C-Nat.med.fr

[52] Rapport, Jeannette GROS « Santé et NTIC » CES, mercredi 10 avril 2002. La télémédecine et e-santé sont présentés dans des sections différentes.

On peut certainement se demander si dans la télémédecine comme dans la e-santé, le médecin ne bénéficie pas des mêmes informations utiles à la réalisation de l'acte médical. Certes l'accès à ces informations aide le médecin à se renseigner de façon plus approfondie à l'aide des forums et des bases de données. Mais là s'arrête la similitude. Car à la différence de la télémédecine, il ne semble pas y avoir de collaboration entre les différents participants sur un cas pratique. La différence entre les deux notions est marquée définitivement par l'Organisation Mondiale de la Santé, dans son rapport sur la télémédecine en 201053.

Dans le souci de perfectionner la définition de la télémédecine fournie par son institution, le docteur Fernando ANTEZANA, Directeur général de l'OMS a tenu à préciser en 2008 que le champ clinique était bien dévolu à la télémédecine alors que le champ plus vaste de la santé publique relevait de la télésanté54.

2. Télémédecine et médecine virtuelle

Dans l'un de ses ouvrages, Thimoty LENOIR, Professeur en Histoire et Philosophie à l'université de Stanford, décrit comment la médecine est marquée par les nouvelles technologies, plus précisément par les technologies des médias au point d'arriver à

---

[53] Telemedecine : Opportunities and developpements in Members states. Report on the second global survey on health. WHO Library Cataloguing-in-Publication Data, 2010, Geneva, Switzerland.

[54] En décembre 1998, le Dr Fernando ANTEZANA, Directeur Général de l'OMS précisait à Genève les définitions suivantes de la télésanté et de la télémédecine : « If telehealth is understood to mean the integration of telecommunicatuions systems into the practice of protecting and promoting health, while telemedecine is the incorporation of these systems into curative medecine, the nit must be acknowledged that telehealth correspond more closely to the international activities of WHO in the field of public health. It covers education for health, public and community health, health systems developpment and epidemiology, whereas telemedecine is oriented more towards the clinical aspects.

une « fusion entre la réalité virtuelle et physique »55. Grâce à l'extraordinaire démocratisation de la technologie et à cette fusion, les chirurgiens sont de plus en plus aidés et assistés par des ordinateurs et des robots, à travers des modélisations d'images en trois dimensions afin de maximiser leur art.

Aujourd'hui, les transhumanistes présentent la perspective d'une augmentation des performances et de la santé des êtres humains à travers une symbiose avec les machines à partir d'une convergence entre nanotechnologies, biotechnologies, technologies de l'information et sciences cognitives (NBIC)56. Cela devrait ouvrir la voie à des découvertes sans précédent. L'impact de ces techniques sur la formation et la recherche médicale ne saurait donc être remis en question.

Dans cette optique, Thimoty LENOIR fait une distinction entre « le chirurgien virtuel » et la « téléprésence chirurgicale ». La téléprésence s'apparente à une forme de télémédecine associant la robotique, la communication à distance, la réalité virtuelle et la pratique médicale en réseaux. Contrairement au médecin virtuel ou la modélisation, il est bien question d'accomplir des actes médicaux et non de recherches ou d'expériences menées sur une entité virtuelle reproduites par l'activité inventive de l'homme et diffusées sur un « écran ».

La médecine virtuelle quant à elle, apparaît comme une représentation du réel au travers d'un écran, tout comme celui d'un cinéma mais « dans une salle d'opération ». Plus précisément,

[55] T. LENOIR « Le chirurgien virtuel », Les dossiers de l'audiovisuel, Juillet 2003, P.38, Traduction de P.E DROIN.

[56] N. NEVEJANS, *« La robotisation de l'homme au regard du droit »*, in Transhumanisme, MA éditions, 2018, p. 31 à 53. Voir également Hervé JACQUEMIN et Alexandre de STREEL in L'Intelligence artificielle et le droit, Coll. CRIDS, édition Larcier, 2017.

il s'agit d'une « réalité calquée, traduite, mise en forme à la lettre, transformée » à des fins didactiques ou pratiques57. De ce point de vue, la médecine virtuelle est une reconstruction de la réalité pour permettre aux médecins et étudiants d'acquérir des compétences.

En revanche, la télémédecine est une activité réelle qui se pratique sur un patient qui existe réellement. Il ne s'aurait s'agir d'image ou d'un entrainement. Il n'y a dès lors aucun rapprochement possible entre les deux notions. Mais le lien entre la télémédecine et le réseau semble étroit, car les deux obéissent à la même logique.

3. Télémédecine et réseau

L'internet est bien plus que des sites web et se présente avant tout comme un réseau. De même, la télémédecine est supportée par un réseau de santé. Ce réseau n'est pas la télémédecine mais l'infrastructure qui supporte le déploiement de l'activité de télémédecine. Les réseaux supportent, en effet, la transmission d'informations médicales et peuvent servir pour la télémédecine. La télémédecine s'appuie, se bâtit sur ou autour de l'architecture du réseau pour sa mise en œuvre. Elle ne saurait toutefois en être la seule finalité58.

---

[57] P.E. DROIN, « *Le réel reconstruit* », Les Dossiers de l'Audiovisuel, juillet 2003, introduction générale, P.3.

[58] Docteur HAZEBROUCQ, Rapport sur l'état des lieux 2003 de la télémédecine en France : dans ce rapport il présente les sites web de santé et les réseaux de santé, le réseau santé social et les réseaux villes/hôpitaux comme des spécialités de la télémédecine. Sa mission était de présenter au sens minimal les outils de visualisation ou de transmission des images médicales par voie de télécommunications à fins de consultation médicale simultanée ou différée. La mission recouvrait un panel assez large, de la visioconférence téléphonique jusqu'à l'opération à distance en limitant cependant l'étude aux seules pratiques cliniciennes et non aux

Ainsi, la vocation des réseaux est plus large et varie en fonction des besoins ou buts poursuivis par les commanditaires. Par exemple en France, le « Réseau Santé Social » a été créé par la sécurité sociale dans le but de rationaliser les dépenses de santé en permettant la transmission des données recueillies sur les patients aux caisses de sécurité sociale à travers un mécanisme sécurisé.

Quoi qu'utilisant internet, ce mode de transmission des données médicales des patients n'a rien à avoir avec la télémédecine. La raison est toute simple. C'est que le transfert d'informations médicales est réalisé dans le seul et unique but d'assainir la gestion administrative des caisses de sécurité sociale en dehors de tout acte médical. Or c'est cette dernière finalité qui constitue la caractéristique centrale de la télémédecine et qui en est d'ailleurs sa spécificité.

§ 2 : Identification et formulation des problèmes de recherche

La télémédecine est une forme assez originale de la pratique médicale. En effet, quelquefois limité quant à sa capacité à prendre en charge un malade, le médecin avec l'accord de ce dernier va solliciter l'aide d'un confrère distant. Cette intervention du confrère peut se faire de trois façons. Il peut soit donner un avis sur la base du dossier patient numérisé qui lui est transmis59, soit réaliser un geste médical à distance à l'aide de

applications assurant la formation continue ; esante.gouv.fr/sites/default/files/Rapport_Hazebroucq.pdf · Fichier PDF.

[59] Télédiagnostic « Le **télédiagnostic** est un acte de **télémédecine** qui permet à un professionnel de santé de **poser un diagnostic à distance**, à partir d'informations médicales transmises par un autre professionnel ou une plateforme de télécommunication sécurisée »

robots placés à côté du malade60, soit enfin, surveiller l'évolution de la maladie d'un patient61.

L'originalité de ces interventions médicales réside dans la distance et l'utilisation des nouvelles technologies dans la réalisation de ces actes. Mais c'est également le point de départ de toutes les questions qui peuvent foisonner à l'intérieur de tout esprit critique. Ces interventions médicales sont-elles des actes médicaux classiques ? Se forment-elles à l'occasion d'un contrat médical ? Face à la diversité des intervenants quelles responsabilités seront engagées en cas de dommages ? La complexité des actes de télémédecine ainsi que la sophistication de certains dispositifs de télémédecine d'une part, la diversité des acteurs et la distance d'autre part, n'entraîneraient-ils pas un risque de dilution de responsabilités ?

Théoriquement, le médecin qui sollicite l'acte de télémédecine reste dans la même situation que n'importe quel professionnel de santé vis-à-vis de son patient62. Le lien contractuel se trouve préservé. Mais, il est assisté dans la réalisation de l'acte de télémédecine par un confrère ce qui peut avoir le risque d'étendre et réduire sa responsabilité. On peut même se demander s'il n'est pas responsable des actes réalisés par son confrère. La question va au-delà de la responsabilité des seuls médecins.

---

[60] Télé-chirurgie « La téléchirurgie consiste à utiliser des systèmes robotiques et des technologies de télécommunication pour **transmettre en temps réel les mouvements du chirurgien** vers un robot opérateur situé auprès du patient, souvent dans un autre établissement, une autre ville, voire un autre pays ».

[61] Téléassistance ou télésurveillance « La **téléassistance** et la **télésurveillance médicale** sont deux actes de **télémédecine** bien distincts, mais souvent confondus ».

[62] N. DELEUZE, « La responsabilité du médecin traitant dans la télémédecine », JCP, Cahiers de l'entreprise, 2002, No. 1. P.31 et suivants.

En effet, quand un établissement ou un promoteur de santé met seulement à disposition des professionnels de santé les moyens ou outils de télémédecine, ne sont-ils pas également responsables des dommages qui pourraient être causés au patient ? Que dire quand leur intervention est plus directe ? Notamment lorsque le médecin est salarié ou agent du promoteur d'actes de télémédecine ? On le sait la télémédecine n'est pas seulement la réalisation d'un acte médical, mais avant tout un procédé technique qui permet la transmission des données médicales personnelles du patient. Cela pose le problème de la protection liée au secret professionnel par les professionnels de santé mais également la protection des données numériques à caractère personnel.

Ainsi, le recueil, le traitement et le transfert des données personnelles du patient sont soumis à des règles contraignantes, source de responsabilité. De plus, les applications et procédés de télémédecine ainsi que l'accès à internet sont conçus et mis au point par des professionnels qui ne participent pas à l'acte médical certes, mais dont les produits peuvent être source de dommage63. Ces tiers technologiques engagent-ils leur responsabilité ?

A tout le moins, le médecin ou le promoteur d'actes de télémédecine disposent-ils d'action récursoire contre ces tiers, lorsqu'ils sont mis en cause ? Au surplus, peut-on se demander si le patient dispose d'une action directe contre ces tiers. En cas d'exercice transfrontalier de la télémédecine des questions se posent quant à la licéité des actes réalisés ainsi qu'à la

---

[63] N. BESLAY, « Télémédecine, téléchirurgie, télédiagnostic : essai d'identification des responsabilités des acteurs », 15 mai 2001, http ://www. Caducet.net. Lesdits professionnels seront appelés, « les tiers technologiques ». Ce vocabulaire semble approprié à la situation dans la mesure où ils sont des tiers à l'acte médical et que leur intervention est technique ou technologique.

détermination de la loi normalement compétente à régir les rapports en présence. En tout état de cause, l'étude des rapports juridiques nés de la télémédecine en vue de leur implémentation en Côte d'Ivoire est la question centrale qui se pose à nous.

Ces questions relatives à la responsabilité et au risque de dilution des responsabilités des acteurs de télémédecine sont traitées explicitement dans un autre cadre64 et ne feront donc pas l'objet de la présente étude. Toutefois, de sérieux problèmes se posent relativement à la compatibilité de la télémédecine à l'organisation de l'offre de soins. Quel cadre juridique adapter aux relations professionnelles en télémédecine ? quel est l'encadrement juridique des relations professionnelles en télémédecine ? Mais avant d'aborder plus concrètement l'étude de ces questions, il convient d'abord de délimiter notre champ d'étude et présenter les différents acteurs engagés.

Section 2 : Champ et méthode de recherche

Le champ d'étude sert de support à l'analyse du cadre juridique de la pratique de la télémédecine tant en France qu'en Côte d'Ivoire et permet de le circonscrire à son objet. La méthode d'analyse apparaît comme la démarche à suivre pour étudier la problématique des enjeux juridiques liés à la pratique de la télémédecine.

§ 1 : Définition du champ d'étude et présentation des acteurs

La délimitation des contours de la télémédecine est essentielle et permet de la distinguer des autres utilisations des outils du numérique affectés à la santé. La précision de ce contour s'appuie

[64] K.E. N'GUESSAN, « Le risque juridique en télémédecine », éd. Didactijuris, décembre 2024 .

également sur les différents acteurs intervenant dans la mise en œuvre d'un acte de télémédecine.

A. Définition du champ d'étude

La télémédecine fait partie d'un ensemble plus large appelé la télématique de santé qui recouvre selon l'Organisation Mondiale de la Santé (OMS) « les activités, services et systèmes liés à la santé, pratiqués à distance au moyen de technologie d'information et des communications pour les besoins planétaires de promotion de la santé, des soins et du contrôle des épidémies de la gestion et de la recherche appliquées à la santé »[65].

Cette globalisation opérée par l'OMS à partir des activités et services de santé nous parait discutable. Comment peut-on en effet, intégrer la télémédecine à un ensemble d'éléments aux finalités différentes ? Concrètement nous pensons qu'il faut distinguer les pratiques commerciales de la télémédecine. L'OMS distingue cependant la « télémédecine » de la « télésanté ».

La « télésanté » est définie comme « le management et le support à la santé au niveau national et international, par des communications interactives sonores, visuelles et de données. Ceci inclut les prestations de soins de santé de base, les consultations, l'accès aux centres et aux dépôts des connaissances, la gestion des établissements de santé, la formation de base, la formation continue, la recherche, la surveillance des maladies et la gestion des urgences »[66].

La télémédecine est une composante de la médecine : « elle désigne, en général, la fourniture de services de soins de santé, lorsque l'éloignement est un facteur déterminant, par des

[65] OMS, Définition de la télémédecine, 1997.

[66] WHO, Genève, 1998.

professionnels des soins de santé faisant appel aux technologies de l'information et des communications, d'une part, pour assurer l'échange d'informations valides à des fins de diagnostic, de traitement et de prévention des maladies et des blessures et, d'autre part, pour les besoins tant des activités de la formation permanente des prestataires de soins de santé que des travaux de recherche et d'évaluation, toujours dans l'optique de l'amélioration de la santé des individus et des communautés dont ils font partie. » 35

Ainsi, selon l'OMS, la télésanté est vue comme la compréhension d'un moyen d'intégration des systèmes de télécommunication pour protéger et faire avancer la santé, alors que la télémédecine est l'incorporation de ces systèmes à l'intérieur d'une médecine curative.

En France, en 1996, le Professeur LARENG définissait la télémédecine comme « l'ensemble des moyens de transmission à distance d'informations nécessaires à la pratique médicale, afin de recueillir, d'organiser, et de partager les informations cliniques requises pour évaluer l'état du patient, poser un diagnostic et établir un traitement » [67].

Les domaines d'application de la télémédecine se rapportent aux actes médicaux réalisés à distance au moyen d'un dispositif utilisant les technologies de l'information et de la communication définis dans le décret Télémédecine du 19 octobre 2010 pris en

[67] L. LARENG, 1996. 763-également, L. LARENG, « Nous sommes à une nouvelle croisée des chemins en télémédecine », Propos recueillis par Hervé Nabarette15 mars 2001suite (2/3) ; http://www.medcost.fr/html/telemedecine_tm/mag_16/tm_130301a.htm, vu le 07/04/2018 à 12H45.

application de la loi HPST68. Ainsi, les actes de téléconsultation, de télé-expertise, de télésurveillance médicale et de téléassistance médicale, tout comme la réponse médicale apportée dans le cadre de la régulation médicale, constituent des actes médicaux réalisés à distance au moyen d'un dispositif utilisant les TIC qui relèvent de la télémédecine.

Comme on le voit, le choix en France a été clairement fait en faveur de la télémédecine clinique. Cela se comprend, car si la télémédecine informative est la forme de télémédecine la plus développée en Europe du Nord, en Amérique du Nord et dans la plupart des pays africains elle ne semble pas correspondre aux bonnes pratiques cliniques. Ses applications les plus fréquentes sont la télé-radiologie low cost et le télé-monitoring des maladies chroniques69.

En effet, la télé-radiologie informative qui consiste à adresser des images via une plateforme de transfert à un télé-radiologue pour une télé-interprétation diagnostique avec peu ou pas d'information clinique n'est pas conforme aux bonnes pratiques de la profession de radiologue en France. Le télé-radiologue qui exerce sur ces plateformes n'a pas la possibilité de solliciter le médecin requérant pour obtenir des informations cliniques complémentaires si nécessaire, ni de proposer un autre type d'imagerie plus approprié.

Elle est considérée comme une « dangereuse assimilation du télédiagnostic à une banale prestation de service ». D'où son appellation télé-radiologie low cost. Pour réagir à ces pratiques, le Conseil professionnel de la radiologie française a actualisé en

[68] LOI n° 2009-879 du 21 juillet 2009 portant réforme de l'hôpital et relative aux patients, à la santé et aux territoires, JO du 22/07/09.

[69] http://www.hazebroucq.net/SRH-Info_RadioV-31_TeleRx-LowCost.v2_MaJ_1010-07.pdf

décembre 2014 la charte de télé-radiologie clinique qui rappelle les critères de bonnes pratiques. Cette charte s'appuie sur le Code de déontologie, sur les recommandations de la Haute Autorité de santé (HAS) et sur le décret de télémédecine du 19 octobre 2010. La télé-radiologie low-cost ne respecte pas cette charte70.

L'autre application de la télémédecine informative concerne les services commerciaux de télé-monitoring des maladies chroniques au domicile. En France, le développement de tels services est fortement réclamé par les industriels. Mais la non-conformité des dispositifs conçus aux exigences de la pratique de la médecine clinique n'a pas favorisé la pérennité des projets initiés par les industriels et qui devait relever du e-commerce.

En Côte d'Ivoire, depuis 2012 le gouvernement ivoirien entend promouvoir l'utilisation des TIC pour améliorer les soins de santé sur le territoire de la république71. Cela permettrait non seulement de réduire l'écart ratio expert médical-patient, mais également de permettre à tous un égal accès aux soins de qualité ainsi qu'à l'expertise la plus raffinée en réduisant les déserts médicaux.

Mais encore au stade de balbutiement, la télémédecine apparaît comme sui generis en droit ivoirien même si un décret a été pris le 29 mars 2018 sur la réglementation de la télémédecine.

---

[70]http://www.sfrnet.org/Data/upload/documents/Groupe%20de%20travail/T%C3%A9l%C3%A9radiologie/Charte%20T%C3%A9l%C3%A9radiologie%20G4.pdf

[71] Le projet e-santé (cyber santé) pour les établissements sanitaires de Côte d'Ivoire, lancé fin 2012 par le gouvernement ivoirien et dont la maitrise d'ouvrage a été confiée à l'ANSUT (Agence Nationale du Service Universel des Télécommunications-TIC) visait l'intégration des TICS dans la gestion des établissements sanitaires.

Cependant, les deux projets de télémédecine72 initiés par le CHU de Bouaké et l'ONG Wake Up Africa73 avec l'appui technique de la Société Française de télémédecine (SFT-ANTEL), sont tournés vers la télémédecine clinique, les actes de télémédecine en cours d'expérimentation étant la téléconsultation et la télé-expertise74.

Il en est de même du programme AGA KHAN/VIH qui assure la télé-expertise en maladies infectieuses pour les équipes de professionnels de santé exerçant dans les centres de santé communautaires et établissements sanitaires, directement confrontées aux patients contaminés par le VIH75. Cela d'autant plus que le projet de télémédecine informative initié par le gouvernement n'ayant pas encore abouti pour un déploiement76. L'approche clinique de la télémédecine en Côte d'Ivoire est

---

[72] Télécardiologie et BLATA N'GUAN (lutte contre la mortalité materno-infantile dans la région de GBEKE).

[73] ONG WUA, association œuvrant à la promotion de la télémédecine en Côte d'Ivoire et actuellement, seule entité non gouvernementale ayant initié des projets de télémédecine dont l'un le « télé-ECG » est reconnu par tous comme un modèle de réussite.

[74] SFT-ANTEL, société savante en télémédecine et organisme d'appui technique dans les projets de télémédecine mis en œuvre par l'ONGWUA dans la région de GBEKE

[75] La téléexpertise en maladies infectieuses représentée par le programme AGA KHAN/VIH a fait la preuve de son utilité et de son efficacité, puisque la mortalité due au VIH en Côte d'Ivoire est en baisse, que la contamination de l'enfant pendant la grossesse est également en baisse et que le nombre de personnes recevant les traitements antirétroviraux est en progression de +33% depuis 2012.

[76] Le programme e-santé lancé en 2012 par les autorités ivoiriennes a donné lieu à des investissements majeurs en outils de la santé en ligne, tels que des écrans de visioconférence, des ordinateurs et des armoires de data (4 milliards de francs CFA ou 6 millions d'euros). Ce programme n'a jamais fonctionné, car il n'y a pas eu de projet médical associé, mais simplement des formations à l'usage des outils. Comme cela est souvent dit sur ce site, un outil ne crée pas une organisation professionnelle.

fortement tributaire de sa relation séculaire avec la France qui en a fait une spécificité française, liée pour une grande part à la culture du corps médical du pays77.

D'ailleurs en Côte d'Ivoire, le Conseil National de l'ordre des médecins a longtemps refusé la télémédecine sous prétexte qu'elle serait une forme dénaturée de la pratique médicale. L'intrusion des TIC dans la médecine entrainerait une suppression de la traditionnelle relation médecin-patient caractérisée par le contact et les examens cliniques.

Dans le cadre de cette étude, nous faisons le choix de ne réfléchir que sur les contraintes juridiques liées à la pratique de la télémédecine clinique. Cette étude se fera à partir des règles générales posées en France en vue de leur implémentation en Côte d'Ivoire. D'abord parce que la télémédecine clinique est la partie de la télémédecine qui présente plus d'intérêt dans l'exercice de l'art médical et qui de ce fait a plus d'incidence sur les différents droits et obligations en jeux.

Ensuite, parce que le droit de la responsabilité qu'il soit général ou médical a pour base les règles générales posées par le législateur français. Enfin, parce que les projets de télémédecine en cours d'initiation en Côte d'Ivoire sont inspirés du modèle français. Il convient en outre de préciser les différents acteurs intervenant dans la télémédecine clinique.

B. Présentation des acteurs

La télémédecine clinique a une originalité qui réside dans sa conception. Elle met en rapport dans sa mise en œuvre trois

---

[77] P. SIMON, « *La télémédecine clinique : un modèle français Revue hospitalière de France* » N°560 (septembre-octobre 2014) pp. 42-44.

personnes. Un médecin proche du malade et qui sollicite l'acte de télémédecine, un médecin distant spécialiste dans son domaine et chargé de réaliser l'acte médical et enfin un malade. Afin d'identifier sans ambiguïté les parties prenantes à l'acte de télémédecine, il convient de les qualifier, surtout lorsque l'activité de télémédecine est organisée par des personnes autres que les médecins.

1. Le médecin requérant

Le médecin requérant est le médecin qui est en relation directe avec le patient. Il tient son nom de ce que c'est lui qui sollicite l'aide du médecin distant. En un mot c'est le médecin qui est proche du malade. Dans la plupart des cas, il s'agit du médecin traitant. Mais il peut s'agir aussi d'un médecin spécialiste que le malade est venu consulter.

2. Le médecin requis

Le médecin requis, c'est le professionnel dont on sollicite l'aide. C'est lui qui réalise l'acte de télémédecine. Dans la pratique, le médecin requis est appelé médecin référent ou médecin expert même si ces deux dernières notions recoupent des réalités différentes78. En tout état de cause, la qualité du médecin requis ne semble avoir aucune incidence sur son appellation. Ce qui n'est pas toujours le cas s'agissant des promoteurs de télémédecine.

3. Le promoteur d'activités de télémédecine

Des établissements de santé peuvent être propriétaires de matériel de télémédecine qu'ils mettent à la disposition soit de leurs médecins, soit d'autres médecins de la localité. Mais il arrive que le propriétaire du matériel de télémédecine ne soit pas un

---

[78] J. GROS, op. Cit, p. 16-25.

établissement de santé. Dans ce cas il peut s'agir d'un simple entreprenant de santé qui œuvre uniquement à la promotion de la télémédecine.

Le promoteur ici, c'est la personne qui acquiert le matériel de télémédecine, qui initie ou favorise l'activité de télémédecine. Il n'y a donc pas d'obstacle que le médecin soit lui-même propriétaire du matériel de télémédecine même si cette qualité peut s'effacer devant celle de requérant ou requis.

4. Les entités requérantes ou requises

On emploie l'expression « entité requérante » ou « entité requise », en présence de l'action combinée du médecin et de l'établissement de santé dont il relève.

5. Les tiers technologiques

Les tiers technologiques sont les prestataires « techniques » (industriels de DMC et de système de télémonitoring, opérateurs de réseau numérique, prestataires informatiques) impliqués dans le fonctionnement du dispositif de télémédecine. Après cette brève présentation des acteurs intervenant dans l'activité de télémédecine, il convient de définir la méthode de recherche, véhicule de cette étude.

§ 2 : Identification de la méthode de recherche

Quiconque veut boire de l'eau d'un puits, doit résoudre au préalable la question de la disponibilité d'un instrument (puiseur). Il s'agit de l'instrument ou l'outil au moyen duquel on devra recueillir l'eau. La même précaution vaut pour toute démarche, étude scientifique, notamment les sciences juridiques qui exigent une méthode. GONIDEC définissait la méthode comme, « toute démarche intellectuelle, la voie qui doit permettre d'aboutir à la vérité objective »79. Ainsi, la méthode apparaît comme une démarche processuelle de l'esprit, un ensemble d'opérations intellectuelles par lesquelles une discipline cherche à atteindre les vérités qu'elle poursuit, les exprime, les vérifie.

Pour ce faire, elle vise avant tout un schéma comparatif et discursif des phénomènes sociaux. Cette méthode est conforme aux exigences de l'étude de droit comparé sur les pratiques professionnelles et les questions de responsabilités engendrées à l'occasion de la pratique de la télémédecine en France et en Côte d'Ivoire surtout face au risque de dilution de responsabilité, inhérent à la diversité des acteurs et la complexité des rapports en jeu.

Si cette étude n'est pas la première du genre en France, elle se présente tout de même comme une étude princeps en Côte d'Ivoire. Plusieurs auteurs ont travaillé et écrit sur la question en France. Aussi, nous appuierons-nous dans cette étude sur les travaux déjà réalisés par la doctrine française80.

L'étude des pratiques professionnelles et des responsabilités engendrées en télémédecine passe par une analyse comparative et discursive du cadre juridique de la télémédecine en France et en Côte d'Ivoire. Les rapports juridiques nés de la pratique de la télémédecine sont certes complexes mais ne présenteront pas de difficultés supplémentaires quant à la compétence juridictionnelle compte tenu du système d'unité de juridiction encore en vigueur en Côte d'Ivoire même si la détermination de la loi normalement

[79] P.F. GONIDEC, « Relations internationales », Edit. Montchrestien, Paris, 1977, p. 16.

[80] Il s'agit des travaux réalisés par les auteurs suivants, Nathalie FERRAUD-CIANDET, J-M CROELS, Christian LINK et Pierre SIMON.

applicable reste une question assez complexe en droit international privé[81].

L'objectif est donc de partir d'une analyse critique des situations juridiques connues et l'applicabilité des principes généraux dégagés en France, mises en parallèle avec celles déjà gestantes ou susceptibles de naître à l'occasion d'un acte de télémédecine en Côte d'Ivoire. L'exercice doit nous conduire à la présentation du cadre juridique d'organisation des relations professionnelles en télémédecine, d'abord sous le prisme de la télémédecine et l'organisation de l'offre de soins (Partie I), puis à envisager l'examen de l'encadrement juridique des relations professionnelles en télémédecine (Partie II).

Cette étude se présentera donc en deux grandes parties :

Première partie : La télémédecine dans l'organisation de l'offre de soins

Deuxième partie : Encadrement juridique des relations professionnelles en télémédecine.

[81] E.N'GUESSAN, « Le risque juridique en télémédecine », Didactijuris, décembre 2024, p ; 191 et suivants.

Première partie. – La télémédecine dans l'organisation de l'offre de soins.

La télémédecine est une activité tripartite basée sur la communication à distance des différents acteurs : médecin requérant, médecin requis et le patient. Il y a en fait une relation circulaire [82].

Voyons concrètement la communication qui s'établit entre le médecin requérant, le requis et le patient. Cette communication crée des rapports juridiques différents. On y observe que le médecin requérant est plus proche du patient que ne l'est celui-ci du médecin requis. Dans leur relation, le médecin requérant communique plus facilement avec le patient dont il recueille nécessairement les fonctions vitales. Quant au médecin requis, il est distant et ne communique généralement pas directement avec le patient, si ce n'est par le canal du médecin requérant.

Ainsi, dans sa relation avec les médecins le patient se trouve devant deux rapports juridiques différents selon que le médecin est le requérant ou le requis à l'acte de télémédecine. De même, les praticiens de santé nouent entre eux des rapports juridiques différents de ceux avec le patient. L'examen du cadre juridique d'organisation des relations professionnelles en télémédecine se fera à travers deux titres. Le premier sera pour nous l'occasion d'étudier les formes d'exercice libéral de la médecine pour

82 J-M. CROELS, Le droit des obligations à l'épreuve de la télémédecine, PU Aix-Marseille à Aix en Provence, 2006, p. 50.

analyser leur compatibilité avec la pratique de la télémédecine (Titre 1). Dans le second titre nous appréhenderons la compatibilité de l'exercice de la médecine dans le cadre des établissements de santé avec la télémédecine (Titre2).

Nous verrons donc en : Titre 1: Télémédecine et pratiques médicales libérales, Titre 2: La télémédecine dans les établissements de santé.

Titre 1. – Télémédecine et pratiques médicales libérales

16. La médecine, de façon générale, s'exerce sous trois formes. Elle peut s'exercer sous la forme libérale. Dans cette situation, le professionnel de la santé n'est ni salarié du secteur public ni du secteur privé. Il développe alors une relation contractuelle avec le patient. Cette forme d'exercice est compatible avec la télémédecine. Le professionnel de santé ici est propriétaire du dispositif de télémédecine qu'il utilise au profit de son patient.

17. La télémédecine étant un acte médical comme un autre, il ne semble pas y avoir de difficulté à considérer la nature contractuelle de la relation entre le patient et le médecin requérant. Ce qui n'est pas forcément le cas avec le médecin requis qui n'a pas de relation habituelle avec le patient.

18. Le cadre juridique d'organisation des relations professionnelles en télémédecine commande les diverses relations juridiques qui se créent en fonction du statut du médecin. Ainsi si le médecin est libéral ou à titre libéral, il se met dans une relation contractuelle avec le patient (chapitre unique).

Chapitre unique. – Pratiques libérales.

19. Lorsque le médecin exerce à titre libéral, il ne fait aucun doute que la relation qu'il développe avec son patient est de nature contractuelle. Mais avec la télémédecine la réponse ne semble pas toujours évidente. Si la nature contractuelle de la relation entre le médecin requérant et le patient semble établie, il en va autrement dans le rapport du médecin requis au patient.

20. La télémédecine suscite des éléments nouveaux qui participent de la qualification de la relation de soins (section1) et dont la validité peut au demeurant s'apprécier de cette forme de pratique de la médecine à distance (section2). Enfin, la télémédecine impacte forcément l'organisation et la disponibilité de l'offre de soins (Section 3).

Section 1. Impact de la télémédecine sur la relation de soin

21. Traditionnellement, l'exercice libéral de la médecine constitue la base d'existence du contrat médical. Ainsi, la relation entre le médecin et son patient se réalise autour de leur convention. En France, la nature contractuelle de la relation entre un patient et son médecin a été instaurée à travers l'arrêt MERCIER83.

[83] Arrêt MERCIER, Cour de Cassation, Ch civ, 20 mai 1936, D. 1936. 1. 88, concl. Matter, rapp. Josserand, S. 1937. 1. 321, note Breton.

22. Selon les constatations du juge « Il se forme entre le médecin et son client un véritable contrat comportant pour le praticien, l'engagement sinon bien évidemment de guérir le malade, ce qui n'a d'ailleurs jamais été allégué, du moins de lui donner des soins, non pas quelconque ainsi que paraît l'énoncer le moyen de pourvoi, mais consciencieux, attentifs et réserves faites des circonstances exceptionnelles conformes aux données acquises de la Science ».

23. Il était alors régi par les dispositions de l'article 1128 du Code civil relatif aux conditions de formation du contrat[84]. Mais il semble depuis la loi du 4 mars 2002 que cette obligation soit devenue légale.

24. En Côte d'Ivoire, depuis cet arrêt MERCIER de 1936, il est acquis que la relation liant le médecin au malade est fondée sur un contrat, et que la responsabilité médicale est donc une responsabilité civile contractuelle. C'est un contrat conclu selon les conditions définies par l'article 1108 du Code civil en Côte d'Ivoire. Il comporte les obligations des parties. Celles du patient apparaissent simples, à savoir l'observance des prescriptions et le paiement des honoraires.

25. Précisons toutefois que, l'observance des prescriptions ne semble pas être une obligation au sens strict. Elle apparaît comme la dimension comportementale et mesurable d'une pratique de soin qui consiste à suivre la thérapeutique

[84] Ordonnance n° 2016-131 du 10 février 2016 portant réforme du droit d... https://www.legifrance.gouv.fr/affichTexte.do?cidTexte=JORFTEXT0.

prescrite, ce qui englobe le traitement, mais aussi l'ensemble des régimes associés et les styles de vie85.

26. Quant à celles du praticien, elles comportent la délivrance d'actes de soins consciencieux, attentifs et conformes aux données acquises de la Science, le terme de soins s'entendant dans un sens très général (conseil, diagnostic, thérapeutique...). L'art médical entre naturellement dans le champ du contrat même si le professeur PENNEAU affirme qu'il a des contours et des appréciations multiples86.

27. Mais l'intrusion des moyens techniques et technologiques, c'est-à dire le dispositif de télémédecine semble modifier cette relation. Le dispositif de télémédecine est avant tout un dispositif médical. Ce dispositif de télémédecine peut avoir une incidence sur la relation entre le médecin et son patient (§1) même si cette relation peut être de nature différente selon la qualité du médecin (§2). Ainsi la médecine peut être pratiquée avec des outils dont la manipulation entre dans le domaine du contrat médical ou de l'obligation de soins. Quid du contrat médical en télémédecine ?

---

[85] B. BLACKWELL : Patient compliance. The *New England Journal of Med*ecine 1973 ; 2 : 249-52. http://www.nejm.org/doi/full/10.1056/NEJM197308022890506.

[86] S WELSCH, Préface B GLORION, « Responsabilité du médecin, risque et réalités judiciaires », Litec2000, collection responsabilité, P 51, note 95.

§ 1. Incidence des dispositifs de télémédecine sur la relation de soins

28. La télémédecine est une forme de pratique de la médecine à distance qui associe des moyens techniques, c'est-à-dire des outils, à des compétences médicales. Les outils de télémédecine sont-ils des dispositifs médicaux (A) ? Dans l'affirmatif est-ce que ces dispositifs médicaux sont pris en compte dans le contrat médical (B) ?

A. Les outils de télémédecine : des dispositifs médicaux

29. En France, l'article L.5211-1 du Code de la santé publique définit le dispositif médical comme « tout instrument, appareil, équipement, matière, produit, à l'exception des produits d'origine humaine, ou autre article utilisé seul ou en association, y compris des accessoires et les logiciels intervenant dans son fonctionnement, destiné par le fabricant à être utilisé chez l'homme à des fins médicales et dont l'action principale voulue n'est pas obtenue par des moyens pharmacologiques ou immunologiques ni par métabolisme, mais dont la fonction peut être assistée par de tels moyens.

30. Les dispositifs médicaux qui sont conçus pour être implantés en totalité ou en partie dans le corps humain ou placés dans un orifice naturel, et qui dépendent pour leur bon fonctionnement d'une source d'énergie électrique ou de toute source d'énergie autre que celle qui est générée directement par le corps humain ou la pesanteur, sont dénommés dispositifs médicaux implantés et actifs. »

31. Au-delà de la diversité de leur forme, les dispositifs médicaux doivent avoir une finalité médicale, c'est-à-dire de diagnostic et thérapeutique. Dès lors, les outils de télémédecine, en permettant la réalisation d'un acte médical, favorisent également la réalisation d'une conséquence voulue chez l'homme et s'appréhendent comme des dispositifs médicaux. La solution est plus nette dans le cas de la télé chirurgie où les appareils informatiques et robotiques télécommandés permettent d'agir directement sur le corps du malade.

32. D'ailleurs, le décret no95-292 du 16 mars 1995 conforte cette analyse lorsqu'il dispose87 que « ces dispositifs sont destinés à être utilisés à des fins :

1) De diagnostic, de prévention, de contrôle, de traitement ou d'atténuation d'une maladie,

2) De diagnostic, de contrôle, de traitement, d'atténuation ou de compensation d'une blessure ou d'un handicap ;

3) D'étude, de remplacement ou de modification de l'anatomie ou d'un processus physiologique ;

4) De maîtrise de la conception ».

33. En vue de renforcer et à harmoniser au sein de l'Union européenne l'ensemble des règles relatives aux dispositifs médicaux et principalement les dispositions en matière de sécurité et d'efficacité des dispositifs médicaux, la traçabilité de ces produits et la transparence du système européen, le règlement (UE) 2017/745 relatif aux

[87] Décret n°95-292 du 16 mars 1995 et notamment son article R 665-1 (selon la numérotation du Code de la santé publique en France).

dispositifs médicaux a été pris88 et est d'application depuis le 26 mai 202189. Le choix avait été celui d'un règlement européen d'application directe et non d'une directive, et ce, afin de laisser peu de marge de liberté aux États membres.

34. Ce règlement1 va renforcer les règles relatives aux dispositifs médicaux dans l'objectif d'en améliorer la sécurité, la qualité et l'efficacité. Ce règlement va impacter l'ensemble des parties prenantes, depuis les fabricants jusqu'aux utilisateurs. « Les principaux changements concernent l'évaluation clinique, la traçabilité des dispositifs, le contrôle des organismes notifiés, la vigilance et la mise en place d'une base de données Européenne »90. Le règlement donne une définition plus claire et plus large de « dispositif médical ». En effet, le « dispositif médical », « est tout instrument, appareil, équipement, logiciel, implant, réactif, matière ou autre article, destiné par le fabricant à être utilisé, seul ou en association, chez l'homme pour l'une ou plusieurs des fins médicales précises suivantes :

[88] Il convient d'entendre ici s, par « règlement », le règlement (UE) 2017/745 relatif aux dispositif médicaux et par « les directives », la directive 93/42/CEE relative aux dispositifs médicaux et la directive 90/385/CEE relative aux dispositifs médicaux implantables actifs

[89] Ce règlement a eu une application différée en France à travers l'entrée en vigueur de l'ordonnance du 20 avril 2022 portant adaptation du droit français au règlement (UE) n° 2017/745 du Parlement européen et du Conseil relatif aux dispositifs médicaux. La loi n° 2021-1017 du 2 août 2021 relative à la bioéthique prévoit ainsi en son article 40, II, que le gouvernement avait jusqu'au 2 août 2022 pour adapter par voie d'ordonnance le droit national aux nouvelles exigences du Règlement européen.

[90] C. COURAGE, *Qualification du dispositif médical : quand les activimètres permettent d'affiner les critères de qualification* ,RDS, n°97, 2020, p.981-983

35. -diagnostic, prévention, contrôle, prédiction, pronostic, traitement ou atténuation d'une maladie,
-diagnostic, contrôle, traitement, atténuation d'une blessure ou d'un handicap ou compensation de ceux-ci,
-investigation, remplacement ou modification d'une structure ou fonction anatomique ou d'un processus ou état physiologique ou pathologique,
-communication d'informations au moyen d'un examen in vitro d'échantillons provenant du corps humain, y compris les dons d'organes, de sang et de tissus, et dont l'action principale voulue dans ou sur le corps humain n'est pas obtenue par des moyens pharmacologiques ou immunologiques ni par métabolisme, mais dont la fonction peut être assistée par de tels moyens.

140. Les produits ci-après sont également réputés être des dispositifs médicaux :

-les dispositifs destinés à la maîtrise de la conception ou à l'assistance à celle-ci,

-les produits spécifiquement destinés au nettoyage, à la désinfection ou à la stérilisation des dispositifs visés à l'article 1 er, paragraphe 4, et de ceux visés au premier alinéa du présent point »[91].

36. La définition de 'dispositif médical' a ainsi été adaptée afin de la clarifier et de l'élargir. Les dispositifs médicaux pourront être fabriqués à l'aide de dérivés de tissus ou de cellules d'origine humaine non viables ou rendus non viables. De même il peut s'agir de produits destinés à nettoyer, désinfecter ou stériliser les dispositifs médicaux sont considérés comme des dispositifs médicaux ; tout

[91] Règlement (UE) 2017/745 relatif aux dispositifs médicaux, article 2.

comme des produits similaires à des dispositifs médicaux mais n'ayant pas de destination médicale vont également tomber dans le champ d'application du Règlement 2017/745, ces produits sont listés dans l'annexe XVI du règlement 2017/745

37. Le règlement est plus exigeant, entre autres, en matière de preuves cliniques et de traçabilité par l'introduction de l'identifiant unique des dispositifs (IUD, également appelé UDI en anglais) qui permettra une meilleure traçabilité tout au long de la chaine de distribution. Cet IUD permettra également de faciliter les rappels et de lutter contre la contrefaçon. Les dispositifs de télémédecine sont ainsi destinés à ces mêmes fins et doivent être considérés comme des dispositifs médicaux.

38. Enfin, le règlement prévoit entre le 27 mai 2024 et le 26 mai 2025, « une période dite "sell-off"[92]. Cette phase a pour but de limiter la période pendant laquelle les dispositifs conformes aux directives qui ont déjà été mis sur le marché (par le fabricant) peuvent être encore être mis à disposition de l'utilisateur final. Tous les dispositifs qui se trouvent encore dans la chaîne d'approvisionnement et qui n'ont pas encore atteint leur utilisateur final, par exemple un hôpital, ne peuvent plus être commercialisés à partir du 26 mai 2025 et doivent être retirés »[93].

---

[92] Règlement 2017/745, art. 120, § 4

[93] Guide concernant l'application du règlement (UE) 2017/745 relatif aux dispositifs médicaux dans les établissements de santé ; p. 8. https://www.afmps.be/sites/default/files/content/POST/MEDDEV/07%20H%C3%B4pitaux%20et%20professionnels%20de%20la%20sant%C3%A9/MDR%20et%20%C3%A9tablissements%20de%20sant%C3%A9%20FR.pdf

39. Toutefois, nous constatons qu'en Côte d'Ivoire, après un long silence gardé sur la notion de dispositif médical, le décret de 2018 sur la réglementation de la télémédecine met désormais fin à cette situation. D'abord le Code de déontologie médicale ne parle que de moyens techniques nécessaires à l'art du médecin94.

40. Quant à la directive de l'UEMOA elle ne parle que de matériels et produits spécialisés pour les activités médicales95. C'est plutôt, l'énumération qui en est faite de quelques matériels qui peut nous renseigner sur leur finalité. Le plan stratégique de cybersanté adopté pour le développement de la télémédecine en Côte d'Ivoire n'est pas non plus précis96. Il se contente de dire qu'il faut réhabiliter le matériel médical, cœur de l'art médical, en y ajoutant les nouveaux matériels informatiques nécessaires à la pratique de l'art médical à distance.

41. Ainsi, le plan stratégique ne semble pas faire de différence entre le matériel médical et le dispositif de télémédecine ; dans la mesure où l'un et l'autre permettent au médecin le plein et entier exercice de son art, ils constituent des dispositifs médicaux. Cette ambiguïté est bien

---

[94] Article 15, loi n.62-248 du 31 juillet 1962 portant code de déontologie médicale en Côte d'Ivoire. Depuis, la loi N°2024-240 du 24 avril 2024 reprend les mêmes dispositions en son article 7. Mais l'article 8 de cette loi fait expressément référence aux « dispositifs médicaux ».

[95] Directive n°06/2002-CM/UEMOA du 19 septembre 2002 portant détermination de la liste commune des médicaments, produits pharmaceutiques, matériels et produits spécialisés pour les activités médicales exonérés de la TVA au sein de l'UEMOA (Union Economique et Monétaire Ouest-Africaine.

[96] PNDS-CI, Plan National de Développement Sanitaire en Côte d'Ivoire, 2012-2016.

malheureuse car souvent source de confusion ou d'amalgame.

42. Désormais, cette situation est corrigée par le décret du 29 mars 2018 sur la réglementation de la télémédecine qui définit le dispositif médical comme « tout instrument, appareil, équipement, matière, produit, à l'exception des produits d'origine humaine, ou autres articles utilisés seul ou en association, y compris les accessoires et logiciels nécessaires au bon fonctionnement de celui-ci, destiné par le fabricant à être utilisé chez l'homme à des fins médicales. Constitue également un dispositif médical le logiciel destiné par le fabricant ou l'éditeur à être utilisé spécifiquement à des fins diagnostiques ou thérapeutiques »97.

43. Il précise également que le dispositif médical de télémédecine est « un équipement sanitaire composé de systèmes et d'éléments destinés à être assemblés en vue de constituer un dispositif médical communicant et qui doivent satisfaire à des conditions de compatibilité technique et de performance de débit numérique définies par l'Agence Nationale du Service Universel des Télécommunications »98.

44. Les dispositifs médicaux sont répartis en 4 classes de risque, depuis la classe I, considérés comme à risques faibles, jusqu'à la classe III qui représente la classe de risque la plus élevée. Voici quelques exemples en fonction de la classe de risque :

---

[97] Article 1 du décret n° 2018-361 du 29 mars 2018 portant réglementation de la télémédecine en Côte d'Ivoire.

[98] Article 1 du décret du 29 mars 2018 précité.

I : stéthoscopes, chaises roulantes, lunettes, béquilles, pansements,...
IIa : tubes de trachéotomie, pompes,...
IIb : certains moniteurs, certains implants (dentaires par exemple),...
III : prothèses de hanche, pacemakers, implants mammaires,...
En tout cas, sauf appréciation contraire du juge, en France et en Côte d'Ivoire, les dispositifs de télémédecine sont également des dispositifs médicaux.

B. Les dispositifs médicaux ne changent pas la relation entre le médecin et son patient

45. En Côte d'Ivoire, le médecin ne conclut pas un contrat spécifique avec son patient sur l'utilisation des moyens techniques qu'il a à sa disposition pour l'exercice efficace de son art. Le médecin est conscient qu'il doit combiner ses compétences médicales aux moyens techniques pour offrir à son patient des soins de qualité. C'est donc pourquoi l'article 15 du code de déontologie médicale exige du médecin qu'il exerce sa profession dans des conditions lui permettant l'usage régulier d'une installation et des moyens techniques nécessaires à son art99.

46. De ce point de vue, le dispositif de télémédecine étant un moyen technique au service du médecin, il intègre parfaitement le contrat médical initial entre le médecin et son patient. Il n'est pas nécessaire d'en conclure un spécifiquement. Cette solution semble inspirée de celle adoptée en France. Il a été admis en effet, en France que la

[99] Également, les articles 7 et 8 de la loi N°2024-240 du 24 avril 2024 portant exercice de la médecine en Côte d'Ivoire.

télémédecine est une obligation de moyens qui impose au médecin l'utilisation de tous les moyens (humains et technologiques) disponibles et susceptibles d'améliorer la pratique de son art[100].

47. La télémédecine apparaît ainsi comme un outil technique au service du médecin, donc faisant partie de la relation de soins entre le médecin et son patient même si elle peut en modifier les obligations ou la perception. Ainsi, l'utilisation d'un dispositif de télémédecine n'entraîne pas la conclusion d'un nouveau contrat. Cela d'autant plus qu'elle ne dénature pas non plus la relation initiale. La définition de celle-ci étant basée non pas sur les moyens mis en œuvre mais sur l'exercice même de l'activité médicale.

48. L'acte de télémédecine est une sorte de sous-traitance de l'activité médicale à l'occasion duquel, le médecin requis doit formuler un diagnostic qui est une prestation intellectuelle ou réaliser un acte chirurgical. Ces actes constituent des prestations commandées par la relation entre le médecin requérant et son patient. De ce fait, la nature de la relation médecin-patient est fortement influencée par le rôle du médecin.

§ 2. La nature de la relation de soins selon le rôle du médecin

49. La détermination de la nature de la relation de soins entre le médecin et son patient n'était pas une évidence à l'origine. Mais depuis l'arrêt MERCIER en 1936, il a été

[100] T. MOULIN et al. Télémédecine : quel cadre juridique lui conférer ? La recherche européenne en télémédecine (2012), 1, P. 66-69.

admis l'existence d'un contrat entre le médecin et son patient. Ainsi, il peut sembler logique d'admettre un contrat médical entre le médecin requérant et son patient (A), alors que la relation contractuelle entre le médecin requis et le patient semble problématique (B).

A. Nature de la relation entre le médecin requérant et son patient

50. En France, la cour de cassation avait reconnu le 20 mai 1936, dans l'arrêt MERCIER, l'existence d'un véritable contrat entre le médecin et son patient. Cela modifie le régime de responsabilité du médecin. On était passé ainsi de la responsabilité civile délictuelle à la responsabilité contractuelle. En télémédecine, le médecin requérant est dans une situation classique car il est bien souvent le médecin traitant ou un spécialiste toujours en contact physique avec le malade. Le médecin requérant est en contact direct avec le patient ce qui fait que leur relation ne semble pas affectée par l'utilisation du dispositif de télémédecine.

51. Ainsi dès que le médecin requérant consentait à prodiguer des soins au patient, il se formait automatiquement un contrat que l'utilisation d'outils techniques ne pouvait remettre en cause. A juste titre, on peut admettre avec le professeur PENNEAU que « l'existence du contrat dans la plupart des situations ne fait aucun doute, car le médecin du fait de son installation est en perpétuelle pollicitation »101. Le contrat se formait dès l'acceptation par le médecin de la simple demande de soins formulée par le patient.

---

[101] J. PENNEAU : « La responsabilité du médecin », coll. Connaissance du droit, Dalloz, 3è éd.2004, P. 8.

52. Mais la loi du 4 mars 2002 portant droit des patients semble remettre en cause la possibilité de contrat entre le patient et son médecin et unifie désormais les différents régimes de responsabilité en instituant le régime de la responsabilité légale102. En effet, la loi du 4 mars 2002, dite loi Kouchner, a profondément modifié cette relation en renforçant les droits des patients et en réaffirmant les obligations des professionnels de santé. Elle a marqué ainsi une évolution majeure dans la manière dont le médecin et le patient interagissent, en introduisant une dimension plus participative, transparente et respectueuse des choix individuels.

53. Il convient de le rappeler encore, avant la loi du 4 mars 2002, la relation entre le médecin et son patient reposait principalement sur la confiance et l'autorité du médecin. Ce dernier était souvent considéré comme le seul détenteur du savoir médical, et le patient, dans de nombreux cas, n'était que peu ou pas informé des détails concernant son état de santé ou les traitements qui lui étaient proposés. La loi du 4 mars 2002, en revanche, a instauré un droit à l'information pour le patient. Ce droit repose sur l'idée que le patient doit être pleinement informé de son état de santé, des traitements envisagés, de leurs risques et bénéfices, ainsi que des alternatives possibles.

54. Plus précisément, cette loi pose de façon générale un principe de responsabilité légale pour faute relativement

[102] Article L1142-1 du code de santé publique : « le médecin répond, en cas de faute, des conséquences dommageables des actes de prévention, de diagnostic ou de soins qu'il accomplit et, en vertu du second, qu'il ne peut être porté atteinte à l'intégrité du corps humain *qu'en cas de nécessité médicale pour la personne* ou, *à titre exceptionnel, dans l'intérêt thérapeutique d'autrui* ».

aux conséquences dommageables des actes de prévention, de diagnostic et de soins103. La relation entre le médecin et son patient n'est donc plus de nature contractuelle mais légale. La Cour de cassation affirme en ce sens que, pour les soins dispensés après le 5 septembre 2001, date d'entrée en vigueur de la loi n° 2002-303 du 4 mars 2002, la responsabilité des professionnels de santé est devenue une responsabilité légale104.

55. La première chambre civile estime que les textes des articles L1142-1 du Code de santé publique et 16-3 du Code civil avaient été méconnus dès lors que les préjudices dont la demanderesse « avait été victime découlaient de façon directe, certaine et exclusive d'une intervention chirurgicale mutilante, non justifiée et non adaptée, de sorte qu'ils ouvraient aussi droit à réparation ». Ainsi, la légalisation des obligations du médecin et la consécration législative des obligation dégagées par la jurisprudence ont favorisé la décontractualisation de la relation entre le médecin et son patient105.

---

[103] Article L 1142-1, « I. - Hors le cas où leur responsabilité est encourue en raison d'un défaut d'un produit de santé, les professionnels de santé mentionnés à la quatrième partie du présent code, ainsi que tout établissement, service ou organisme dans lesquels sont réalisés des actes individuels de prévention, de diagnostic ou de soins ne sont responsables des conséquences dommageables d'actes de prévention, de diagnostic ou de soins qu'en cas de faute ».

[104] Cass. Civ., 1ère, 28 janvier 2010, 08-20.571, inédit, Publié au bulletin, également Cass. Civ., 3 juin 2010 ; https://www.legifrance.gouv.fr/affichJuriJudi.do?idTexte=JURITEXT000021769491.

[105] En ce sens, v. not. M. Girer, *Chronique de la mort annoncée du contrat médical ?, in Mélanges Callu*, LexisNexis, 2013, p. 387 et s., spéc. p. 390 et s.

56. Dès lors les obligations des professionnels de santé sont en effet entièrement définies par la loi, de sorte que le fondement contractuel, qui a pu s'imposer naguère, revêt à présent un caractère artificiel. « La teneur des obligations légales ne diffère guère de celles qu'avait dégagées la jurisprudence, même si la perspective est désormais celle d'un droit de la personne malade : à l'ancienne formule de l'arrêt MERCIER (les « soins consciencieux, dévoués, attentifs et conformes aux données acquises de la science ») fait désormais écho l'article L.1110-5 du Code de la santé publique »106.

57. Cet article aux accents plus techniques met à la charge des professionnels de santé une obligation de moyens, en disposant que « toute personne a [...] le droit de recevoir les soins les plus appropriés et de bénéficier des thérapeutiques dont l'efficacité est reconnue et qui garantissent la meilleure sécurité sanitaire au regard des connaissances médicales avérées »107. On retrouve ainsi les mêmes obligations que celles mises à la charge du médecin par le contrat médical.

58. La loi du 4 mars 2002 s'est donc contentée et ce sans même définir la faute médicale de donner un fondement légal à cette jurisprudence tout en instaurant un régime dérogatoire de responsabilité civile sans faute en ce qui concerne d'une part la responsabilité du professionnel ou de l'établissement en raison de dommages causés par un produit de santé, et d'autre part la responsabilité des

[106] V. SCOLAN, « La responsabilité civile en matière médicale », 5 mai 2015, http://www.medileg.fr/La-responsabilite-civile-en-804.

[107] Article L1110-5 modifié par la loi n°2016-87 du 2 février 2016, art.1.

établissements en cas de dommages résultant d'une infection nosocomiale108.

59. De même, s'il est vrai que cette loi installe une démocratie sanitaire en renforçant les droits de la personne malade pour en faire un véritable acteur de sa santé, elle nous semble dénaturer la relation entre le médecin et son patient. En effet, nous pensons que la loi du 4 mars 2002 peut susciter une dégradation de la relation médecin-patient ainsi qu'une remise en cause progressive du statut des professionnels de santé avec une mise en œuvre excessive de leur responsabilité109.

60. Le consentement ou le choix du médecin par le patient pourraient ainsi apparaître comme artificiels. Car « aucun malade ne peut être transféré dans le secteur d'activité libérale des praticiens hospitaliers, s'il a été admis dans l'établissement au titre du secteur public, ni être transféré dans le secteur public s'il a été admis dans le secteur d'activité libérale des praticiens hospitaliers »110.

Enfin, le caractère légal de l'obligation du médecin pourrait affecter le lien de confiance essentiel à la relation médecin-patient et par conséquent pousser le professionnel de santé à trop de prudence ou même à la méfiance. Fort heureusement à l'analyse la loi Kouchner, tout en modifiant profondément la relation de soins, n'a pas changé fondamentalement la nature de cette

---

[108] Art. L.1142-1 du Code de la santé publique.

[109] https://www.infirmiers.com/actualites/actualites/droits-des-patients-loi-kouchner-mal-connue-professionnels-sante.html.

[110] A-M. CERETTI et L. ALBERTINI, Rapport bilan et proposition de réforme de la loi du 4 mars 2002 relative aux droits des malades et à la qualité du système de santé, 24 février 2011. file:///D:/Ressources%20doc/Bilan_propositions_reformes_loi_du_4_mars_2002_.pdf

relation, mais elle l'a clarifiée et précisée dans certains aspects. Cette relation présente un double aspect.

Tout d'abord, fondée sur un engagement réciproque, la relation de soins entre le médecin et son patient peut être vue sous l'angle contractuel, car elle repose sur un engagement réciproque entre les deux parties. En effet, le médecin s'engage, en tant que professionnel, à fournir des soins appropriés, en respectant les règles de l'art médical, les principes éthiques et la déontologie ainsi qu'à son organisation matérielle.

De son côté, le patient s'engage à suivre les prescriptions et recommandations du médecin, dans la mesure de ses capacités et à payer les honoraires du médecin. La relation de soins repose sur un contrat tacite, qui est un accord implicite entre les deux parties111. En acceptant de consulter un médecin et d'être pris en charge médicalement, le patient accepte les obligations de ce dernier en matière de soins et de traitement, tout en s'engageant à respecter certaines règles de coopération, comme la fourniture d'informations essentielles sur son état de santé, et le respect des consignes médicales.

Ainsi, la loi du 4 mars 2002, en introduisant des droits renforcés pour les patients, consacre l'idée que cette relation s'apparente bien à un contrat, car elle s'organise autour de l'échange d'obligations : le médecin a l'obligation de fournir une information claire et complète sur le traitement proposé et faire bénéficier le patient de son organisation matérielle, et le patient doit, de son côté, donner son consentement éclairé même si ce consentement

[111] https://juribot.fr/questions-juridiques/sante/1777

repose désormais sur une exigence légale112 et payer les honoraires du médecin113.

Ce consentement, qui doit être donné librement et en toute connaissance de cause, est un élément fondamental d'une relation contractuelle, car il symbolise un accord des deux parties sur le déroulement des soins. Dans un cadre contractuel, la responsabilité du médecin se fonde principalement sur le non-respect de ses obligations contractuelles. Si le médecin manque à son devoir d'information ou d'exécution des soins (par exemple, en administrant un traitement inapproprié ou en omettant de délivrer des informations cruciales), il peut être tenu responsable d'une faute contractuelle.

Cependant, la relation entre le médecin et le patient peut également comporter des éléments de nature délictuelle, en particulier en ce qui concerne les obligations de sécurité et la réparation des préjudices causés par des actes médicaux fautifs. Même si la relation peut être vue comme contractuelle, elle comporte aussi des caractéristiques délictuelles. En effet, la responsabilité du médecin peut également être engagée en cas de faute, au-delà de l'engagement contractuel. Si le médecin commet une erreur médicale qui cause un dommage au patient (par exemple, une négligence lors de l'exécution d'un acte chirurgical), il engage sa responsabilité délictuelle.

Dans ce cas, le patient peut obtenir réparation du préjudice subi sans qu'il soit nécessaire d'établir un manquement à une

---

[112] CSP, art. L. 1111-4, al. 4 N° Lexbase : L4849LWI : « *aucun acte médical ni aucun traitement ne peut être pratiqué sans le consentement libre et éclairé de la personne et ce consentement peut être retiré à tout moment* ».

[113] F. DREIFUSS-NETTER, *Feue la responsabilité civile contractuelle du médecin ?*, RCA, n°10, octobre 2002, chron. 17 ; E. Terrier, *Médecine : réparation des conséquences des risques sanitaires*, Rép. civ., octobre 2020, n°15 ;

obligation contractuelle spécifique. La jurisprudence reconnaît cette double nature de la responsabilité médicale, car elle peut découler soit d'un manquement à une obligation d'information ou de soins (responsabilité contractuelle), soit d'une faute qui engage la responsabilité civile délictuelle (erreur, négligence, ou imprudence qui cause un dommage au patient)114.

En outre, la relation entre le médecin et le patient implique une obligation de sécurité, ce qui fait que le médecin doit veiller à éviter tout dommage à la personne du patient, au-delà même du cadre strictement contractuel. Cette obligation est reconnue par les tribunaux comme une obligation de résultat dans certains cas (par exemple, lors d'une intervention chirurgicale), ce qui fait que toute faute dans la mise en œuvre de cette obligation peut entraîner une responsabilité délictuelle115.

---

[114] v. par exemple : R. NERSON, « Le respect par le médecin de la volonté du malade », *in Mélanges Marty*, Université des sciences sociales de Toulouse, 1978, p. 870 ; A. GARAY, P. GONI, « la valeur juridique de l'attestation de refus de transfusion sanguine », LPA, 13 août 1993, n° 97, p. 15 : le « particularisme de la pratique médicale oblige à distinguer l'accord de la volonté initiale, indispensable à la conclusion du contrat - qui se manifeste par la volonté délibérée de se soigner en consultant le praticien - du consentement, postérieur au diagnostic, à l'intervention chirurgicale. Le passage à l'acte chirurgical suppose, outre le consentement préalable à vouloir se faire soigner, l'assentiment à l'intervention » ; X. PIN, *Le consentement en matière pénale*, LGDJ, 2002, n°250 : « le contrat médical constitue seulement le cadre à l'intérieur duquel le consentement permissif est une permission de chaque instant. L'individu qui accepte un contrat (de soin, de transfusion, de prélèvement, de recherche, n'aliène pas son droit à l'intégrité corporelle. Il n'autorise pas toute atteinte future mais il détermine, grâce au contrat, les conditions de l'intervention ».

[115] J. PENNEAU, « Médecine : réparation des conséquences des risques sanitaires - Conditions de la responsabilité médicale » - Décembre 2013, actualisation en décembre 2019.

En définitive, la relation entre le médecin et son patient après la loi du 4 mars 2002 n'est pas purement contractuelle ou délictuelle, mais les deux types de responsabilités peuvent coexister[116]. La relation est, dans son essence, contractuelle en raison de l'engagement réciproque des parties, mais la responsabilité en cas de faute ou de négligence du médecin, qui cause un dommage, relève de la responsabilité délictuelle.

En Côte d'Ivoire, depuis l'arrêt MERCIER on admet l'existence d'un véritable contrat entre le médecin et son patient. En effet, définissant les principes s'imposant au médecin, le code de déontologie souligne le libre choix du médecin par le malade[117]. Dès que ce choix est formulé par le patient, le médecin qui consent à prodiguer les soins sollicités par l'état du patient se retrouve dans une relation contractuelle. Si la notion de contrat médical

---

[116] C. LEDUQUE, « L'évolution de la relation patient-médecin : qu'en est-il du contrat médical ? » Centre patrimoine et contrats, Équipe de recherche Louis Josserand, 26 Juin 2024, https://www.lexbase.fr/article-juridique/93380894 doctrinelevolutiondelarelationpatientmedecina0quenestilducontratmedicala0

[117] Article 8 du code de déontologie médicale, (Côte d'Ivoire), « Les principes ci-après énoncés s'imposent à tout médecin, (...). Ces principes sont : Libre choix du médecin par le patient ; Liberté des prescriptions du médecin ; Entente directe entre malade et médecin en matière d'honoraires ; Paiement direct des honoraires par le malade au médecin.

est acquise en jurisprudence et soutenue par une majeure partie de la doctrine elle n'est cependant sans contestation118.

Selon la doctrine minoritaire, il faut parler d'une « relation de soins » car la notion de contrat n'est pas adéquate au regard de la philosophie de la relation médicale. Cette théorie nous semble pourtant erronée, puisque la formation du contrat médical satisfait aux conditions générales de formation du contrat au sens du droit civil119. Cette obligation contractuelle met à la charge du professionnel de santé l'obligation de prodiguer des « soins consciencieux, dévoués, attentifs et conformes aux données acquises de la science ». Il s'agit d'une obligation de moyen qui ne fait pas obstacle au recours à la télémédecine en cas de nécessité.

En télémédecine, le médecin requérant est dans une situation classique car il est bien souvent le médecin traitant ou un spécialiste toujours en contact physique avec le malade. Le médecin requérant est en contact direct avec le patient ce qui fait que leur relation ne semble pas affectée par l'utilisation du dispositif de télémédecine. Ainsi dès que le médecin requérant consentait à prodiguer des soins au patient, il se formait automatiquement un contrat que l'utilisation d'outils techniques ne pouvait remettre en cause. Mais l'admission du contrat dans la relation médecin requis-patient semble soulever des difficultés.

---

[118] En ce sens l'ouvrage de G. MEMETEAU, « *Cours de droit médical* », Les études hospitalières, 3ème éd., 2006, p. 312.

[119] Voir, *infra* condition de formation du contrat médical, p. 54.

B. Position du médecin requis dans la relation de soins

61. Le médecin requis compte tenu de la distance qui le sépare avec le patient et surtout du fait de l'utilisation des moyens de communication à distance, n'est pas dans la même situation que le médecin requérant. On se demande s'il peut exister un contrat entre le médecin requis et le patient, et si oui quel peut en être la nature ?

1 – Nature de relation du médecin requis avec le patient

62. Dans la pratique de la télémédecine, il s'établit une forme de relation particulière entre le médecin requis et le patient, car il n'y a aucun contact entre eux. Ce qui fait que le médecin requis n'est pas dans la même situation que le médecin requérant avec son patient.

63. En France, on s'appuyait jusque-là sur des dispositions pertinentes du code de déontologie médicale pour refuser d'admettre l'existence du contrat médical dans la relation du médecin requis avec le patient. D'abord le médecin doit disposer au lieu de son exercice professionnel d'une installation convenable120. Cette exigence rend difficile l'exercice de la médecine à distance ou sur internet. De plus le médecin distant, ne peut garantir la qualité et la sécurité ni même réaliser des examens cliniques du fait de sa situation. Ces éléments étant caractéristiques même de l'acte médical et par suite de conséquence le fondement du contrat médical.

[120] Article 71 du code de déontologie médicale, (France) qui impose pour l'exercice de la médecine d'avoir un local.

64. D'ailleurs, la doctrine à travers des auteurs comme Alexandre REGNIAULT et Jacques Antoine ROBERT, soutient que l'impératif de sécurité et de qualité imposent aux médecins de réaliser un examen clinique du patient, ce que ne peut faire le médecin distant, à tout le moins s'il ne s'appuie sur un médecin proche du patient, le médecin requérant en l'occurrence. A cela s'ajoutent l'absence d'autorisation de réaliser des actes à distance par la jurisprudence du conseil national de l'ordre des médecins et les difficultés de rémunération de l'acte à distance[121].

65. Aujourd'hui, c'est la loi du 4 mars 2002 qui met à la charge du professionnel de santé une obligation légale sans toutefois faire définitivement obstacle à l'existence d'un contrat médical entre celui-ci et son patient[122]. Il s'agit d'une obligation de moyens mise à la charge des professionnels de santé à l'effet de garantir l'égal accès de chaque personne aux soins nécessités par son état de santé et assurer la continuité des soins et la meilleure sécurité sanitaire possible[123].

66. Ainsi la relation entre le médecin qu'il soit requis ou requérant est commandée par la loi, l'obligation du médecin étant de nature légale[124]. Cela nous semble logique. Car si le patient ne peut contracter avec le médecin requérant ce n'est donc pas avec le médecin requis qu'il le pourrait et ce indépendamment du fait qu'il puisse contacter directement ce dernier pour sa prise en charge.

---

[121] A REGNIAULT et J-A ROBERT, « professionnels de santé et internet », Lamy droit de la santé, 2004, étude 275, note 275-6.

[122] Article L1142-1, *ibid.*

[123] Article L1110-1du code de la santé publique.

[124] *Supra*, parag. 154 à 168

Sauf à admettre bien sûr que le médecin requis exerce en dehors du territoire français.

67. En Côte d'Ivoire, le code déontologie médicale relève deux situations qui font que la relation entre le médecin requis, distant et le patient ne peut être que d'un genre particulier. D'abord son article 15 exige du médecin qu'il exerce sa profession dans des conditions lui permettant l'usage régulier d'une installation, donc un local125. De plus, l'article 17 de ce code interdit l'exercice de la médecine foraine126. De ce qui précède, il est difficilement concevable d'admettre l'existence d'un contrat médical entre le médecin requis et le patient.

68. En effet, dans la plupart des situations c'est le médecin requérant qui organise l'activité de télémédecine au profit de son patient. Le patient ne choisit donc pas le médecin requis même s'il consent à l'acte de télémédecine. En réalité le consentement du patient à l'acte médical, quoique faisant partie du contrat médical avec le médecin requérant, ne saurait s'étendre à un éventuel contrat avec le médecin requis.

69. Dans ces deux pays, le patient ne semble pas conclure de contrat médical avec le médecin requis. A ce propos, madame le professeur Claudine ESPER écrit que rechercher l'expression de l'accord au contrat du patient est illusoire puisque : « le praticien référent, quelquefois situé à des milliers de kilomètres du lieu de consultation, est totalement inconnu du patient Le libre choix pose alors

[125] Articles 7 et 8 de la loi N°2024-240 du 24 avril 2024 portant exercice de la médecine, précitée.

[126] Aujourd'hui, cette interdiction est prévue à l'article 9 de la loi N°2024-240 du 24 avril 2024 portant exercice de la médecine.

problème et il y a là une difficulté qui ne peut être méconnue »127.

70. De plus, la distance fait obstacle à reconnaître l'état de pollicitation du médecin requis. Il n'y a en l'état actuel, aucun répertoire des médecins ou établissements qui pratiquent la télémédecine. Ce qui revient à dire que c'est toujours le médecin requérant qui choisit le médecin requis certainement en tenant compte de ses habitudes professionnelles. Il ne peut donc y avoir aucun contrat entre le médecin requis et le patient. Sauf à considérer que le consentement à l'acte de télémédecine donné par le patient au médecin requérant vaut pour celui-ci mandat de contracter avec le médecin requis pour son compte.

71. Mais, le mandat ne peut être donné qu'en vue de la réalisation d'un acte juridique et ne peut porter sur une activité économique, matérielle ou immatérielle qu'une personne réaliserait à la demande d'une autre128. Également, le mandat émis par le mandant à son mandataire pour que celui-ci accomplisse un acte juridique pour son compte est exclusif. Si le médecin requérant peut-être mandataire et le patient mandant, il est difficile de savoir que le contrat est conclu dans le seul et exclusif intérêt du mandant (patient). Car la télémédecine se réalise au profit conjoint du patient et du médecin requérant. Ce dernier trouve toujours dans l'apport du médecin requis un appui à son activité médicale.

[127] C. ESPER, « Télémédecine », Lamy droit de la santé, 2006, n.337-21.

[128] A. SERIAUX, « Manuel de droit des obligations », 2me édition mise à jour, collection droit fondamental, PUF, 2018, p. 331 et S.

72. Mieux de par sa fonction apprenante la télémédecine permet au médecin requérant d'acquérir des compétences nouvelles, ce qui fait de lui le premier bénéficiaire de l'activité. Il en est ainsi, notamment en cas de recours à la télé-expertise129. En effet, lorsque le médecin requérant sollicite l'expertise d'un confrère d'une spécialité médicale donnée dans la prise en charge de son patient, il acquiert des compétences nouvelles ou renforce ses capacités dans le domaine de cette spécialité pour assurer une meilleure prise en charge de ses patients.

73. De plus, le médecin requérant n'est pas dessaisi de la prise en charge du patient lorsqu'il sollicite l'intervention d'un confrère. Il reste tout de même, au centre de l'acte de télémédecine qu'il coordonne. En pratique, c'est le médecin requérant qui prescrira et initiera le traitement du patient. Il ne peut dès lors, être le mandataire du patient. En outre, le bénéfice que pourrait en tirer le patient de l'acte de télémédecine ne semble pas direct. Il découle le plus souvent de l'action sur place du médecin requérant. En conséquence, la conclusion d'un contrat médical entre le médecin requis et le patient doit être écartée. On peut donc se demander dans une telle situation, quelle est la nature de la relation entre le médecin requis et le patient ?

2 - Contrat sui generis

74. Si le médecin requérant ne peut être le mandataire du patient pour conclure en son nom et pour son compte un contrat médical avec le médecin requis, on se demande, quelle peut être la nature de leur relation. Il ne semble en

---

[129] C. DAVER, La télémédecine, entre intérêt des patients et responsabilités, *Médecine et droit* , 2000, no 41.

effet, pas exclu que le médecin requérant lui-même se lie au médecin requis afin de bénéficier de l'expertise de ce dernier. Mais il est également possible que le patient ait pu demander à bénéficier directement de l'expertise du médecin requis de sorte à se retrouver partie de la relation entre celui-ci et le médecin requérant.

75. En France, on a d'abord pensé que le contrat de télémédecine pouvait être perçu comme un contrat de prestation de service intellectuel donné à distance. On s'était alors demandé si le patient pouvait conclure un tel contrat. Il aurait fallu pour y parvenir que le patient satisfasse aux conditions de validité du contrat posées par l'article 1128 du Code Civil. Ce qui n'était pas une évidence. Car généralement c'était le médecin requérant qui choisissait le médecin requis et cela en considération de leur relation professionnelle habituelle. Et même si le patient donnait son consentement au médecin requérant pour déclencher l'acte de télémédecine, cela apparaissait toujours comme un accord à l'acte médical et non pas à un contrat avec le médecin requis.

76. Aujourd'hui, la question ne se pose même plus avec la loi du 4 mars 2002. Le patient ne peut contracter avec le médecin que dans des cas résiduels, l'obligation de ce dernier étant de nature légale en général130. Il en résulte que le consentement du patient à l'acte médical en général et à l'acte de télémédecine en particulier a pour seul fondement le respect de la dignité de la personne malade131. Ce consentement est la preuve que le patient a été régulièrement informé de son état de santé mais

[130] *Supra,* parag. 154 à 168.

[131] Article L1110-2 du code de la santé publique, créé par la loi n° 2012-203 du 4 mars 2002.

également celle de sa coopération aux soins entrepris132. La relation entre le médecin et le patient est donc de nature délictuelle.

77. En revanche, en Côte d'Ivoire on se demande si le patient peut conclure un tel contrat. En tout cas, pour y parvenir, le patient devra au sens des conditions de validité du contrat posées par l'article 1108 du Code Civil, jouer un rôle actif dans sa relation avec le requis. Ce qui n'est pas une évidence. On sait généralement que c'est le médecin requérant qui choisit le médecin requis et cela en considération de leur relation professionnelle habituelle. Et même si le patient donne son consentement au médecin requérant pour déclencher l'acte de télémédecine, cela apparaît toujours comme un accord à l'acte médical et non pas à un contrat avec le médecin requis.

78. Ensuite, l'objet de cette prestation de service intellectuel doit être similaire à celui du contrat médical. L'acte du médecin requis, réalisé pour permettre au médecin requérant de soigner le patient, apparaît comme un conseil pratique et au-delà un véritable acte de soin. Cela nous laisse penser que l'objet du contrat sui generis est identique à celui du contrat médical.

79. De plus la télémédecine est perçue en Côte d'Ivoire comme un moyen au service du médecin requérant pour l'exécution de son contrat médical avec le patient. De ce fait, c'est toujours le requérant qui choisit le médecin distant en considération de leur relation professionnelle habituelle. Le patient n'intervient donc pas dans ce choix même s'il donne son consentement à l'acte médical. D'ailleurs, la télémédecine n'est pas encore connue de la

---

[132] Article L1111-4 du code de la santé publique.

plupart des médecins et encore moins des patients. Ce n'est pas une réalité vulgarisée pour que le patient puisse directement consentir à un contrat de télémédecine ou un contrat de prestation de service intellectuel avec un médecin requis.

80. Au regard de cette analyse, il apparaît que la conclusion d'un contrat entre médecin distant et patient ne semble pas nécessaire, tant en France qu'en Côte d'Ivoire. D'abord, parce qu'en France, la relation entre le médecin est de nature légale pour les actes de prévention, de diagnostic et de soins. Il est donc tout simplement impossible pour le médecin de conclure un contrat avec son patient.

81. Ensuite, parce qu'en côte d'Ivoire, les prestations de télémédecine interviennent en aval de l'acte de prescription ou s'inscrivent dans les relations entre professionnels et enfin, parce que le contrat sui generis n'a aucune raison d'être133. En réalité, la prestation de télémédecine n'est finalement réalisée que pour le compte du médecin requérant. La conclusion d'un contrat entre le médecin requis et le patient est donc sans intérêt. Le médecin requis restera dès lors dans une situation délictuelle vis-à-vis du patient.

Conclusion de la section

82. On note au terme de cette analyse, en France comme en Côte d'Ivoire, que la télémédecine peut se pratiquer dans le cadre d'un exercice libéral de la profession médicale, car le

[133] C. DAVER, La télémédecine, entre intérêt des patients et responsabilités, op . cit.

dispositif de télémédecine est également un dispositif médical. Cela peut se concevoir dans l'exécution du contrat médical ou de l'obligation légale entre le médecin requérant et le patient. En revanche, le médecin requis demeure dans une relation délictuelle avec le patient.

Section 2. Incidence de la télémédecine sur la validité du contrat médical

83. Comme tout contrat, le contrat médical nécessite pour sa validité, la réalisation des conditions générales prévues par le droit des contrats. L'article 1108 du Code civil pose les conditions de validité de tout contrat qui sont l'exigence d'un consentement, de la capacité, d'un objet certain et d'une cause licite. Si cette exigence est encore en vigueur en Côte d'Ivoire, elle ne semble plus adaptée en France depuis le 1er octobre 2016.

84. En effet, avec l'entrée en vigueur de l'ordonnance n°2016-131 du 10 février 2016 portant réforme du droit des contrats, sont nécessaires à la validité de tout contrat le consentement des parties, leur capacité de contracter et le contenu licite et certain du contrat134. La réforme supprime donc les notions de cause et objet du contrat.

[134] Article 1128 de l'ordonnance n°2016-131 du 10 février 2016, entrée en vigueur le 1er octobre 2016 portant réforme du droit des contrats, du régime général et de la preuve des obligations, JORF n°0035 du 11 février2016, texte n°26.-ELI:https://www.legifrance.gouv.fr/eli/ordonnance/2016/2/10/JUSC1522466R/jo/texte Alias: https://www.legifrance.gouv.fr/eli/ordonnance/2016/2/10/2016-131/jo/texte.

Toutefois, les contrats conclus avant l'entrée en vigueur de l'ordonnance restent soumis aux dispositions anciennes135.

85. Mais on se demande si en modifiant la pratique médicale et les contraintes des professionnels, la télémédecine ne peut pas également modifier la formation du contrat. Si la télémédecine ne remet pas en cause, l'objet §3 et la cause §4 du contrat, elle semble modifier l'approche traditionnelle de la capacité §2 et du consentement §1.

§ 1. Le consentement du patient

86. Comme tout contrat, le contrat médical est un contrat synallagmatique dont la formation suppose l'existence et la rencontre des volontés des parties contractantes. Cette volonté des parties de contracter ne se matérialise qu'à travers le consentement. Mais, en matière médicale, même si aucun traitement ne peut être entrepris par un professionnel de santé en l'absence du consentement du malade, celui-ci n'est pas toujours donné en vue d'un contrat. Il apparaît tout simplement comme la condition de réalisation de l'acte médical.

87. Le consentement aux soins que le praticien doit recueillir ne peut être valablement exprimé que si le patient en a saisi la nature exacte et a pu en mesurer les risques, grâce à une information qu'il lui aura délivrée de façon loyale, claire et appropriée136. Dès lors, le patient doit pouvoir consentir au principe même de l'acte médical ainsi qu'à ses

---

[135] Article 9 de l'ordonnance, précitée.

[136] V.T. DANHO-DA, J-C. GUINAN, R. BAKAYOKO-LY, Le consentement éclairé : obligation légale du chirurgien -dentiste, Rev. Ivoir. Odonto-Stomatol., vol. 8., n°1, 2006, P.23.

modalités (A) mais celui-ci doit être exempt de tout vice (B).

A. Consentement à l'acte médical

88. Le consentement à l'acte présente deux aspects. Il implique d'une part, le consentement au principe même de l'acte. D'autre part, il porte sur les modalités de réalisation de l'acte. L'expression de ce consentement présente des caractères déterminants qui lui confèrent sa validité ou non et dont la preuve doit au demeurant être rapportée.

1-Consentement au principe de l'acte

89. En France, depuis longtemps déjà, le respect de la volonté du patient est perçu comme la condition de l'intervention médicale. En effet, initialement la recherche du consentement du patient comme condition substantielle de réalisation de l'acte médical avait été instituée par l'arrêt MERCIER du 20 mai 1936 et apparaissait comme une composante même du contrat médical137.

90. Depuis, le consentement du patient apparaît dans le contexte d'une démocratie sanitaire de la loi du 4 mars 2002 comme la condition même de réalisation de l'acte médical et présente à ce titre un contenu particulier138. L'article L1111-4 de cette loi précise que « toute personne prend, avec le professionnel de santé les décisions concernant sa santé »139.

---

[137] Cass. Civ. 29 mai 1951, D. 1952, p. 53, note SAVATIER.

[138] F. VIALLA, « *Les grandes décisions du droit médical* », LGDJ, éd. Lextenso, 2009, p. 131. Également, M. GIRER, «La qualification juridique du consentement aux soins: accord contractuel, droit fondamental de la personne?», in AFDS (dir.), Consentement et santé, Paris, Dalloz, coll. «Thèmes et commentaires», 2014, p.55.

[139] Article L1111-4 modifié par la loi n° 2016-87 du 2 février 2016.

91. Un des apports majeurs de la loi du 4 mars 2002 est la consécration du consentement éclairé du patient. Ce principe repose sur l'idée que chaque patient doit pouvoir donner son consentement140 libre et éclairé à toute intervention médicale, après avoir été informé des risques et des bénéfices de celle-ci. Le médecin a l'obligation de s'assurer que le patient comprend bien les informations transmises et qu'il accepte le traitement proposé.

92. Le consentement éclairé implique une nouvelle approche de la relation médecin-patient, centrée sur l'autonomie de ce dernier141. Le patient n'est plus considéré comme un objet passif, mais comme un sujet capable d'exercer son choix, en toute connaissance de cause. Le médecin devient un conseiller, un guide qui aide le patient à prendre une décision éclairée, mais qui ne peut imposer sa volonté. Cette évolution représente un changement important dans l'équilibre de pouvoir au sein de la relation de soins. Le médecin, tout en restant un expert, doit respecter l'autonomie du patient et prendre en compte ses préférences, ses valeurs et ses croyances.

93. Ainsi, même le mineur et le majeur incapable peuvent seuls consentir valablement dans certains cas notamment, l'IVG ou lorsque les titulaires de l'autorité parentale refusent qu'il soit soigné alors que la pathologie présente des dangers pour sa vie142.

94. Ce texte fait du patient un véritable acteur de sa santé qui décide souverainement. Dès lors, aucun acte médical, ni aucun traitement ne peut être pratiqué sans le

---

[140] P. LOKIEC, *La décision médicale*, RTD civ., 2004, p. 641

[141] B. MATHIEU, La bioéthique, Dalloz 2009, coll. Connaissance du droit, p.52

[142] J.M. BUDET et F. BLONDEL, « *L'hospitalisation publique et privée, des ordonnances de 1996 au plan hôpital 2007* », Berger Levrault, 3ème éd. 2004, p.152.

consentement libre et éclairé de la personne malade. Ce consentement doit être recueilli pour tous les actes et peut être retiré à tout moment. Le recueil du consentement est en principe oral. Par contre, certaines situations particulières nécessitent un accord écrit préalable143. Cela requiert l'aptitude à comprendre et à vouloir. Pour comprendre, le patient doit recevoir des explications ou informations devant éclairer les interventions dont il sera l'objet, d'où le consentement éclairé144.

95. Ainsi, le médecin est tenu d'informer le patient et l'avertir du danger que lui fait encourir l'acte médical. La jurisprudence exige même que le professionnel de santé donne à son patient une idée suffisamment précise de son acte145. Le droit pour le patient de prendre les décisions concernant sa santé constitue en conséquence une obligation légale d'information du professionnel de santé. L'information doit être délivrée oralement et de préférence au cours d'un entretien qui lui est spécifiquement dévolu, mais elle peut s'appuyer sur des documents écrits, soit des schémas élaborés au cours de l'entretien ou préparés qui sont commentés au patient.

96. En conséquence, le patient doit recevoir les informations sur « les investigations, traitements, actions de prévention proposées, leur utilité, leur urgence éventuelle, leurs conséquences, les risques fréquents et graves normalement prévisibles, les autres solutions possibles, leurs

---

143 Article L1122-1 du Code de la santé publique.

144 S. BERNARD, « Le consentement à l'acte médical », In ; Revue juridique de l'Ouest, 1998-3. P.293.-doi :10.3406/Juro.1998.2465, http://www.persee.fr/doc/juro_0990-1027_1998_num_11_3_2465, document généré le 13/06/2016.

145 Cass. 1re civ., 21 février1961, 534, S. 1961, p.296 ; JCP 1961, II, n° 12129, obs. SAVATIER.

conséquences prévisibles en cas de refus »146. Dans une espèce récente, la Cour de cassation en visant les articles 16, 16-3 AL 2 et 1382 du Code civil a décidé qu' « Attendu qu'il résulte des deux premiers textes que toute personne a le droit d'être informée, préalablement aux investigations, traitements ou actions de prévention proposés, des risques inhérents à ceux-ci, et que son consentement doit être recueilli par le praticien, hors le cas ou son état rend nécessaire une intervention thérapeutique à laquelle elle n'est pas à même de consentir ; que le non-respect de ce devoir d'information qui en découle cause à celui auquel l'information était légalement due, un préjudice, qu'en vertu du dernier des textes susvisés, le juge ne peut laisser sans réparation »147.

97. A l'analyse de cette décision, il nous semble que la haute cour consacre la reconnaissance d'un droit subjectif du patient à l'information dont la seule méconnaissance lui cause un préjudice148. En effet, en consacrant 18 articles à l'information du patient, la loi du 4 mars 2002 nous semble poser définitivement la reconnaissance d'un droit subjectif du patient à l'information. L'obligation d'information est tellement une exigence à la réalisation de l'acte médicale qu'elle a été érigée en droit de la personne.

---

[146] FHF, Guide méthodologie sur les droits des patients dans la loi du 4 mars 2002, file:///D:/Ressources%20doc/DROITSPATIENTS.pdf.

[147] Cass. civ. 1, 3 juin 2010, n° 09-13.591, FS-P+B+R+I N° Lexbase : A1522EYZ, Bull. civ. I, n° 128 ; D., 2010, p. 1522, note P. Sargos ; RTD civ., 2010 p. 571, obs. P. Jourdain ; RDC, 2010, p. 1235, obs. J.-S. Borghetti ; JCP, 2010. II. 788, obs. S. Porchy-Simon ; https://www.legifrance.gouv.fr/affichJuriJudi.do?idTexte=JURITEXT000022313216.

[148] X. BARELLA, in Le droit à l'information en matière médicale, vers la reconnaissance d'un droit subjectif du patient, AJDA 29 octobre 2012, p.1991.

98. Par ailleurs, une fois que le patient a pris sa décision, le médecin doit la respecter après l'avoir informé des conséquences de son choix. Il ne peut aller contre la volonté du patient même lorsqu'il s'agit d'une décision de refus ou d'interruption d'un traitement mettant sa vie en danger. Tout au plus peut-il dans ce cas essayer de convaincre le patient d'accepter les soins indispensables149. Le malade doit, dans cette hypothèse, réitérer sa décision dans un délai raisonnable.

99. Cependant, pour des raisons légitimes ou en cas d'urgence vitale, le médecin peut apprécier en conscience certains cas où le patient peut être laissé dans l'ignorance150. De même, lorsque le patient est dans l'impossibilité de se prononcer en faveur des soins, le médecin peut passer outre son consentement. Toutefois, dans cette hypothèse les proches du patient peuvent se substituer à lui et décider de l'acte thérapeutique en sa faveur151. C'est notamment le cas du comateux. Pour nous, la codification par le législateur du droit de la personne malade d'être informée et de prendre les décisions concernant sa santé constitue une véritable avancée.

100. Au-delà donc du fait que la loi du 4 mars 2002 érige le patient comme acteur de sa santé, elle a le mérite de rééquilibrer la relation médecin-patient traditionnellement caractérisée par la suprématie du médecin vis-à-vis du patient. Car il n'y a pas si longtemps le médecin pouvait décider à la place du malade en lui imposant telle ou telle thérapie au mépris de sa volonté. Il se présentait alors comme un sachant devant toute personne venue solliciter son savoir.

---

[149] Article L1111-4, ibid.
[150] Article L1111-5 du Code de la santé publique.
[151] Article L1111-6 du Code de la santé publique.

101. En Côte d'Ivoire, selon l'article 1108 du code civil, le consentement de la partie qui s'oblige est une condition de validité du contrat. Si cet article se rapporte à toutes les parties contractantes, son application revêt une exigence particulière en matière médicale et plus spécifiquement dans le contrat médical liant le patient à son médecin. En effet, si depuis l'arrêt MERCIER, les soins médicaux obéissent aux principes régissant les contrats, il est à observer que les parties contractantes ne semblent pas sur le même pied d'égalité. Car un patient qui se fait traiter par un professionnel de santé lui accorde nécessairement sa confiance, et cette confiance l'amène souvent à s'en remettre entièrement aux décisions du praticien152.

102. De plus, le médecin en sa qualité de professionnel se présente dans le rapport contractuel avec une certaine supériorité face à son patient, de sorte qu'il pourrait ignorer de recueillir le consentement de celui-ci. On se retrouve alors face à une sorte d'impérialisme médical absolu. En réalité, en venant solliciter voire implorer son intervention en qualité de sachant, le patient se présente dans une situation de nécessité qui inhibe son consentement.

103. Ainsi, que le déclare le professeur Lazare Marcelin POAME, « le patient profane considère le médecin comme une autorité divinisée qui lui confère le statut d'un demi-dieu dont le rapport aux hommes est structuré sur le mode du commandement et de l'obéissance obséquieuse »153.

---

[152] V.T. DANHO-DA, J-C. GUINAN, R. BAKAYOKO-LY, « Le consentement éclairé : obligation légale du chirurgien-dentiste », Rev.Ivoir. Odonto-Stomatol., vol.8, n°1, 2006, P. 23.

[153] L.M. POAME, « Le consentement libre et éclairé dans le contexte ivoirien », in Ethique de la recherche et des soins dans les pays en développement, Paris, eds. Hirsch, F. ; E. Espace éthique/ Vuibert, 2005, pp. 93-100.

Fort heureusement, les codes de déontologie, notamment celui des médecins et celui des chirurgiens-dentistes, affirment que le praticien doit recueillir le consentement éclairé de son patient. La justification de cette exigence est le respect de la personne du patient154. Le médecin ne peut plus décider à la place de son patient, sauf dans les cas exceptionnels où le patient n'est pas en mesure d'exprimer sa volonté155.

104. En pratique, cette obligation qu'a le médecin de demander le consentement du patient pour la réalisation d'un acte médical est étroitement liée à une obligation d'information préalable du patient. C'est cette information préalable qui déterminera le patient à donner ou refuser son consentement. Elle se double d'une obligation de conseil et va au-delà de la simple information. Le praticien doit être guidé par l'intérêt de son patient pour lui proposer l'acte thérapeutique approprié à sa situation et à ses moyens. Le conseil doit donc être spécifique au patient156. L'information doit porter notamment, sur le diagnostic, la nature, l'utilité et l'urgence de l'acte, la technologie mise en œuvre, l'efficacité, la durée et les effets du traitement, risques à l'absence de traitement et le coût de celui-ci.

105. En cas de télémédecine, chaque professionnel de la santé (médecin proche du patient ou requérant et médecin

---

[154] Article 2 du code de déontologie médicale (Côte d'Ivoire), « Le respect de la vie et de la personne humaine constitue en toute circonstance le devoir primordial du médecin ».

[155] Article 31 du code de déontologie médicale (Côte d'Ivoire), « Appelé d'urgence auprès d'un mineur ou d'un autre incapable, et lorsqu'il est impossible de recueillir en temps utile le consentement du représentant légal, le médecin doit donner les soins qui s'imposent ».

[156] J.M. CLEMENT, « *Les grands principes du droit de la santé* », Etudes hospitalières, 2005, p. 111.

distant ou requis) devant intervenir au cours de l'acte thérapeutique supporte l'obligation d'informer le patient. C'est donc à partir de ces informations que le patient peut consentir valablement au contrat médical. Ce consentement exprimé dans le contrat médical s'apprécie en fonction de la nature du service attendu du médecin. Ainsi dès lors que le service est d'exécution successive, le consentement initial qui forme le contrat médical demeure valable.

106. Dans tous les cas, pour le professeur PENNEAU « l'information du patient sur son état est une obligation qui pèse à la fois sur le médecin prescripteur, et sur le réalisateur de l'acte prescrit »157. Il en est de même en cas de télémédecine où chaque professionnel de la santé (médecin proche du patient ou requérant et médecin distant ou requis) participant à l'acte thérapeutique supporte l'obligation d'informer le patient158. L'information est un droit, sauf si le patient exprime le souhait de ne pas être informé. Elle concerne tous les aspects de la prise en charge du patient : organisation du séjour, examens complémentaires, diagnostic, traitements avec risques et bénéfices ...tout au long de la maladie. Elle doit être claire, compréhensible par le patient (donc adaptée).

107. Le patient ne pouvant consentir valablement à l'acte médical que s'il a bien été mis en mesure de le faire en toute connaissance de cause. Ce consentement exprimé s'apprécie en fonction de la nature du service attendu du médecin. Ainsi dès lors que le service est d'exécution successive, le consentement initial qui autorise l'acte

---

[157] J. PENNEAU, La responsabilité médicale, Dalloz, 3ème édition 2004, p. 34 à 40.

[158] Article L.1111-2 du code de la santé publique.

médical ou forme le contrat médical demeure valable. Les parties ne font qu'exécuter la décision née du consentement initial, à tout le moins tant qu'il n'y a pas de modalités nouvelles à l'acte.

108. A notre sens, le consentement du patient qui n'a jusque-là qu'un statut doctrinal et jurisprudentiel doit dorénavant être sacralisé par une loi comme à l'image de la France, en vue de consolider les droits des personnes malades. Une reconnaissance de sa place centrale dans le droit médical qui s'explique par l'exigence de respect du corps humain et de la dignité du patient et ainsi renforcer la dimension contractuelle de la relation entre le médecin et son patient tout en introduisant des obligations d'information et de consentement éclairé. Mais, le consentement au principe même de l'acte médical ne semble pas suffisant. Le patient doit également consentir aux modalités de l'acte.

2-Consentement aux modalités de l'acte

109. A côté du consentement qui forme l'obligation du médecin ou le contrat médical, il existe un consentement préalable à chaque acte ainsi qu'à ses modalités. Ces deux consentements ont un caractère autonome. En France, madame le professeur Claire NEIRINCK fait remarquer que « le consentement initial est à distinguer des autres formes d'expression du consentement qui se suivent tout au long de l'acte »159. Il ne constitue pas un blanc-seing donné au médecin qui aurait ainsi tout pouvoir pour entreprendre n'importe quel traitement.

[159] C. NEIRINCK, « Le consentement à l'acte médical », in L'acte médical et les droits des malades, Presse Universitaire des Sciences Sociales de Toulouse, n.3 1996, P. 94 et S.

110. Mais comme aucune règle ne permet de savoir s'il est nécessaire, tout s'apprécie selon l'espèce d'où le raisonnement au cas par cas. Ainsi, contrairement à la doctrine de « l'impérialisme médical absolu », pour tout traitement qui dépasserait le cadre habituel, le patient doit donner son consentement. Ce consentement doit donc être renouvelé à chaque fois que de besoin160. Cela se comprend très bien, car en pratique, il n'y a pas de contrat signé par le patient à chaque acte mais il est nécessaire d'expliquer à chaque fois les raisons du soin au patient.

111. La question du consentement à l'acte de télémédecine rejoint celle de l'autorisation donnée par le patient pour la transmission des informations le concernant à d'autres praticiens. Et cela constitue une différence notable avec l'acte médical classique. Toutefois, le consentement du patient n'est pas obligatoire lorsque la télécommunication s'adresse aux membres de l'équipe médicale le prenant en charge. Cette transmission de données ou informations recueillies sur le patient participe de la prise en charge de ce dernier. L'échange d'information est banal et reflète l'obligation déontologique de faire ces communications161.

112. En télémédecine, l'acte médical est réalisé à distance par le médecin requis en présence du médecin requérant. Ce dernier est donc informé en temps réel. Toutefois, l'envoi d'informations au médecin requis pour l'aider dans

---

[160] Ce principe de réitération du consentement du patient à l'acte médical est inscrit dans l'article 36 du code de déontologie médicale. Il porte sur le principe de l'acte et ses modalités : illustration, CA Paris, 23 novembre 1989, D. 1991, sommaire p.182, note PENNEAU, G MEMETEAU, « Contrat médical », dictionnaire permanent de biotechnologie.

[161] Article R. 4127-63 et R. 4127-64 Code de la Santé. Publique.

son intervention est une hypothèse quelque peu différente. Il s'agit là d'informations recueillies sur le patient avec son consentement et sur lesquelles il a des droits. Ainsi, la réalisation d'un acte de télémédecine nécessite l'information écrite et le consentement préalable et écrit du patient162. Cela peut au besoin, se réaliser par voie électronique. Il en est de même lorsque les données personnelles du patient sont transmises par voie télématique au médecin requis et stockées à distance163.

113. Le médecin requérant doit informer son patient sur la transmission de ses données personnelles ainsi que sur les mesures de sécurité et les risques possibles mais également sur la nature de l'acte médical effectué à distance par le médecin requis. L'information pourrait alors porter sur l'équipement utilisé et les conditions techniques de réalisation de l'acte notamment. De façon concrète, la Haute Autorité de Santé exige que « l'information du patient porte, notamment, sur les modalités pratiques de cet acte à distance qui se fait via les technologies de l'information et de la communication, les alternatives possibles, la confidentialité des échanges, le traitement informatique des données à caractère personnel, la protection et la sécurité des données de santé, le coût et le reste à charge »164.

114. De façon générale, en Côte d'Ivoire, l'expression du consentement n'est exigée en matière médicale que pour

[162] Article, R. 6316-10 Al 2 Code de la santé publique.

[163] C. ESPER, « Réseau et confidentialité des données », hospitalisation nouvelle, 1999, n°253, P. 15 ; C. DAVER, « La télémédecine entre progrès technique et responsabilité », D.2000, p. 527.

[164] https://www.has-sante.fr/upload/docs/application/pdf/2019-07/fiche_memo_teleconsultation_et_teleexpertise_mise_en_oeuvre.pdf

assurer le respect du principe de l'inviolabilité du corps humain. Ainsi, si l'utilisation de la technique doit porter atteinte au droit du patient à son intégrité physique ou même à la protection des données à caractère personnel, le médecin a l'obligation de l'informer en vue de recueillir son consentement. Car un traitement médical par lequel il est porté atteinte à l'intégrité physique du patient avec son accord répond à la qualification de coups et blessures volontaires165. Ces coups et blessures volontaires ne sont tolérés que pour des raisons thérapeutiques et avec le consentement du patient. Dès lors, le consentement du patient apparaît comme la seule, sinon la principale et la plus indispensable condition de réalisation de l'acte médical.

115. Mais en pratique l'information du patient se heurte bien souvent à l'absence de communication intelligente entre le médecin et le premier cité. Cette situation est bien décrite par Lazare Marcelin POAME lorsqu'il soutient que : « Le regard vertical porté sur le patient par la plupart des médecins, le pouvoir spécifique (sans partage) qui sous-tend ce regard et l'asymétrie de la relation médecin/patient qui en découle, contribuent à altérer la mise en œuvre de la règle du consentement. En effet, même chez les médecins qui se targuent d'appliquer la règle du

[165] Article 350 du code pénal (Côte d'Ivoire). D'après cet article, « *il n'y a pas infraction lorsque l'homicide, les blessures ou les coups résultent 1°) d'actes médicaux, à condition que ceux-ci soient : a) conformes aux données de la science, à l'éthique médicale et aux règles de l'art ; b) effectués par une personne légalement habilitée à les pratiquer ; c) accomplis avec le consentement du patient ou si celui-ci est hors d'état de consentir, avec le consentement de son conjoint, ou de celui qui en a la garde sauf s'il est impossible, sans risque pour le patient, de communiquer avec ceux-ci ; (...)* ».

consentement, on assiste à un contournement habile des exigences de cette règle au moyen de la persuasion (...). On est donc loin de satisfaire les exigences liées au consentement libre et éclairé qui suppose, entre autres, une démarche d'écoute et de respect réciproque, l'autonomie du patient et la transformation du modèle paternaliste en modèle partenarial »[166].

116. Ainsi, le consentement du patient ne saurait couvrir d'autres traitements, ni de traitements plus étendus que celui pour lequel il a été donné[167]. En conséquence, pour tout traitement qui dépasserait le cadre habituel, le patient doit à nouveau donner son consentement. Ce consentement doit en effet, être renouvelé à chaque fois. Pour faciliter le renouvellement de son consentement, le médecin doit fournir à celui-ci les renseignements utiles. Cela découle de son obligation d'information du patient. Mais le partage des données du patient au sein de l'équipe médicale ne semble devoir requérir le consentement préalable de celui-ci. Car ce partage participe de sa prise en charge efficiente par l'équipe[168].

117. En télémédecine, l'acte médical bien que réalisé à distance par le médecin requis, l'est en présence du médecin requérant qui est donc informé en temps réel. Mais lorsque les informations recueillies sur le patient avec son consentement sont transmises par le médecin requérant au médecin requis, il doit au préalable recueillir le consentement du patient. Ainsi, la réalisation d'un acte de télémédecine nécessite l'information et le consentement

---

[166] L.M. POAME, *op. cit.* p.114.
[167] V.T. DANHO-DA & al. : « Le consentement éclairé », *op. cit*, p.26.
[168] Article 27, al.2 code de déontologie médicale, (Côte d'Ivoire).

préalable du patient, lequel peut se faire par écrit169. De même, la transmission sur le réseau informatique de données personnelles du patient au médecin requis doit faire l'objet d'un consentement préalable du premier170.

118. Le consentement du patient servira d'une part à assurer les soins et d'autre part à autoriser le médecin à user du « dispositif médical », c'est-à-dire l'ensemble des matériels technologiques nécessaires à l'acte médical ainsi que sur les conditions de réalisation de l'acte171. La validité du consentement donné par le patient s'apprécie selon qu'il ait été donné de façon libre et éclairé. Cela nous conduit à étudier les caractères de celui-ci.

3-Caractères du consentement

119. Pour être valable, le consentement doit avoir été donné en toute connaissance de cause. Pour ce faire, il doit être libre et éclairé. En France, cette exigence d'un consentement libre et éclairé a été posée par le Conseil d'Etat172. Il précise en effet, que le consentement doit être « éclairé » et qu'en cas d'urgence rendant l'information impossible « la seule circonstance que les risques ne se réalisent qu'exceptionnellement ne dispensent pas les praticiens de leurs obligations ».

[169] V.T. DANHO-DA & al. op. cit. p.26.

[170] Article 14, al.1 de la loi n°2013-450 du 19 juin 2013 relative à la protection des données à caractère personnel.

[171] S. YANOURGA, Télémédecine, cybersanté et principes du droit médical et de la santé : la place du consentement du patient dans l'exécution des TIC liés à la santé en Côte d'Ivoire. Site internet Village justice en ligne, *lundi 19 octobre 2015,* Adresse de l'article original :http://www.village-justice.com/articles/Telemedecine-cybersante-principes,20677.html.

[172] C E, Section, 5 janvier 2000, Assistance publique des hôpitaux de Paris.

120. Cette exigence a été progressivement définie par la jurisprudence avant d'être affirmée par la loi du 4 mars 2002173. Cela implique qu'en toute circonstance, il pèse sur le médecin une obligation légale d'information qui participe au consentement libre et éclairé du patient174. L'obtention d'un consentement éclairé est donc essentielle. Le médecin est ainsi tenu envers son patient d'un devoir d'information et il est également tenu de l'avertir du danger que lui fait encourir un acte médical. En ce sens, la décision de la Cour de cassation est sans équivoque.

121. Elle a décidé en effet dans une espèce récente, que « toute personne a le droit d'être informée, préalablement aux investigations, traitements ou actions de prévention proposés, des risques inhérents à ceux-ci ; son consentement doit être recueilli par le praticien, sauf exception liée à l'urgence et à l'impossibilité de recueillir ce consentement »175. Le médecin ne peut plus se borner à faire un diagnostic ou à mettre en œuvre un traitement sans que le patient soit averti du danger ou du risque potentiel, même s'il s'agit d'un acte bénin.

122. En effet, dès l'entrée en vigueur de la loi Kouchner, la jurisprudence administrative a pu préciser que l'absence de respect de la volonté du patient constitue une atteinte grave et manifestement illégale à ses libertés

---

[173] Civ. 1ère, 14 octobre 1997, Bull, n° 278 et 20 juin 2000, Bull. n° 193 ; voir aussi loi du 4 mars 2002 notamment, articles L.1111-2 et R 4112-36 du code de la santé publique.

[174]Cass. Civ., 1ère, 3 juin 2010, 09-13.591, Publié au bulletin https://www.legifrance.gouv.fr/affichJuriJudi.do?idTexte=JURITEXT000022313216

[175] Cass. Civ., 1ère, 26 janvier 2012, n° de pourvoi, 10-26705, https://www.legavox.fr/blog/maitre-jonathan-saada/information-patient-risques-encourus-indispensable-10604.htm.

fondamentales justifiant l'intervention immédiate du juge des référés176. Ainsi, même si le Conseil d'Etat considère que le choix du traitement approprié incombe au médecin selon les articles L.1111-4 et L.1110-5 du Code de la santé publique, qu'aune de « ces dispositions ni aucune autre ne consacrent, au profit du patient, un droit de choisir son traitement », il n'en demeure pas moins que ces dispositions consacrent le droit de « recevoir les traitements et les soins les plus appropriés à son état de santé sous réserve de son consentement libre et éclairé »177.

123. Dès lors que l'acte comporte des risques, le consentement doit être réfléchi et les risques prévisibles doivent être révélés178. En cas de recours à la télémédecine, chaque intervenant doit fournir au patient les informations nécessaires et utiles à éclairer son consentement. En effet, en affirmant le droit à l'information, en consacrant le consentement éclairé et en renforçant le respect de la dignité et de la vie privée du patient, la loi Kouchner a instauré une relation de soins plus égalitaire, participative et respectueuse. Le médecin n'est plus seulement un expert dispensant des soins, mais un acteur de la relation thérapeutique qui accompagne le patient dans ses choix. Cette évolution marque une avancée significative dans la prise en compte des droits et de l'autonomie des patients, tout en préservant la dimension humaine et éthique de la relation médicale.

---

[176] Tribunal administratif de Lille 25 août 2002 – D. 2002. 2581 : cas du refus de transfusion sanguine par un Témoin de Jéhovah

[177] CE, 26 juillet 2017, n° 412618

[178] Cass. Civ., 1ère, 23 janvier 2014, 12-22.123, Publié au bulletin, https://www.legifrance.gouv.fr/affichJuriJudi.do?oldAction=rechJuriJudi&idTexte=JURITEXT000028514413&fastReqId=2077941081&fastPos=1.

124. En Côte d'Ivoire, une lecture a contrario de l'article 33 du code de déontologie médicale permet de relever le caractère libre et éclairé du consentement du patient. Cet article dispose en effet, qu'« un pronostic grave peut légitimement être dissimulé au malade. Un pronostic fatal ne peut être révélé qu'avec la plus grande circonspection, mais il doit l'être généralement à sa famille, à moins que le malade ait préalablement interdit cette révélation ou désigné les tiers auxquels elle doit être faite. Après avoir formulé un diagnostic et posé une indication thérapeutique, le médecin doit s'efforcer d'obtenir l'exécution du traitement, particulièrement si la vie du malade est en danger ».

125. Ainsi, tant que le pronostic n'est pas grave ou fatal, le médecin a le devoir d'informer le patient sur son état de santé et les moyens qu'il entend mettre en œuvre pour lui restaurer sa santé. Car s'il attend du patient qu'il collabore à la mise en place du traitement, il doit obtenir son consentement libre et éclairé par les informations qu'il lui aura données au préalable. C'est également le sens de l'article 28 in fine du code de déontologie médicale179. Cette exigence trouve son fondement dans le contrat médical et s'impose au médecin requérant.

126. Aujourd'hui, le décret du 29 mars 2018 sur la télémédecine exige que « les pratiques de télémédecine soient réalisées avec le consentement libre et éclairé de la personne concernée »180.L'obligation d'information

[179] Article 28, in fine code de déontologie médicale (Côte d'Ivoire): « ..., après avoir formulé un diagnostic et posé une indication thérapeutique, le médecin doit s'efforcer d'obtenir l'exécution du traitement,.. ».

[180] Article 16 du décret n°2018-361 du 29 mars 2018 sur la télémédecine en Côte d'Ivoire.

constitue un droit du patient181. D'ailleurs, cette obligation s'apparente à une obligation renforcée de conseil en télémédecine. Elle doit permettre au patient de décider s'il accepte ou refuse le traitement conseillé avec tous les risques connus ou même rares ainsi que la gravité de leurs conséquences182. En ce sens, la décision du tribunal de Nice du 16 janvier 1954 est sans équivoque183.

127. Les tribunaux exigent en effet, que le médecin ne se borne pas à faire un diagnostic ou à mettre en œuvre un traitement sans que le patient soit averti du danger ou du risque potentiel, même s'il s'agit d'un acte bénin. Dès lors que l'acte comporte des risques, le consentement doit être réfléchi et les risques prévisibles doivent être révélés184. En pratique, le constat est que dans les hôpitaux ivoiriens les informations qui doivent être données en amont par le médecin ou l'équipe médicale afin que le patient, de manière libre et éclairée, donne son consentement n'existent souvent pas185.

128. Le patient se fait bien souvent diagnostiquer et traiter dans certains cas sans savoir exactement de quoi il souffre. N'étant pas clairement définie, la relation patient-médecin est très souvent empreinte d'un rapport de

---

181 D. BERTHIAU, « *Droit de la santé* », Gualino, coll. Mémentos LMD, 2007, p. 166.

182 Cass. Civ., 1ère,17-02-1988, Bull.Civ,I,n.67 ; Cass. Civ., 27-05-1988, Bull.Civ,I,n.187; voir également, SARGOS, Information et consentement du patient, Bull. Ord. Méd. 1999. 1 :10-12, préc. n° 40; également, S. SEGUI, L'information du patient, Gaz. Pal., 15 décembre 2002 ; Cass. Civ., 1ère,19-04-1988-arrêt Baud, Bull civ,I,N.107.

183 Nice, 16 janvier 1954, D.1954, p.178.

184 Cass. Civ., novembre 1955, D. 1956, 3ème ; JCP 1955, p.9014.

185 S. YANOURGA, art. op.cit.

supériorité au bénéfice du professionnel de la santé. Cela s'explique par le besoin absolu du patient de guérir et pour lequel, il préfère se taire et « subir » toutes les propositions de son médecin, perçu à ce titre comme un messie. Ainsi que le soutient Lazare Marcelin POAME, le patient profane considère le médecin comme « une autorité divinisée qui lui confère le statut d'un demi-dieu dont le rapport aux hommes est structuré sur le mode du commandement et de l'obéissance obséquieuse »186.

129. De plus, on se demande si le consentement d'un patient qui n'est pas vraiment instruit sur la matière médicale et encore moins sur celles technologiques existe, est-ce qu'il peut être libre et éclairé ? En clair, le consentement peut-il souffrir d'aucune influence ? Ou encore peut-il être donné en toute connaissance de cause ? Dans le contexte actuel, nous pensons que le consentement du patient, très souvent négligé lors des actes médicaux ou de soins ordinaires, aura beaucoup de mal à s'exprimer au cours des actes de télémédecine. Il est même fort à craindre le risque de se retrouver, si on n'y prend garde, avec un consentement donné au cours d'un acte de télémédecine par un premier médecin et recueilli par un second au nom d'un patient qui ignorerait tout de ce qui se trame autour de lui187.

---

[186] L.M. POAME, « Le consentement libre et éclairé dans le contexte ivoirien », in Ethique de la recherche et des soins dans les pays en développement, Paris, eds Hirsch, F ; Hirsch, E. Espace éthique/Vuibert, 2005, pp, 93-100.

[187] S-G. KABLAN, « Le consentement du patient dans le contexte socio-sanitaire ivoirien : consentement éclairé ou consentement concerté ? Une étude comparée au droit médical suisse et français », Revue suisse de droit de la santé, Editions Weblaw, Berne, 2012, p.245.

130. Les données personnelles d'un patient peuvent alors circuler sur le réseau sans qu'il ait donné son consentement libre et éclairé. Désormais, il est clairement établi que les pratiques de télémédecine ne peuvent plus se réaliser qu'avec le consentement libre et éclairé de la personne concernée188. En tout état de cause, l'expression de ce consentement n'est soumise à aucun formalisme particulier, ce qui soulève naturellement la question de la preuve de son existence ou de son intégrité.

4- Preuve du consentement

131. La preuve du consentement peut s'établir en principe par tout moyen, vu qu'il n'y a aucun formalisme exigé pour son expression. Ainsi, selon la pratique en France, la preuve du consentement du patient à l'acte médical ou télé médical se découvre de son comportement. S'il se présente au rendez-vous ou à la consultation, on en déduit qu'il a consenti. La preuve du consentement est libre et peut donc se faire par tous moyens (intervention d'un délai entre l'information et le début des soins, témoignages, contenu du dossier médical etc.)189.

132. Mais la charge de la preuve incombe aux professionnels de santé qui doivent établir qu'ils ont bien informé leurs patients et que ceux-ci pouvaient exprimer un consentement éclairé190. En ce sens la Cour de Cassation estime que le recueil du consentement du

[188] Article 14 du décret du 29 mars 2018 sur la réglementation de la télémédecine.

[189] Article L1111-2 du Code de la santé publique.

[190] G. MEMETEAU, dictionnaire permanent de bioéthique et de biotechnologie, n°75 et suivants.- Cass.civ., 29 mai 1951, D.1952, p.53, note SAVATIER. Cass.civ.,I, 25 février 1997, GP. 27-29 avril 1997, note Guigne, médecine et droit, mai-juin 1997 n°24, note MEMETEAU.

patient passe par son information et que mal exécutée, cette obligation engage la responsabilité du médecin. Elle a alors récemment indiqué qu'« elle incombe à titre principal au médecin réalisant l'acte médical et que celui-ci ne saurait s'en décharger sur un tiers. Le médecin est débiteur d'une obligation d'information sur l'état de santé du patient, notamment sur le diagnostic, les moyens d'investigation devant être mis en œuvre et les résultats des examens »191.

133. La Cour de Cassation rappelle que la preuve peut s'établir à partir d'une série de présomptions notamment, profession de l'intéressé, nombre entretiens du patient avec son médecin192. Toutefois, elle ne saurait retenir de « simples allégations », s'agissant d'éléments transmis oralement193. Ce renversement de la preuve est plus avantageux pour le patient et le met alors dans une situation plus confortable en cas de litige, lui permettant de contourner les difficultés rencontrées.

134. Car à l'origine, l'article 1315 du Code Civil imposait au demandeur la charge de la preuve ou non de son consentement. Ainsi, comme les risques sont pour le médecin, il lui est conseillé par certains auteurs d'informer les proches parents du patient, et selon son état de faire valoir les avantages et les inconvénients des traitements

---

[191] Cass. Civ.,1ère, 6 mai 2010, n° 09-11.157 inédit ; https://www.legifrance.gouv.fr/affichJuriJudi.do?oldAction=rechJuriJudi&idTexte=JURITEXT000022184524&fastReqId=1541128240&fastPos=1.

[192] Cass. Civ., 1ère, 1er juillet. 2010, n° 09-15.404, inédit ; https://www.legifrance.gouv.fr/affichJuriJudi.do?oldAction=rechJuriJudi&idTexte=JURITEXT000022427844&fastReqId=1547006058&fastPos=1.

[193] Cass. Civ., 1ère, 14 octobre 2010, n° 09-70.221, inédit ; https://www.legifrance.gouv.fr/affichJuriJudi.do?oldAction=rechJuriJudi&idTexte=JURITEXT000022922691&fastReqId=1473980532&fastPos=1.

prescrits de même que les risques encourus[194]. Cette précaution permettrait en cas de mise en cause du médecin, de donner la preuve d'un consentement libre et éclairé au préalable par une information.

135. En cas de recours à la télémédecine, et pour contourner la difficulté liée à la preuve, le médecin pourrait être amené à préconstituer la preuve de l'exécution de son devoir d'information du malade par exemple par un écrit. D'ailleurs, c'est ce que semble préconiser Madame le Professeur Claudine ESPER lorsqu'elle écrit que « l'information et le consentement doivent être établis par écrit pour recourir à la télémédecine »[195]. La preuve écrite du consentement en télémédecine est une exigence légale[196]. A défaut ce serait un vice de consentement.

136. La situation ne semble pas si différente en Côte d'Ivoire, car contrairement à la règle qui veut que celui qui réclame l'exécution d'une obligation la prouve, la tendance est à mettre fin à l'immunité de fait du médecin[197]. En effet, en tenant compte de l'inégalité de situation entre le patient et le professionnel de la santé dans la pratique médicale, la jurisprudence a décidé de mettre à la charge du médecin la preuve du consentement et de l'information du patient[198].

---

[194] A. LENFANT : « La trace écrite de la juste information », Gamm, infos n° I, p.3, juin 1997.

[195] C. ESPER, « Réseaux et confidentialité des données », hospitalisation nouvelle, 1999 n. 253, P.15.

[196] Article R6316-10 al.2 Code de la santé publique.

[197] Article 1315 du code civil (Côte d'Ivoire).

[198] Cass.civ., 29 mai 1951, D.1952, p.53, note SAVATIER.

137. Ainsi, le patient ne devrait plus rapporter la preuve que son consentement n'a pas été donné en toute connaissance. En effet, lorsqu'il se produit un risque de complication duquel le patient n'aurait pas été informé, la charge de la preuve pèse sur le praticien199. En réalité, il est question de prouver l'existence de l'information et non celle du consentement éclairé du patient. Dans la pratique, pour les interventions dont l'intérêt thérapeutique n'est pas clairement établi, on constate une utilisation croissante de formulaire de consentement200.

138. En cas de recours à la télémédecine, le traitement des données à caractère personnel ne peut être légitimé que par le consentement préalable et exprès du patient201. Aussi, pourrait-on exiger que l'information et le consentement soient établis par écrit pour recourir à la télémédecine. Cela permettrait d'une part de rassurer les médecins pour qu'ils ne considèrent pas que leur responsabilité risque d'être trop engagée.

139. D'autre part, cela permettrait au patient d'être informé par le médecin sur les risques et l'existence de la transmission des données et la sécurité des données ainsi que sur les conditions de réalisation de l'acte de télémédecine et les outils mis en œuvre. Car le patient consent d'un point de vue thérapeutique et d'un point de vue technique. Et c'est à cette condition que son consentement pourra être qualifié de libre et éclairé. Mais force est de constater qu'en recourant à cette technique, on

---

[199] R. OSSINTCHOUK, Prévenir le risque conflictuel au cabinet dentaire, Edition cdp, 2002.

[200] V.T. DANHO-DA & al, op. cit, p. 26.

[201] Article 14 de la loi n°2013-450 du 19 juin 2013 relative à la protection des données à caractère personnel.

se retrouverait très vite devant un autre problème qui est celui de l'effectivité de l'information et du consentement du patient.

140. Car le taux d'analphabétisme encore très élevé en Côte d'Ivoire[202], constitue déjà un frein au développement humain durable et pourrait davantage compliquer le recours à la télémédecine. Il pourrait même constituer une inégalité d'accès aux soins de qualité[203]. Au-delà de ces constations, le consentement du patient pour être valable, doit être exempt de tout vice.

B. Vices du consentement

141. En matière d'obligation comme en matière contractuelle le consentement ne doit pas être affecté par les vices énoncés à l'article 1130 (ancien article1109 du Code Civil), à savoir l'erreur (1), le dol (2) et la violence (3) comme des vices pouvant affecter la validité du consentement[204]. Ces défauts s'appliquent à toutes les obligations même si elles ne présentent qu'un intérêt théorique pour l'obligation de soin ou le contrat médical.

---

[202] Environ 47% de la population ivoirienne est analphabète, selon les chiffres du Ministère de l'éducation nationale et de l'alphabétisation en 2024.

[203] « Le taux d'analphabétisme en Côte d'Ivoire, selon les statistiques de l'Unesco, est 51% et constitue un frein au développement humain durable, a indiqué la ministre de l'Education nationale et l'Enseignement technique, K. CAMARA, dans sa déclaration faite à l'occasion de la 48 ème journée internationale de l'alphabétisation, célébrée dimanche » ; http://news.abidjan.net/h/471283.html.

[204] Le nouvel article 1130 est à l'identique l'article 1109 du code civil, « Il n'y a point de consentement valable, si le consentement n'a été donné que par erreur, ou s'il a été extorqué par violence ou surpris par dol », en vigueur en Côte d'Ivoire.

142. Ainsi, pour que l'obligation se forme valablement, il ne suffit pas que les parties soient d'accord sur la qualité des soins ou qu'elles soient en possession de leurs moyens ; il faut avant tout qu'elles consentent en toute connaissance de cause et librement. En conséquence, l'obligation cesse d'être valable lorsque le consentement de l'une ou l'autre des parties est affecté d'un défaut qui altère sa lucidité ou sa liberté.

1-Erreur

143. En France, l'article 1132 du Code Civil issu de l'ordonnance de la réforme dispose que « L'erreur de droit ou de fait, à moins qu'elle ne soit inexcusable, est une cause de nullité du contrat lorsqu'elle porte sur les qualités essentielles de la prestation due ou sur celles du cocontractant »205. Il en ressort deux situations : D'une part, pour que l'erreur soit une cause de nullité, elle doit porter sur la substance qui en est l'objet. Cela veut dire que l'erreur doit se rattacher à la qualité essentielle de la chose qui fonde l'obligation. Mais on se demande si l'acte médical peut être considéré comme un objet susceptible de justifier une erreur sur la substance.

144. Autrement dit, un patient qui sollicite un professionnel de santé à l'effet de bénéficier d'une technique et qui n'en profite pas commet-il une erreur ? A notre sens, la réponse doit être négative. Car si la substance est perçue comme un objet, elle doit aussi être matérielle, ce qui ne semble pas une évidence dans notre espèce. Ainsi, comme le fait remarquer J-M CROELS, « l'erreur doit certes être déterminante et porter sur les qualités de la chose. Mais l'existence d'un objet est

[205] Cet article est le même que l'ancien article 1110 du code civil.

nécessaire, or une technique médicale n'est pas matérialisée »206.

145. En revanche si le patient se rapproche du médecin en vue de bénéficier de l'utilisation de son matériel, notamment un dispositif de télémédecine, il y a bien erreur sur la substance. D'autre part, une erreur sur la personne peut être admise, s'agissant de l'obligation souscrite intuitu personæ. L'erreur peut ainsi porter sur l'identité ou une qualité essentielle de la personne du médecin si cela est le motif même de la demande de l'acte. Dans la pratique on admet que la spécialité d'un médecin, ses pratiques professionnelles et techniques peuvent s'appréhender comme des qualités déterminantes du consentement. Dès lors, un changement de médecin pourrait justifier une action en nullité207.

146. Dans tous les cas, l'erreur ne sera retenue que si l'on prouve que n'importe qui aurait agi de la même façon. Finalement, les juges n'admettent que l'erreur excusable208. Le demandeur devra alors prouver par tout moyen l'existence de l'erreur. Cette considération ne paraît désormais plus que théorique puisqu'il ne s'agit plus de consentir à un contrat mais à un acte médical. En effet, l'article L. 1111-4 du Code de la santé publique précise que toute personne prend, avec le professionnel de santé et compte tenu des informations et des préconisations qu'il lui fournit, les décisions concernant sa santé.

---

206 J-M CROELS, « Le droit des obligations à l'épreuve de la télémédecine », PUFAM, 2006, P.90 et S.

207 Cass. Civ 1ère, 22 février 1978 Affaire Poussin ; Cass. Civ., 1ère 28 mars 2008 JCP 2008 II 10101 ; Cass. Civ 1ère ,13 novembre 2003 Bull III n°201.

208 Cass. Soc. 3 juillet 1990 D1991, 507.

147. Aucun acte médical ni aucun traitement ne peut être pratiqué sans le consentement libre et éclairé de la personne et ce consentement peut être retiré à tout moment. Cela implique, pour le médecin responsable de la prise en charge, la mise en œuvre de deux démarches essentielles. D'abord, il doit délivrer une information loyale, claire et adaptée au degré de compréhension du patient. Ensuite, le recueil du consentement du patient, lequel doit être non seulement éclairé par l'information préalablement délivrée, mais également libre de toute pression ou contrainte.

148. En Côte d'Ivoire, le contrat médical est l'image même du contrat conclu en considération de la personne du cocontractant et donc caractérisé par un fort intuitu personae. Ainsi, si un patient s'adresse à un médecin parce qu'il croit savoir que celui-ci utilise des dispositifs de télémédecine dans le but d'en bénéficier pour une meilleure prise en charge de son état pathologique et qu'il s'avère que tel n'est pas le cas, il y aurait alors vice du consentement209. Car la prise en charge ainsi visée constitue cette qualité substantielle qui était effectivement recherchée par la victime de l'erreur210. La question de l'erreur semble ici rejoindre celle de l'information préalable.

149. Dès lors qu'elle est excusable, l'erreur est source de nullité du contrat médical. S'agissant d'une nullité relative, il appartient à la personne dont le consentement a été vicié de rapporter la preuve qu'il a subi un

[209] Article 1110 du code civil, Côte d'Ivoire.

[210] Cass. Civ., 1ère, 27 février 2007, sur l'erreur en tant que vice du consentement, vu sur internet ; https://legavox.fr/blog/corentin-kerhuel/erreur-vice-consentement-commentaire-arret-419.htm.

préjudice211. Aussi, il nous paraît sans intérêt pour le patient d'invoquer la nullité du contrat médical. Il devrait plutôt intenter une action en responsabilité pour défaut d'information ou information erronée surtout s'il s'avère que le médecin lui a fourni volontairement des données inexactes.

2-Dol

150. En France, l'article 1137 du Code Civil définit le dol comme « le fait pour un contractant d'obtenir le consentement de l'autre par des manœuvres ou des mensonges ». C'est également la dissimulation intentionnelle par l'une des personnes d'une information dont elle sait le caractère déterminant pour l'autre partie212. Il consiste donc à surprendre le consentement de l'autre partie, en particulier du malade. La loi précise également que le dol peut résulter de la dissimulation intentionnelle par l'une des parties d'une information dont il sait le caractère déterminant pour l'autre partie.

151. En cas de recours à la télémédecine, le dol peut être constitué si le professionnel de la santé utilise des mises en scène ou falsifie des documents pour faire croire à son patient qu'il a des outils de télémédecine de sorte à lui faire miroiter qu'il aura ainsi accès aux meilleurs soins et expertises les plus raffinées. Il y aurait alors dol affectant le consentement du patient. Cependant, s'il s'agit d'un mensonge en vue de persuader le patient de pratiques

---

211 Cass, Civ., 1ère, Audience publique du 13 février 2001 N° de pourvoi: 98-18704 vu sur https://www.juritravail.com/jurisprudence/JURITEXT000007424668.html.

212 Article 1137 de l'ordonnance de la réforme précitée.

médicales dans les termes du raisonnable, il n'y aura pas dol213.

152. Dans la théorie du droit civil des obligations, le dol commis par le médecin est un acte de déloyauté et une sorte de pendant civil du délit pénal d'escroquerie. Ainsi, même si les éléments pénaux ne sont pas réunis, les éléments caractéristiques du dol (manœuvre frauduleuse, mensonge et réticence), en font un délit et le médecin engagera sa responsabilité délictuelle214.

153. Ainsi, le dol peut être appréhendé ici comme un manquement à l'obligation d'information qui incombe au médecin. En effet, dans un arrêt du 3 juin 2010, la Cour de Cassation a réaffirmé l'obligation d'information due au malade et dont la violation lui cause un préjudice qu'il faut réparer215. « En adoptant une telle position, le juge ne s'inscrit plus dans une démarche subjective qui consiste à rechercher quelle aurait été la décision du patient s'il avait été correctement informé »216.

154. En Côte d'Ivoire, selon l'article 1116 du Code Civil, « le dol est une cause de nullité de la convention lorsque les manœuvres pratiquées par l'une des parties sont telles qu'il est évident que, sans ces manœuvres l'autre partie

---

[213] Voir note J. CARBONNIER sous Paris,7 mars 1952, JCP, éd. Gén. 1952,III,n° 7210.

[214] CA. Lyon, 1ère chambre civ, 26 janvier 2012, n°10/03901, Bull. n° 1 (janvier-juin 2012).

[215] Cass. Civ., 3 juin 2010, n° 09-13.591, AJDA 2010, 2169, note LANTERO, D. 2010, p.1522.

[216] X. BARELLA, in « Le droit à l'information médicale, vers la reconnaissance d'un droit subjectif du patient », AJDA, 29 octobre 2012, P. 1991. https://www.avodroits-sante.com/fr/actualites/id-82-le-droit-d-information-du-patient-nouvelle-jurisprudence-du-conseil-d-etat-vers-l-existence-d-un-prejudice-autonome.

n'aurait pas contracté ». Ainsi, le demandeur à l'action de nullité doit démontrer les manœuvres de son cocontractant qui l'ont induit en erreur et surpris son consentement. Cela implique l'antériorité des actes frauduleux à la conclusion du contrat.

155. En principe le dol suppose des actes positifs, mais la jurisprudence en a élargi le concept en admettant que le silence ou le mensonge touchant un élément du contrat est caractéristique d'un dol217. Le consentement est nécessaire à la matérialisation du contrat, cela veut dire qu'il doit s'exprimer de manière autonome à chaque circonstance, en matière médicale. Ainsi, il doit être libre et éclairé, sans qu'aucun élément susceptible d'amener une partie à ne pas contracter demeure caché (erreur, dol, violence)218. Tout comme le dol, la violence qui affecte le consentement est toujours caractéristique d'actes positifs.

3-Violence

156. La violence consiste à faire impression sur une personne et l'amener à s'engager ou à contracter219. Elle doit inspirer une crainte sérieuse à la victime et peut porter directement sur sa personne, ses biens ou ses proches. Elle peut émaner d'un cocontractant ou d'un tiers au contrat. En principe, c'est le patient qui choisit librement son médecin. Et c'est encore lui qui donne son consentement à l'acte médical. La question qui se pose ici

---

[217] G.MEMETEAU, « Le contrat médical », dictionnaire permanent de bioéthique, n.57, feuillet 25.

[218] Cour de Cassation, Chambre civile 1, du 7 octobre 1998, 96-14.359, Publié au bulletin ; https://www.legifrance.gouv.fr/affichJuriJudi.do?idTexte=JURITEXT000007038714.

[219] Article 1112 du code civil, Côte d'Ivoire.

en Côte d'Ivoire est de savoir si on peut contraindre de quelques manières le patient à adhérer à un acte de télémédecine. Le manque d'expérience des professionnels ou la volonté de protéger ses données personnelles ne sont-ils pas des motifs légitimes d'un refus du patient ?

157. Quelquefois, le patient peut se retrouver devant une pression qui le pousse à accepter l'acte de télémédecine. Le médecin requérant peut l'amener à choisir entre un acte de télémédecine et le risque de ne pas avoir de traitement. Cela n'est-il pas une forme de pression ? Le patient devra alors choisir entre l'acte de télémédecine qui lui permettra de recevoir des soins en étant proche des siens ou s'en éloigner pour recevoir des soins à l'étranger. Vu sous cet angle, la télémédecine peut exposer à un risque de violence morale même si celle-ci est plus discrète.

158. En France, il y a violence lorsqu'une partie s'engage sous la pression d'une contrainte qui lui inspire la crainte d'exposer sa personne, sa fortune ou celles de ses proches à un mal considérable[220]. Il s'agit d'un mal qui peut faire naître chez la personne un sentiment de crainte, de sorte que son consentement ne peut pas être libre[221]. Le patient se trouve atteint en matière médicale dans sa dimension volitive car menacé par un mal plus grand. La question s'était alors posée de savoir si la victime d'un accident causé par un tiers peut être tenue d'accepter les soins nécessaires à l'amélioration de son état sous la menace de voir son indemnité réduite.

159. La question avait longtemps divisé la doctrine. Mais aujourd'hui, la doctrine et la jurisprudence se sont

---

[220] Article 1140 ordonnance précitée.

[221] Article 1140, précité.

positionnées clairement : « le médecin ne peut soumette un malade contre sa volonté éclairée et librement exprimée à un traitement, des actes ou des examens médicaux ». En effet, il est seulement demandé au médecin de tout mettre en œuvre pour tenter de convaincre le patient de se faire soigner. Toutefois, il n'est pas tenu à une obligation de résultat. Dans une décision récente du 18 janvier 2000, la Cour de cassation, a à cet effet jugé que le médecin n'est pas tenu de convaincre son patient du danger de l'acte médical qu'il demande222.

160. Cette position est renforcée par l'article L1111-4 du Code de la santé publique qui dispose que : « le médecin doit respecter la volonté de la personne après l'avoir informée des conséquences de ses choix. Si la volonté de la personne de refuser ou d'interrompre un traitement met sa vie en danger, le médecin doit tout mettre en œuvre pour la convaincre d'accepter les soins indispensables. Aucun acte médical ni aucun traitement ne peut être pratiqué sans le consentement libre et éclairé de la personne et ce consentement peut être retiré à tout moment »223. Le refus de soins constitue un droit du patient et les professionnels de la santé doivent le respecter car le consentement aux soins demeure un droit fondamental du patient224.

161. Dans le cadre de la télémédecine, la violence serait par exemple les pressions exercées par le médecin ou des tiers, y compris les proches sur le patient de sorte à

[222] Le refus de soins du patient, site internet, http://entraidepatients.over-blog.com/pages/Le_refus_de_soins_par_le_patient-5554361.html, vu le 19/03/2018.

[223] Cet article est issu de la loi du 4 mars 2002, portant droit des patients.

[224] Cass. Civ 1ère, 3 juin 2010, n 09-13591, Publié au Bulletin.

l'obliger à consentir alors qu'il aurait des objections légitimes à l'acte de télémédecine : risques d'atteintes physiques en cas de télé chirurgie, risque de perte ou de piratage des données personnelles transmises en cas de télédiagnostic, notamment225. La question des risques évoquée ici, nous paraît réelle et légitime pour justifier une action en nullité du contrat médical226.

162. Toutefois, les médecins ne portent pas atteinte aux droits du patient si après avoir tout mis en œuvre pour le convaincre d'accepter les soins indispensables, ils accomplissent, dans le but de le sauver, un acte indispensable à sa survie et proportionnée à son état227. Mais les questions touchant la capacité sont également à considérer avec intérêt.

§ 2. La capacité

163. En principe toute personne peut contracter si elle n'en est pas déclarée incapable par la loi228. Le patient majeur consent directement à la relation de soin ou au contrat médical s'il est capable et à défaut c'est son représentant légal qui le fera à sa place. Il en est de même pour le mineur. Mais en France, la loi du 4 mars 2002 s'est

---

[225] La loi du 4 mars 2002 précise : *« Lorsque la personne est hors d'état d'exprimer sa volonté, aucune intervention ou investigation ne peut être réalisée, sauf urgence ou impossibilité, sans que la personne de confiance prévue à l'article L. 1111-6, ou la famille, ou à défaut, un de ses proches ait été consulté ».*

[226] L. ATTUEL-MENDES, Consentement et actes juridiques, Paris, Litec, 2008.

[227] Tribunal administratif de Lille, 25 août 2002, ref n°02-3138 ; Conseil d'Etat, 16 août 2002, ref n°249552.

[228] Article 1145 ordonnance de la réforme (France) et article 1123 du code civil en vigueur en Côte d'Ivoire.

particulièrement affranchie du droit commun sur ce point en créant la « personne de confiance »229.

164. Celle-ci est désignée par une personne majeure antérieurement à sa situation d'inconscience et pourra prendre les décisions médicales à la place du patient. Ce n'est pas un consentement personnel, mais une décision médicale. De même, le consentement du mineur ou du majeur sous tutelle doit être systématiquement recherché s'il est apte à exprimer sa volonté et à participer à la décision médicale230. A ces règles générales de capacité s'ajoutent des conditions particulières en ce qui concerne les médecins.

165. Ainsi, en France, selon l'article L 4131-1 et suivant du Code de la santé publique, le médecin ne peut pas exercer licitement que s'il est titulaire d'un diplôme de Docteur en Médecine obtenu en France, en Europe ou dans un pays qui reconnaît l'équivalence. Le médecin doit en outre être inscrit à l'ordre national des médecins et ne faire l'objet d'aucune suspension. Quant à l'article L.4111-1 du même code il exige que le médecin soit de nationalité française ou ressortissant de l'Union européenne. Il s'agit des conditions requises pour la pratique de la médecine en France, vu qu'il n'y a en l'état actuel aucun diplôme ou certificat nécessaire pour pratiquer la télémédecine.

166. Le patient, lui peut être une personne capable ou représentée légalement (patient incapable mineur ou majeur). Toutefois, le mineur ou le majeur sous tutelle peut participer à la décision de mise en œuvre des soins le

---

[229] Article L1111-6 du Code de la santé publique.
[230] Article L1111-4 du Code de la santé publique.

concernant231. Les parties à l'acte médical étant les mêmes, le recours à la télémédecine ne semble pas remettre en cause les conditions de capacité.

167. En Côte d'Ivoire, ne peut exercer que le médecin qui est inscrit à l'ordre national des médecins. Mais pour être inscrit à l'ordre, il doit avoir obtenu un diplôme de Docteur en Médecine en Côte d'Ivoire, en France ou de la faculté de Dakar232. Hors ces cas, c'est la règle de la réciprocité pour tous les médecins diplômés à l'étranger233. Mais la directive de l'UEMOA semble ajouter une condition supplémentaire qui est la lettre d'introduction234 du Président du conseil de l'ordre du pays d'origine ou de provenance du médecin s'il n'est pas un national. Là encore il s'agit de conditions propres à l'exercice de la médecine.

168. Quant au patient, on retrouve la même situation qu'en France. Le patient majeur capable consent librement au contrat médical. Pour le mineur non émancipé la situation impose d'obtenir le consentement des titulaires de l'autorité parentale sauf situations d'urgence235. Pour les actes médicaux dont les risques sont limités, l'autorisation d'un seul représentant peut suffire.

169. Le patient majeur placé sous régime de protection conserve la possibilité de conclure un contrat médical mais les actes susceptibles de nuire gravement à son intégrité

---

[231] Article L1111-4 du code de la santé publique.

[232] Article 25 de la loi N°60-284 du 10 Septembre 1960 portant création de l'ordre national des médecins. Aujourd'hui, ces conditions sont définies à l'article 16 de la loi N°2024-240 du 24 avril 2024 portant exercice de la médecine.

[233] Article 25 *opt cit.*

[234] Article 5 de la Directive N.06-2005-CM-UEMOA

[235] Article 31, code de déontologie médicale (côte d'Ivoire).

nécessitent le recours à l'avis du conseil de famille ou du juge des tutelles s'il est placé sous régime de tutelle. Ces conditions sont les mêmes en cas de recours à la télémédecine, les parties étant identiques à celles au contrat médical. Que dire de l'objet du contrat médical ?

§ 3. L'objet du contrat médical ou de l'obligation de soin

170. Tout contrat a pour objet une chose qu'une partie s'oblige à donner ou qu'une partie s'oblige à faire ou à ne pas faire236. Dans le contrat médical, l'objet découle toujours de l'obligation pour le médecin de soigner le patient de manière consciencieuse et attentive conformément aux données acquises de la science.

171. En Côte d'Ivoire, il est acquis qu'en contractant, les parties font naître des obligations réciproques. Celles du patient apparaissent simples, à savoir l'observance des prescriptions et le paiement des honoraires au médecin237. Celles du praticien, comportent la délivrance d'actes de soins consciencieux, attentifs et conformes aux données acquises de la Science. Cette notion impose la reconnaissance d'un acte de soin licite, c'est à dire avec un but thérapeutique, avec un bénéfice risque approprié, proportionné. Cela découle de l'article 28 du code de déontologie médicale qui met cette obligation à la charge du médecin, exigeant de lui qu'il élabore son diagnostic avec la plus grande attention.

---

[236] Article 1126 du code civil, (Côte d'Ivoire).

[237] B. BLACKWELL : Patient compliance. The *New England Journal of Med*ecine 1973 ; 2 : 249-52. http://www.nejm.org/doi/full/10.1056/NEJM197308022890506.

172. Quant à l'article 3 du même code, il précise que le médecin doit soigner avec la même conscience tous ses patients. Cette obligation de soin n'est donc pas un acte banal. Selon, la doctrine en effet, soigner s'étend des actes médicaux à l'ensemble des conseils et investigations recommandées238. En intégrant ces actes, la télémédecine ne peut qu'avoir un objet licite. Le recours à la télémédecine ne semble donc pas remettre en cause la question de l'objet du contrat médical qui est d'assurer au patient des soins consciencieux, dévoués et fondés sur les données acquises de la science.

173. En France, la réforme du droit des contrats a supprimé la notion d'objet des conditions de validité du contrat239. Est-ce à dire que l'obligation peut être sans objet ? Il nous semble que ce n'est pas la bonne question à se poser. Car si l'objet c'est ce à quoi les parties s'engagent, il est évident qu'on ne peut pas s'obliger sans s'engager à quelque chose. Seulement, la réforme ne fait plus de l'objet une condition de validité de l'obligation. Elle précise d'ailleurs que « l'obligation a pour objet une prestation présente ou future. Celle-ci doit être possible et déterminée ou déterminable240 ».

174. Concrètement il est impossible en matière médicale d'envisager une obligation de soin sans que le patient en attende une prestation du médecin. Mais depuis la loi du 4 mars 2002, l'obligation du médecin vis-à-vis du patient ne se rattache plus au contrat médical. C'est une obligation d'origine légale l'objet sera toujours que le praticien assure

[238] J-P. CHAUVIN, « Médecine des actes », infolettre, n° 7 de janvier 2012, p. 1 à 5.

[239] Article 1128, ordonnance précitée.

[240] Article R1163, ordonnance précitée.

personnellement au patient des soins consciencieux, dévoués et conformes aux données acquises de la science même en cas de recours à la télémédecine[241]. A ce titre l'article R.4127-33 du code de la santé publique, prescrit que le médecin doit toujours élaborer son diagnostic avec le plus grand soin. Mais on se demande ce que peut être la cause d'un contrat de télémédecine. Plus clairement, est-ce que le contrat de télémédecine nécessite pour sa validité une cause licite ?

§ 4. La cause du contrat de télémédecine

175. Comme tout contrat, le contrat médical doit avoir également une cause et cette cause doit être licite. Car l'obligation sans cause, ou une fausse cause, ou une cause illicite, ne peut avoir aucun effet[242]. En retenant la conception objective de la cause, on observe que l'obligation d'une partie au contrat a pour contrepartie, celle qui pèse sur l'autre partie. Ainsi, la cause de l'obligation du médecin a pour contrepartie l'obligation du patient de payer ses honoraires.

176. En Côte d'Ivoire, la licéité de la cause suppose qu'elle ne soit pas contraire aux bonnes mœurs. Ainsi, comme tout acte médical normal rémunéré, l'acte de télémédecine parce qu'intégrant le contrat médical doit être licite pour autant qu'il soit justifié et que le risque thérapeutique soit proportionné au résultat escompté. Ainsi, il s'agirait pour le médecin de percevoir des honoraires et, pour le patient, de recevoir des soins appropriés.

---

[241] Article R4127-32 Code de la santé publique.

[242] Article 1132 du code civil.

177. L'utilisation de la télémédecine n'étant pas contraire à l'ordre public ou aux bonnes mœurs, elle n'affecte pas le contrat médical. De plus, la télémédecine étant un acte médical comme tout autre réalisé avec le consentement libre et éclairé du patient243, il présente une cause licite et non contraire à l'ordre public dès lors que sa pratique est conforme se réalise conformément aux textes en vigueur244.

178. Depuis la réforme du droit des contrats en France, la cause n'est plus une condition de validité du contrat. La notion de cause présentait en pratique des contours multiples et fluctuants, et c'est la raison pour laquelle elle a été supprimée du Code Civil. On comprend dès lors que c'est par souci de sécurité juridique que cette notion a été ainsi supprimée245. Toutefois, le texte de la réforme consolide dans la loi, les fonctions assignées par la jurisprudence à la cause en précisant que le contrat ne peut pas déroger à l'ordre public246.

179. De même elle consacre la jurisprudence Chronopost en disposant que le défaut d'équivalence des prestations n'est pas une cause de nullité dans les contrats synallagmatiques à moins que la loi ne dise le contraire247. Ainsi, le contrat est valablement formé en

---

[243] Article 16, décret n°2018-361 du 29 mars 2018 (Côte d'Ivoire).

[244] Article 7, décret, op cit.

[245] Le rapport au Président de la République explique ce changement du fait que la cause est « *ignorée de la plupart des droits étrangers comme des différents instruments européens de codification, reste néanmoins mal définie et recouvre en réalité une multiplicité de sens, que la doctrine, se fondant sur une jurisprudence abondante et fluctuante, s'est attachée à théoriser* ».

[246] Article 1162 de la réforme.

[247] Article 1168 de la réforme.

cas de défaut d'équivalence des prestations ou en l'absence de toute cause. Mais on ne saurait admettre la validité d'un contrat qui serait contraire à l'ordre public. De même l'obligation légale du médecin de donner des soins au malade implique que celle-ci se réalise de façon licite, loyale et non contraire à la loi ou à l'ordre public.

180. Ainsi, la réalisation de tout acte de télémédecine doit garantir l'authentification des professionnels de santé intervenant dans l'acte, l'identification du patient, l'accès des professionnels de santé aux données médicales du patient nécessaires à la réalisation de l'acte, et si possible la formation ou la préparation du patient à l'utilisation du dispositif de télémédecine248.

181. Dans la mesure où l'acte de télémédecine se réalise avec le consentement libre et éclairé du patient, il paraît licite et non contraire à l'ordre public. Dès lors que la télémédecine n'est pas contraire à l'ordre public ou aux bonnes mœurs, le contrat médical qui en est le cadre d'exécution, ne saurait donc être affecté de nullité.

Conclusion de la section

182. En substance, dans les deux pays, la télémédecine ne remet pas en cause le contrat médical. Mais elle élargie le champ d'application des vices du consentement, même si l'action en nullité du contrat médical n'est finalement que d'un intérêt très théorique. En tout état de cause, le

[248] Article 1, Décret n° 2010-1229 du 19 octobre 2010 relatif à la télémédecine. Cet article correspond à l'article R6316-3 du code de la santé publique.

médecin requérant dans l'exécution du contrat médical devra toujours requérir le consentement du patient pour la réalisation d'un acte de télémédecine et satisfaire aux conditions de capacité.

Section 3. Incidence de la télémédecine sur l'obligation de soins

183. En France, la loi du 4 mars 2002 a substitué à la relation contractuelle existant entre le médecin et son patient une obligation de nature légale. Le médecin doit donc apporter au patient tous les soins qui lui sont nécessaires et doit tout mettre en œuvre pour essayer de la guérir ou du moins le soulager. Pour ce faire, il doit donner des soins consciencieux et attentifs. Il doit donc se comporter comme « un bon médecin », c'est à dire un médecin prudent et diligent. Cela implique également l'obligation de se renseigner sur l'état de son patient pour évaluer les risques encourus249.

184. Il doit agir « conformément aux données acquises de la science » donc en respectant les règles de l'art. Il s'agit pour le médecin de faire bénéficier son patient, des soins adaptés à son état, tels que les connaissances médicales du moment les décrivent. Il s'agit des données acquises de la science. « La Cour de cassation a récemment précisé que cette obligation s'étend d'une part à l'obligation de

[249] Cass. Civ., 1ère , 5 mars 2015, 14-13.292, Publié au bulletin ; https://www.legifrance.gouv.fr/affichJuriJudi.do?idTexte=JURITEXT000030324406.

surveiller le patient, et d'autre part à celle d'assurer la continuité des soins, en particulier en cas d'urgence. Ainsi, un patient, atteint de diabète et par ailleurs suivi de longue date par un ophtalmologiste, ne consultait cet ophtalmologiste qu'irrégulièrement moins d'une fois par an comme préconisé, si bien qu'il a développé une rétinopathie liée au diabète, risque courant que l'ophtalmologiste ne pouvait ignorer.

185. Alors qu'en principe la négligence du patient dans le suivi de son traitement est une cause totalement ou partiellement exonératoire de la responsabilité du médecin, la Cour de cassation a considéré que la négligence connue du patient créait à l'égard du médecin une obligation de surveillance renforcée de l'évolution de l'état de son patient et du suivi de son traitement, dont le manquement engage de plus fort sa responsabilité médicale ; le praticien aurait dû inviter son patient à consulter plus régulièrement, en l'informant des risques de complications prévisibles du fait de son diabète »250.

186. La loi reconnaît en effet, au médecin le droit à l'innovation médicale en lui imposant de faire bénéficier à son patient les thérapeutiques dont l'efficacité est reconnue et qui garantissent la meilleure sécurité sanitaire conformément à l'état de la science251. Le médecin peut ainsi, recourir à la télémédecine lorsque les conditions s'y prêtent pour une meilleure prise en charge de son patient sans pour autant que cela affecte ou modifie de quelque manière que ce soit leur relation. La

---

[250] https://www.avocat-bonnet.fr/lyon-villeurbanne/droit-medical-letendue-de-lobligation-de-soins-du-medecin/. Egalement, Cass. Civ. 1ère, 6 octobre 2011, n° 10-21212.

[251] Article L1110-5 du code de la santé publique.

télémédecine est donc une obligation de moyens qui n'altère nullement l'obligation légale du médecin de donner des soins conformes à l'état de l'art à son patient.

187. En Côte d'Ivoire, depuis l'arrêt Mercier, on considère que « il se forme entre le médecin et son client un véritable contrat comportant pour le praticien, l'engagement sinon bien évidemment de guérir le malade, ce qui n'a d'ailleurs jamais été allégué, du moins de lui donner des soins, non pas quelconque ainsi que paraît l'énoncer le moyen de pourvoi, mais consciencieux, attentifs et réserves faites des circonstances exceptionnelles conformes aux données acquises de la Science »[252]. C'est un contrat né de l'échange de volontés entre le médecin et le patient et qui crée, modifie, transmet ou éteint des droits subjectifs. Comme tout contrat, le contrat médical doit présenter des caractères juridiques.

188. D'après la doctrine, le contrat médical est un contrat synallagmatique, de nature civile, conclu intuitu personæ et consensuel. En tant que contrat synallagmatique, le contrat médical met à la charge de chacune des parties contractantes des obligations réciproques. Pour le médecin, c'est l'obligation de soins alors que pour le patient, c'est l'obligation de payer les honoraires du médecin. Ensuite, le contrat médical est intuitu personæ parce que conclu en considération de la personne, des qualités du médecin. De plus, le contrat est de nature civile quelle que soit la forme d'exercice de la profession médicale. Enfin, le contrat médical se forme du seul accord de volontés entre le médecin et le patient. Il n'est soumis à aucun formalisme. Le contrat est donc consensuel.

---

[252] Cass. Civ, 20 mai 1936, MERCIER, précité.

189. L'activité du médecin distant la plupart du temps tourne autour de l'interprétation des données médicales, notamment dans les cas de télé-expertise. Pendant la téléconsultation par exemple, le médecin requis (distant) donne son point de vue sur l'état de santé du patient. Cet acte de conseil et d'information correspond à un acte médical classique et intègre de ce fait le contrat médical. Le contrat médical n'est codifié ni en France ni en Côte d'Ivoire. Mais, il est généralement qualifié de contrat d'entreprise même si le médecin ne s'engage à garantir aucun résultat et la prestation fournie personnellement253.

190. Pour ce faire, on peut relever un certain nombre de similitudes. D'abord, tout comme l'entrepreneur, le médecin accomplit un travail spécifique254 commandé par l'état du patient. Le professionnel suit la description que fait le patient de son mal pour lui proposer le traitement adéquat. De plus, le contrat d'entreprise et le contrat médical sont conclus à titre onéreux. Également, l'entrepreneur et le médecin doivent exécuter leur obligation, mais ils doivent la garantir et la sécuriser. Ainsi, le médecin doit garantir que ses méthodes sont conformes aux données acquises de la science et s'assurer que ses « soins sont les plus appropriés et de bénéficier des thérapies dont l'efficacité est reconnue et qui garantissent la meilleure sécurité sanitaire au regard des connaissances médicales avérées »255. Il en résulte que le patient ne doit pas être désavantagé par l'emploi de la télémédecine et

---

[253] Dictionnaire permanent de bioéthique et Biotechnologie : Contrat médical, n° 11 ; PENNEAU, « La responsabilité du médecin » page 8.

[254] Cass.civ, 4 juillet 1989, bull.civ.IV, n. 210 note VIRASSAMY. Cass. Com. 3 Janvier 1995, bul,civ.n.2.

[255] Article L.1110-5 du code de la santé publique, France.

surtout cela ne doit pas entraîner de risques supplémentaires.

191. Ce rapprochement entre le contrat d'entreprise et le contrat médical permet de le distinguer du contrat de travail d'une part et du contrat d'assistance d'autre part. Le contrat médical n'est pas un contrat de travail. Car comme le dit le Professeur SAVATIER, il ne peut y avoir « entre le médecin et son patient des rapports de dépendance et de subordination » que suppose le contrat de travail. Quant au contrat d'assistance il suppose l'absence de consentement du patient256. Or, c'est ce dernier qui fait naître le contrat. Ainsi, sauf à considérer le cas d'aide d'urgence à un patient inconscient, le contrat médical ne peut être un contrat d'assistance.

192. En tout état de cause, le contrat médical est généralement classé dans la famille des contrats d'entreprise. Aussi, le recours à la télémédecine confère-t-il au contrat médical la nature de contrat de sous-traitance. Car la télémédecine permet à un médecin requis de formuler un diagnostic (prestation intellectuelle) ou réaliser un acte chirurgical qui apparaît comme une prestation commandée par la relation de soin initiale entre le médecin requérant et son patient, à travers un dispositif médical de télémédecine.

193. Dans cette relation tripartite, le médecin requérant doit exécuter sa prestation dans les délais et éviter au patient la perte d'une chance d'être diagnostiqué257.

---

[256] R. SAVATIER, Thèse, « Etude juridique de la profession libérale », LGDJ 1986, p.213.

[257] CA Paris, 20 mars 2003, J. BONNEAU, « Un retard dans le diagnostic, une perte de chance de guérison? L'exemple d'une "chaîne " d'acteurs de santé », Actualité Juris santé, sept.2003, n°43, p.23.

L'exécution de cette obligation est garantie par une double obligation de moyens et de résultat relativement à l'activité médicale de soins. L'obligation de sécurité porte également sur les moyens mis en œuvre pour la réalisation de l'objet du contrat médical258.

194. De même, l'acte de télémédecine impose au professionnel de la santé un devoir de conseil renforcé même lorsque le patient est un médecin259. Ce devoir de conseil est d'autant plus important que les techniques de télémédecine ne sont pas encore bien connues du grand public. Au total, bien que l'utilisation d'un dispositif de télémédecine renforce les obligations du médecin, elle n'affecte pas la nature et ne saurait alors dénaturer la relation traditionnelle de soin. Car la définition de celle-ci est basée sur l'exercice de l'activité médicale et non sur les moyens mis en œuvre.

Conclusion de la section

195. En substance, on note en France que bien la relation entre le médecin et son patient soit d'origine légale, l'obligation légale qui en découle ne fait pas obstacle à ce que le médecin requérant puisse s'engager dans un contrat de sous-traitance avec le médecin pour une meilleure prise en charge de son patient. La télémédecine intègre parfaitement l'obligation légale du médecin à l'innovation et à faire bénéficier des thérapeutiques dont l'efficacité est reconnue au regard des connaissances médicales avérées.

[258] Cass. Civ., 1ère, 17 octobre 1995, Bull. civ. I, n° 369.
[259] Cass. Civ., 1ère , 4 avril 1995, Bull. civ. I, n°159.

196. En Côte d'Ivoire, le contrat médical s'apparente à un contrat d'entreprise entre le médecin requérant et le patient. Dans cette relation, le médecin requérant peut conclure un contrat de sous-traitance avec le médecin requis en vue de la réalisation d'actes de télémédecine. L'acte de télémédecine intègre donc parfaitement le contrat médical même si le médecin requis ne semble pas engagé dans une relation contractuelle avec le patient. La télémédecine parce qu'elle fait appel à des outils techniques, sans modifier la relation initiale, semble tout de même renforcer les obligations des médecins. En conséquence, l'utilisation d'un dispositif médical de télémédecine n'entraîne pas une requalification de l'obligation légale du médecin ou du contrat médical.

Conclusion du chapitre

197. Au total, la télémédecine fait naître une relation juridique particulière entre les différents acteurs. La particularité de cette relation juridique est la même, tant en France, qu'en Côte d'Ivoire. Le médecin libéral, initiateur de l'acte de télémédecine se trouve dans une relation traditionnelle avec son patient à travers une obligation légale ou le contrat médical. Il est au cœur du processus thérapeutique du patient et sert de point focal entre le médecin distant et le patient. De ce fait il coordonne l'acte de télémédecine au profit du patient.

198. Quant au médecin distant, il n'a pas de relation contractuelle avec le patient. Cela est reconnu, mais pour éviter des complications éventuelles on pourrait initier entre professionnels un contrat dont l'objet porterait sur l'exécution d'une obligation relevant du contrat médical par un tiers. Mais quelle est la place des médecins lorsque la pratique de la télémédecine relève de la responsabilité des établissements de santé ?

TITRE 2. – Pratique médicale dans les établissements de santé

199. La médecine peut aussi, s'exercer dans un cadre salarial, qu'il s'agisse du secteur public ou privé. Dans ces deux hypothèses, le médecin salarié ne semble pas avoir de relation contractuelle avec les patients. Seules les structures privées de santé ont des contrats de soins avec les patients. Mais quant aux structures publiques de santé, elles sont dans une relation de service public.

200. Cependant ces deux types de structures de santé peuvent mettre à la disposition de leurs professionnels de santé le dispositif de télémédecine dans un souci d'amélioration de l'offre de service260 ou même mettre à leur disposition un cadre d'exercice libéral261. Nous verrons donc dans un (chapitre 1) la pratique de la télémédecine dans les établissements privés de santé, avant d'aborder dans un (chapitre 2) la pratique de la télémédecine dans les établissements publics de santé.

---

[260] L. LARENG, « Du SAMU et de la télémédecine à la cybersanté », in I. POIROT-MAZERES (dir.), Santé, numérique et droit-s, Actes de colloques de l'IFR/34, Toulouse, Presses de l'Université Toulouse 1 Capitole, OpenEdition Books, 2018, p. 17 et s.

[261] G. MEMETEAU, *Droit des contrats en exercice libéral* ,RGDM, n°72, 2019, p.347-352 ; également, M. MAZZUCOTELLI, *Contrats d'exercice libéral et obligations contractuelles : attention au respect des clauses* ,RDS, n°85, 2018, p.752-754

CHAPITRE 1. Pratique de la télémédecine dans les établissements privés de santé

201. Les établissements de santé privés participent au service public hospitalier, mais les relations qui se nouent entre le patient et le médecin salarié de la clinique relèvent du droit privé. En général, lorsqu'un patient se fait soigner dans un établissement privé, il peut signer deux contrats. L'un dit d'hébergement et l'autre de soins. Le contrat d'hébergement est un genre de contrat d'hôtellerie262 prévu par le Code Civil263. Dans ce cadre la clinique doit mettre à la disposition du patient un local compatible avec son état de santé. C'est une obligation de moyens qui met à la charge du patient la preuve de tout manquement.

202. Ce premier type de contrat ne semble pas avoir de lien avec la pratique de la télémédecine. En revanche, le contrat de soins qui remplace le contrat médical, a quant à lui un lien direct avec la télémédecine. Ce contrat est conclu entre le patient et la clinique, mettant ainsi hors de cause le médecin requérant salarié (Section 1). En fin de

---

262 Cass. Civ. 1ère, 17 décembre 1957, Bull. civ. I, 494, p.40 ; R.T.D. Civ, 1958,p.273, observations CARBONNIER : « On ne saurait considérer ni comme un hôtelier ou un aubergiste, l'exploitant d'une clinique, ni comme un voyageur au sens de l'article 1952 les personnes qui viennent habiter une chambre pendant le temps où les soins spéciaux nécessités par leur état leur sont dispensés ».

263 Article 1952 et suivants du code civil : « Les aubergistes ou hôteliers répondent, comme dépositaires, des vêtements, bagages et objets divers apportés dans leur établissement par le voyageur qui loge chez eux ; le dépôt de ces sortes d'objets doit être regardé comme un dépôt nécessaire » ; les hôpitaux offrent les mêmes services : hébergement, nourritures, nettoyage, confort et sécurité.

compte, peut-il y avoir un contrat entre le patient et l'établissement du médecin requis (Section 2) ? Les observations qui vont suivre se feront à la lumière des pratiques rencontrées tant en France qu'en Côte d'Ivoire.

Section 1. Relation du malade avec l'établissement requérant

203. Dans les établissements de santé privés, il ne se forme en principe pas de contrat médical entre le médecin salarié et le patient, sauf à admettre l'éventualité d'un exercice à titre libéral dans la structure de santé264 (§1). Par contre, il peut se former un contrat de soins entre l'établissement, employeur du médecin et le patient (§2).

§ 1. Absence de contrat médical avec le médecin salarié

204. L'absence de contrat médical entre le médecin salarié et le patient se justifie par la qualité de préposé du médecin (B) vis-à-vis de la clinique malgré son indépendance technique (A).

A. Indépendance technique du médecin

205. En France, le Code de la santé publique et le Code déontologie médicale posent une règle cardinale qui est

[264] M. MAZZUCOTELLI, *Contrats d'exercice libéral et obligations contractuelles : attention au respect des clauses* ,RDS, n°85, 2018, p.752-754

l'indépendance du médecin265. Cette règle s'applique quel que soit le statut du médecin266. Car elle est édictée dans l'intérêt direct ou indirect du patient267. Dès lors le praticien bénéficie d'une totale autonomie dans l'exercice de sa profession, et ce malgré l'existence d'un contrat de travail qui le placerait dans une relation de subordination face à son employeur. Cette indépendance professionnelle se traduit par une liberté d'action du médecin dans le choix des décisions thérapeutiques ou moyens techniques qu'il utilise sans faire obstacle au contrat de travail qui le lie avec la clinique. Dès lors, il est libre de recourir à la télémédecine ou de réaliser tout acte à partir d'elle.

206. D'ailleurs, cette grande liberté d'action peut être source de partage de responsabilité entre le médecin et son employeur, l'établissement de soins. Le tribunal des conflits a pu déduire une répartition des responsabilités du fait de « l'indépendance professionnelle dont bénéficie le

---

[265] Article 92 du code de déontologie médicale : « Un médecin ne peut accepter que dans le contrat qui le lie à l'établissement de santé où il est appelé à exercer figure une clause qui, en faisant dépendre sa rémunération ou la durée de son engagement de critères liés à la rentabilité de l'établissement, aurait pour conséquence de porter atteinte à l'indépendance de ses décisions ou à la qualité des soins. En ce sens, articles 97, 5, 26, 68, 91, 93 et 95 du code de déontologie médicale (France). Également, articles L4121-2, L4231-1, L6161-2, L6411-10, L6414-12 du code de la santé publique.

[266] Cass.civ.,I, 4 juin 1991, 89-10446, JCPG 1991, II, n°21730 note J. SAVATIER ; ou D. 1993, som, p.24, ob. J. PENNEAU.

[267] P. DESIDERI, « statut du médecin salarié ». Lamy Droit de la santé, étude 246, n°246-44 et suivants : L'auteur précise que « l'indépendance technique du praticien salarié est indispensable pour que rien ne s'oppose à la recherche première des intérêts légitimes du patient » et qu' « un praticien ne doit pas accepter une position subordonnée telle que sa liberté de jugement et d'action puisse se trouver amputée ou orientée ».

médecin dans l'exercice de son art qui est au nombre des principes généraux du droit »268.

207. La question semble traitée de façon identique en Côte d'Ivoire. L'indépendance professionnelle du médecin est garantie par l'article 9 du code de déontologie médicale269. Ainsi, le médecin ne peut aliéner son indépendance professionnelle sous quelque forme que ce soit. Il dispose de ce fait de la liberté de prescriptions médicales et du choix de ses décisions. Dans l'exercice de sa profession, le médecin doit éviter toutes les conditions et contraintes qui auraient pour conséquence de limiter ou d'abandonner son indépendance. En réalité, le lien de subordination qu'aurait un praticien avec son employeur serait sans incidence sur son indépendance professionnelle ou technique.

208. En conséquence, le médecin pourra utiliser librement le dispositif de télémédecine si l'établissement en dispose. Dans cette hypothèse, le professionnel de la santé devra respecter les procédures et horaires d'utilisation du matériel disponible dans l'établissement aux conditions fixées par son employeur. Enfin, cette indépendance professionnelle est le fondement du partage des responsabilités entre le médecin et l'établissement de soins, son employeur270. Ainsi, malgré son statut de salarié qui le soumet aux obligations nées du contrat de travail, le médecin conserve son autonomie sur le plan professionnel. En conséquence l'indépendance

---

[268] Tribunal des conflits, 14 fév. 2000, Rec. N°2929.

[269] Article du code de déontologie médicale, (Côte d'Ivoire), « Le médecin ne peut aliéner son indépendance professionnelle sous quelque forme que ce soit ».

[270] Tribunal des conflits, 14 fév. 2000, précité.

professionnelle du médecin n'est pas incompatible avec sa qualité de préposé d'un établissement de soin qui serait son commettant.

B. Qualité de préposé du médecin pour les actes de soin

209. La question qui se pose ici, est celle de savoir si l'indépendance technique du médecin ne remet pas en cause le lien de subordination qui fait de lui un préposé de l'établissement. En France, la jurisprudence admet que l'indépendance du médecin ne fait pas obstacle au contrat de travail. En effet, dans un arrêt du 26 mai 1999, la Cour de Cassation retient que : « si, nonobstant l'indépendance professionnelle inaliénable dont bénéficie le médecin dans l'exercice de son art, un établissement de santé, peut, (...), être déclaré responsable des fautes commises par un praticien à l'occasion d'actes médicaux d'investigations ou de soins pratiqués sur un patient, c'est à la condition que ce médecin soit son salarié »[271].

210. Cette décision fait ainsi observer que l'indépendance professionnelle n'est pas de nature à remettre en cause l'existence d'un contrat de travail entre le médecin et la clinique dont il est d'ailleurs « un préposé »[272]. Selon la Cour de Cassation française, l'indépendance du médecin dans l'exercice de son art n'est pas incompatible avec l'état de subordination qui résulte d'un contrat de louage de

[271] Cass. Civ. 1ère, 26 mai 1999, Bull. n° 175.

[272] Bien qu'elles ne confondent pas entièrement, la jurisprudence semble assimiler, en la matière, les notions de salarié et de préposé.

service273. Sans remettre en cause son indépendance professionnelle, le médecin peut se mettre dans une situation de subordination juridique en exerçant son activité non pas dans son intérêt personnel mais pour le compte d'un établissement de santé qui devient alors son commettant. Il en résulte que c'est l'établissement privé de santé qui supporte les charges liées aux missions qu'il confie à son personnel274.

211. D'ailleurs, l'existence d'un contrat de travail avec l'établissement de santé vient substituer à l'obligation traditionnelle du médecin, une obligation de soins entre le patient et l'établissement275. En cette circonstance, le lien juridique qui naît de la relation entre le médecin et son patient est indirect. Ainsi, le contrat de travail du médecin fait obstacle à la formation du contrat médical avec le patient. C'est donc à juste titre que le Code de la santé publique met à la charge des établissements de santé (publics et privés) ou services de santé (autres que l'Etat) exerçant des activités de prévention, de diagnostic ou de soins, une obligation d'assurance responsabilité civile276.

212. En soumettant les établissements privés de santé plutôt que le médecin salarié à cette obligation d'assurance responsabilité civile pour couvrir la faute de celui-ci, le

---

[273] Cass. crim. 5 mars 1992 JCPG 1993, II, n° 22013, p. 100, note de CHABAS. CA Paris, 25 Février 1994, Revue Trimestrielle de Droit Sanitaire et Social 1995, p. 310, note de MEMETEAU.

[274] Cass. Civ., 1ère, 9 novembre 2004, 01-17.908, Publié au bulletin ; https://www.legifrance.gouv.fr/affichJuriJudi.do?idTexte=JURITEXT000007049626.

[275] CA paris, 14 sept. 1994, Juris-data n°023130.

[276] Article L1142-2 du Code de la santé.

législateur affirme clairement que la qualité de préposé ne fait pas obstacle à l'indépendance du médecin. La qualité de préposé semble donc primer sur l'indépendance professionnelle du médecin ce qui peut en constituer une limite277.

213. En Côte d'Ivoire, l'article 48 du code de déontologie médicale dispose que « l'exercice habituel de la médecine sous quelque forme que ce soit au service d'une entreprise, d'une collectivité ou d'une institution de droit privé doit dans tous les cas, faire l'objet d'un contrat écrit ». Quant à l'article 69 du même code, il précise que « ce contrat ne doit pas remettre en cause l'indépendance professionnelle du médecin ». Dès lors, il semble que le médecin peut s'engager dans un lien de subordination avec une clinique dans le but d'aider celle-ci à exécuter son contrat de soins avec le patient.

214. Autrement dit, la seule condition qui puisse faire obstacle à l'admission d'un contrat de travail du médecin, c'est la condition que ce contrat méconnaisse l'indépendance professionnelle du médecin. Il n'y a donc pas incompatibilité entre l'indépendance professionnelle et la qualité de salarié ou préposé du médecin vis-à-vis de l'établissement de soins. La jurisprudence affirme même que l'indépendance du professionnel n'est pas de nature à faire oublier l'existence d'un contrat de travail entre le médecin et la clinique, et qu'il est alors un préposé278.

215. Dans le même sens, la doctrine dans sa majorité est favorable à la reconnaissance d'un lien de préposition du médecin lequel met à la charge de l'établissement privé de

---

[277] Article 83 et 97 code de déontologie médicale, France.
[278] Cass. Civ. 1ère, 26 mai 1999, op.cit.

santé l'obligation de répondre de la faute de ses salariés279. Ainsi, le lien juridique existant entre le médecin et le malade apparaît comme indirect car résultant du contrat de soin avec l'établissement de santé. Tout comme en France, la qualité de préposé semble prévaloir ici aussi sur l'indépendance professionnelle du médecin. En tout cas pour autant qu'il est lié par l'établissement de santé par un contrat de travail. Il nous semble sur ce point logique d'appliquer au médecin salarié la responsabilité civile du fait d'autrui consacrant l'immunité du préposé même si monsieur Cédric RIOT voit en cela une utopie280.

216. Mais si le médecin exerce à titre libéral dans le cadre d'un contrat d'exercice libéral, au sein de la clinique, il peut se retrouver dans une situation contractuelle en France avec le patient. En effet, selon Corinne DAVER et Gérard MEMETEAU, « le contrat d'exercice libéral est un outil juridique au service des établissements de santé privé et des praticiens libéraux. Il va être amené à gérer leur relation pendant toute leur vie de co-contractant, appréhender précisément les conditions de sa conclusion et les incidences du lien qu'il crée s'imposent. Écrit ou non il engage et même dans le silence des parties, le contrat est établi et source d'obligations autant que de responsabilités »281.

---

[279] Il s'agit des auteurs comme Patrice JOURDAIN.

[280] C. RIOT, L'exercice « subordonné » de l'art médical, Rec. D. 2006, p.111, 25 RCA, 2000, chr n°18.

[281] C. DAVER et G. MEMETEAU, Manuel de droit du contrat médical d'exercice libéral en clinique privée, ouvrage, Bordeaux, LEH, édition 2023 résumé.

217. Tandis que la situation sera toujours contractuelle en Côte d'Ivoire. Ainsi, le patient conclut deux contrats : un contrat médical avec le médecin libéral et un contrat d'hospitalisation avec la clinique. De son côté, en plus, du contrat médical avec le patient, le médecin conclut également un contrat d'exercice libéral de mise à disposition du dispositif de télémédecine avec la clinique282. En revanche, l'établissement de santé conclut toujours un contrat de soins avec les patients de son médecin salarié. Ce qui confirme bien sa qualité de commettant vis-à-vis du médecin.

§ 2. Contrat de soins avec l'établissement requérant

218. La relation de soins qui se crée entre le patient, le médecin et ou l'établissement privé de santé est donc hybride, mêlant éléments contractuels et délictuels, et cette dualité souligne la complexité de l'équilibre entre les droits des patients et les obligations des médecins dans un cadre juridique évolutif. Ainsi, le contrat de soins est l'image du contrat médical même si les parties (A) qui y participent peuvent induire une différence des deux types de relations (B).

A. Détermination des parties au contrat

219. En France, avant la loi du 4 mars 2002, on admettait qu'il se formait entre le patient et l'établissement privé de

[282] J. L MOURALIS, « Contrat Médical », Droit de la Santé, op. cit. étude 305.

santé un contrat d'hospitalisation et de soins qui mettait à la charge de la dernière « l'obligation de leur donner des soins attentifs et consciencieux »283. Il s'agit des soins courants nécessités par l'état des malades qui ne relèvent pas de la compétence exclusive du médecin et que le personnel paramédical peut faire sans être sous son contrôle. Ces soins incluent la surveillance de l'état de santé du patient y compris le cas échéant celle de son comportement, l'établissement devant prendre « les mesures nécessaires pour veiller à sa sécurité, les exigences afférentes à cette obligation étant fonction de l'état du patient »284.

220. La loi du 4 mars 2002 a prévu une responsabilité de plein droit des établissements de santé en cas de vol ou de détérioration des biens du patient. L'établissement est, en principe, seulement tenu d'une obligation de moyens et sa responsabilité ne peut être engagée qu'en cas de faute conséquences dommageables d'actes de prévention, de diagnostic ou de soins qu'en cas de faute285. Il semble donc que le patient ne puisse plus se lier à l'établissement privé de santé par un contrat de soins. A notre sens cela ne devrait pas faire obstacle à la possibilité de conclure un contrat d'hospitalisation entre l'établissement privé de santé et le patient ou même un contrat classique de soins286. Le médecin salarié n'a donc pas d'obligation

---

[283] Cass. Civ., 1ère, 18 juillet 2000, 99-12.135, Publié au bulletin ; https://www.legifrance.gouv.fr/affichJuriJudi.do?idTexte=JURITEXT000007043067.

[284] Cass. Civ., 1ère, 18 juillet 2000, *99-12135 ;* https://juricaf.org/arret/FRANCE-COURDECASSATION-20000718-9912135.

[285] Article L1142-1 du Code de la santé publique.

[286] *Supra*, parag. 154 à 168, développement sur la coexistence de l'obligation légale et contractuelle.

directe avec le patient. La relation de soins lie le patient et l'établissement, employeur du médecin.

221. En Côte d'Ivoire, d'après une jurisprudence constante depuis 1991, il se forme directement un « contrat médical » avec la clinique lorsque le patient s'adresse à un médecin salarié de celle-ci. Il s'agit d'une sorte de paquet qui contient tout à la fois un contrat médical traditionnel et un contrat d'hébergement. Le médecin salarié n'est donc pas partie au contrat, il lui est substitué la clinique qui a une double responsabilité. D'une part, elle répond des actes dommageables de ses médecins salariés287 et d'autre part, elle engage sa propre responsabilité pour les fautes commises par elle-même au titre de son contrat d'hospitalisation288.

222. Le contrat de soins couvre donc les agissements des médecins salariés et se substitue ainsi, au contrat médical sauf l'éventualité d'un contrat d'exercice libéral289. Si cette solution semble logique dans la pratique, elle est cependant fortement critiquée par une partie de la

[287] Cass. Civ. I, 26 mai 1999, op. Cit. Cass. Civ. I, 4 juin 1991, op. Cit. Cass. Civ. I, 15 décembre 1999, Société Clinique générale d'Annecy c/epoux X et autres, Bull. Civ.I, n°351 : « En vertu du contrat d'hospitalisation et de soins le liant au patient, un établissement de santé privé est responsable des fautes commises par lui-même que par ses substitués ou ses préposés qui ont commis un préjudice à ce patient. Dès lors, si, nonobstant l'indépendance professionnelle inaliénable dont bénéficie le médecin dans l'exercice de son art un établissement de santé, peut sans préjudice de son action récursoire, être déclaré responsable des fautes commises par un praticien à l'occasion d'actes médicaux d'investigation ou de soin pratiqués sur un patient, c'est à la condition que ce médecin soit son salarié ».

[288] Cass. Civ.I, 4 juin 1991, SAVATIER, op. Cit.

[289] C. DAVER et G. MEMETEAU, Manuel de droit du contrat médical d'exercice libéral en clinique privée, *op. cit*.

doctrine290. Pour cette partie de la doctrine, la solution aurait dû être étendue au médecin libéral qui intervient au sein de la clinique. Car le patient qui vient solliciter des soins dans la clinique ne distingue pas entre les médecins en fonction de leur statut de salarié ou non de la clinique.

223. Dès lors que le médecin exerce au sein de la clinique et que les soins sont sollicités et réalisés au sein de la clinique, celle-ci devrait voir sa responsabilité substituée à celle du médecin fut-il libéral ou salarié. Cela aurait eu pour avantage de faire disparaître la différence de situations entre patients hospitalisés au sein du même établissement de santé. Toutefois, le contrat de soins est-il à tout point identique au contrat médical ?

B. Différence du contrat de soin avec le contrat médical

224. En France, bien que la clinique prenne les mêmes engagements que les médecins, lorsqu'elle s'engage dans la relation de soins avec le patient, cette situation présente quelques différences avec le contrat médical. Ces différences s'observent au niveau de l'exécution des prestations, des obligations propres souscrites.

225. L'exécution des prestations. Contrairement à l'exercice libéral où le médecin s'engage personnellement à exécuter lui-même les prestations nées de son engagement, la clinique prend l'engagement non pas de fournir

[290] Pour les tenants : cf JOURDAIN et SAVATIER : la solution doit être étendue aux médecins exerçant à titre libéral au sein de la clinique pour ne pas créer de distorsion entre les régimes des deux médecins, lesquels agissent aussi indépendamment l'un que l'autre.

personnellement les soins au patient mais à en faciliter l'exécution par ses médecins en mettant à leur disposition le dispositif médical adéquat. Cela apparaît ainsi comme une obligation de moyens contractée par l'établissement de santé. En effet, un établissement de santé est une personne morale et ne peut être titulaire des titres, diplômes ou qualification pour exercer la médecine.

226. C'est pourquoi il engage des professionnels qualifiés pour exécuter les engagements qu'il contracte vis à vis de ses patients. C'est donc à raison que le professeur SAVATIER soutient que « en donnant des soins à un client de la clinique un médecin salarié de celle-ci exécute, non pas une obligation qu'il aurait librement contractée envers le patient, mais la prestation de travail à laquelle il s'est engagé envers l'établissement »291. Le médecin n'est rien d'autre que l'exécutant matériel de la prestation promise par l'établissement sans que ce dernier puisse toutefois interférer, influencer dans les choix ou orienter la pratique professionnelle du premier cité.

227. En exécutant l'engagement contracté par son employeur, le médecin retrouve toute son indépendance professionnelle. Mais parallèlement à cette relation de soins au sens strict, il existe un contrat dit d'hôtellerie et de soins courants qui impose à l'établissement une obligation de résultat soumise à une responsabilité de plein droit.

228. Des obligations propres souscrites. L'obligation de soins impose à l'établissement de santé une obligation de renseignement et d'information des patients sur l'offre de

[291] Cass.civ., 4 juin 1991, JCP 1991, II, 21730, p. 505, note SAVATIER.

soins292. Ainsi, il doit apparaître clairement dès l'accès aux locaux toutes les offres de soins disponibles à la clinique. En sus, à l'occasion des actes de diagnostic ou thérapeutiques, les médecins doivent prendre toutes les dispositions pour remplir cette obligation d'information vis-à-vis des patients293. Ici la clinique sera responsable du défaut d'information du médecin.

229. Pareillement, la clinique doit mettre à la disposition de son personnel, du matériel de qualité, en bon état de fonctionnement et stérile, ainsi que les produits que nécessite la réalisation des actes de soins. Cette obligation de la clinique est dite de sécurité-résultat294. De même, la jurisprudence impose à l'établissement de santé l'acquisition du matériel nécessaire et adapté à l'exécution des soins295.

230. Ainsi, si le dispositif de télémédecine apparaît comme le seul moyen efficace pour les petits établissements de santé d'accéder à un conseil spécialisé d'urgence pour certains patients, il doit être considéré comme nécessaire à la réalisation des actes de soins. Dès

---

[292] Cass.civ, I, 14 octobre 1997, Bull. Civ, I, n°276, p. 187, selon lequel la clinique devait informer qu'il n'y avait pas de médecin gynécologue en poste alors que l'état de la patiente le nécessitait.

[293] Cour d'appel de Bordeaux, 18 septembre 2001. D. 2001, Informations rapides. P 2805.

[294] Cass. Civ.I, 7 novembre 2000, D. 2000, som. commenté, p.3085, observations A. PENNEAU : « le contrat d'hospitalisation et de soins liant un patient à un établissement de santé privé mettant à la charge de ce dernier (...) une obligation de sécurité résultat en ce qui concerne les produits tels médicaments, qu'il fournit ».

[295] Cass. Civ. I, 30 juin 1993, Responsabilité civile et assurance 1993, commentaire n°12,p. 10 : responsabilité de la clinique pour défaut de mise en place d'un cardiotopographe dans une salle d'accouchement.

lors, le défaut d'équipement pourrait être considéré comme un manquement à l'obligation d'organisation et de bon fonctionnement. Enfin, l'établissement a l'obligation de mobiliser tout son personnel (médical, technique) à la réalisation des soins sollicités par le patient.

231. La responsabilité directe de l'établissement. En sa qualité de partie à la relation de soins souscrite avec le patient, l'établissement de santé engage directement sa responsabilité du fait des actes réalisés par les médecins qu'il a commis à cette tâche296. C'est une responsabilité de plein droit de la clinique présentant les mêmes caractères que la responsabilité contractuelle du fait d'autrui, tirée de la qualité de préposé de ses médecins salariés. Cette situation présente pour les patients, l'avantage d'avoir un débiteur bien plus solvable que le médecin et cela du fait de la qualité de ses assurances297.

232. Cette responsabilité de l'établissement couvre tant les actes médicaux classiques réalisés par le médecin que les actes de télémédecine. L'existence d'un contrat de travail entre le médecin requérant et l'établissement de santé fait de ce dernier l'acteur principal de l'acte de télémédecine car c'est dans son obligation de soins que se réalise la télémédecine.

233. Toutefois, c'est le médecin requérant qui décidera et orientera l'acte de télémédecine compte tenu de son indépendance professionnelle. Il choisira le médecin requis et sera libre de tenir ou non compte de son avis. Au total, c'est le médecin requérant qui organisera toujours l'acte de télémédecine avec un minimum d'autorisation d'utiliser le

---

[296] Cass. Civ., 1ère, 9 novembre 2004, *op.cit.*
[297] Article L1142-2 du Code de la santé publique.

dispositif de télémédecine de l'établissement selon les plages d'utilisation déterminées par celui-ci.

234. En Côte d'Ivoire, le contrat de soins présente des similitudes et quelques différences avec le contrat médical.

L'exécution des prestations. Contrairement au contrat médical où le médecin s'engage personnellement à exécuter lui-même les prestations nées de son engagement, dans le contrat de soins la clinique ne s'engage pas à fournir personnellement les soins au patient mais à en faciliter l'exécution par ses médecins en mettant à leur disposition le dispositif médical adéquat. Cela apparaît ainsi comme une obligation de moyens contractée par l'établissement de santé.

235. En effet, un établissement de santé est une personne morale et ne peut être titulaire des titres, diplômes ou qualification pour exercer la médecine. C'est pourquoi il engage des professionnels qualifiés pour exécuter les engagements qu'il contracte vis à vis de ses patients. C'est donc à raison que le professeur SAVATIER soutient que « en donnant des soins à un client de la clinique un médecin salarié de celle-ci exécute, non pas une obligation qu'il aurait librement contractée envers le patient, mais la prestation de travail à laquelle il s'est engagé envers l'établissement »298.

236. Le médecin n'est rien d'autre que l'exécutant matériel de la prestation promise par l'établissement sans que ce dernier puisse toutefois interférer, influencer dans les choix ou orienter la pratique professionnelle du premier, cité. En exécutant l'engagement contracté par son

---

[298] Cass.civ., 4 juin 1991, op cit.

employeur, le médecin retrouve toute son indépendance professionnelle. Mais parallèlement à ce contrat de soins au sens strict, il existe un contrat dit d'hôtellerie et de soins courants qui impose à l'établissement une obligation de résultat.

237. Des obligations propres au contrat. Le contrat de soins impose à l'établissement de santé une obligation de renseignement et d'information des patients sur l'offre de soins299. Ainsi, il doit apparaître clairement dès l'accès aux locaux toutes les offres de soins disponibles à la clinique. En sus, à l'occasion des actes de diagnostic ou thérapeutiques, les médecins doivent prendre toutes les dispositions pour remplir cette obligation d'information vis-à-vis des patients300. Ici la clinique sera responsable du défaut d'information du médecin.

238. Pareillement, la clinique doit mettre à la disposition de son personnel, du matériel de qualité, en bon état de fonctionnement et stérile, ainsi que les produits que nécessite la réalisation des actes de soins. Cette obligation de la clinique est dite de sécurité-résultat301. De même, la jurisprudence impose à l'établissement de santé l'acquisition du matériel nécessaire et adapté à l'exécution

[299] Cass.civ, I, 14 octobre 1997, op cit.

[300] Cour d'appel de Bordeaux, 18 septembre 2001. D. 2001, Informations rapides. P 2805.

[301] Cass. Civ. 1ère, 7 novembre 2000, D. 2000, som. commenté, p.3085, observations A. PENNEAU : « le contrat d'hospitalisation et de soins liant un patient à un établissement de santé privé mettant à la charge de ce dernier (...) une obligation de sécurité résultat en ce qui concerne les produits tels médicaments, qu'il fournit ».

des soins302. Ainsi, si le dispositif de télémédecine apparaît comme le seul moyen efficace pour les petits établissements de santé d'accéder à un conseil spécialisé d'urgence pour certains patients, il doit être considéré comme nécessaire à la réalisation des actes de soins.

239. Dès lors, le défaut d'équipement pourrait être considéré comme un manquement à l'obligation d'organisation et de bon fonctionnement. Enfin, l'établissement a l'obligation de mobiliser tout son personnel (médical, technique) à la réalisation des soins sollicités par le patient.

240. La responsabilité contractuelle. En sa qualité de partie au contrat de soins conclu avec le patient, l'établissement de santé engage directement sa responsabilité du fait des actes réalisés par les médecins qu'il a commis à cette tâche. C'est une responsabilité contractuelle de la clinique du fait d'autrui, tirée de la qualité de préposé de ses médecins salariés. Cette situation présente pour les patients, l'avantage d'avoir un débiteur bien plus solvable que le médecin et cela du fait de la qualité de ses assurances.

241. Cette responsabilité de l'établissement couvre tant les actes médicaux classiques réalisés par le médecin que les actes de télémédecine. L'existence d'un contrat de travail entre le médecin requérant et l'établissement de santé fait de ce dernier l'acteur principal de l'acte de télémédecine car c'est dans son contrat de soins que se réalise la télémédecine.

---

302 Cass. Civ. 1ère, 30 juin 1993, Responsabilité civile et assurance 1993, commentaire n°12,p. 10 : responsabilité de la clinique pour défaut de mise en place d'un cardiotopographe dans une salle d'accouchement.

242. En revanche, c'est le médecin requérant qui décidera et orientera l'acte de télémédecine compte tenu de son indépendance professionnelle. Il choisira le médecin requis et sera libre de tenir ou non compte de son avis. Au total, c'est le médecin requérant qui organisera toujours l'acte de télémédecine avec un minimum d'autorisation d'utiliser le dispositif de télémédecine de l'établissement selon les plages d'utilisation déterminées par celui-ci.

Conclusion de la section

243. Au terme de cette section, on retient qu'en France comme en Côte d'Ivoire, le contrat de travail du médecin requérant avec l'établissement de santé privé fait de lui un préposé de celui-ci. Ainsi, sans pouvoir conclure un contrat médical à titre principal avec le patient, le médecin exécute les engagements contractés par son employeur à l'égard du patient dans le cadre du contrat de soins. Dès lors, l'établissement de santé apparaît comme l'acteur principal des actes de télémédecine que le médecin requérant organise avec l'aide du médecin requis.

Section 2. Relation du malade avec l'établissement requis

244. On se demande si le patient conclut également un contrat de soins avec l'employeur du médecin requis salarié. Un certain nombre de raisons semblent écarter l'existence du lien contractuel (§1) au profit du lien délictuel (§2). En Côte d'Ivoire comme en France cette question ne semble pas traitée différemment.

§ 1. Exclusion du lien contractuel

245. Le point de départ du contrat de soins entre l'établissement privé de santé et le patient, se situe au moment où le patient pénètre à l'intérieur de l'établissement, d'une part. La question qui se pose à ce stade, c'est comment le patient peut-il pénétrer l'établissement du médecin requis qui se trouve distant de lui. Sauf, à admettre le jeu de la fiction, cela est irréalisable.

246. D'autre part, le contrat de soins recoupe deux réalités (un contrat d'hospitalisation et un contrat de soins). Comment donc, le patient peut-il être hospitalisé dans un établissement auquel il ne peut matériellement accéder et y recevoir des soins. Il faut également observer que le patient n'entre pas directement en contact avec le médecin requis fut-il salarié ou non de l'établissement de santé.

247. En France, il avait été avancé pour admettre un éventuel rapprochement contractuel entre le patient et l'établissement distant, la notion d'introduction dans un « domaine virtuel » du centre de soins. Mais cette notion de domicile virtuel ou domaine virtuel n'a obtenu à présent aucune consécration légale ou jurisprudentielle et reste très théorique. Aussi, Jean Michel CROELS s'était-il demandé, « comment il pouvait y avoir deux contrats avec deux établissements distincts, pour la réalisation, à la même période, du même acte303 ? ». Selon l'auteur, « ce cumul serait artificiel même si on admettait la validité de la notion de centre de santé virtuel ».

---

303 J-M CROELS, le droit des obligations à l'épreuve de la télémédecine, Thèse, PU Aix-Marseille à Aix en Provence, 2006, p. 90 et S.

248. Cette construction juridique ne présenterait donc pas d'intérêt. Car le patient ne pénétrant pas l'établissement du médecin requis, il ignore ses rapports juridiques avec le médecin consulté. Il n'est alors pas nécessaire de s'interroger sur l'existence d'un contrat avec l'établissement requis. De plus, la loi du 4 mars 2002 semble créer une obligation légale de soins pour les établissements de santé lorsque ceux-ci mettent en œuvre des actes de prévention, de diagnostic et de soins304. Il en résulte que la relation entre l'établissement de santé et le patient n'est plus de nature contractuelle mais d'origine légale305.

249. Compte tenu de l'état actuel de la télémédecine en Côte d'Ivoire, la question du rapprochement contractuel entre le patient et l'établissement requis ne semble pas pertinente. Le patient s'adresse à un établissement de contact et ignore totalement que la prise en charge de sa maladie nécessitera l'intervention ou non d'un tiers. C'est donc le médecin requérant qui traite directement avec le médecin requis et sollicite son aide au profit de son patient. Dès lors, l'acte de télémédecine intègre le contrat de soins initial entre l'établissement de santé privé du médecin requérant.

250. De même, compte tenu de son indépendance professionnelle, le médecin requis peut participer à des actes de télémédecine sans l'autorisation de son employeur, l'établissement de santé auquel il est rattaché. En revanche, c'est en vertu du contrat de soins avec l'établissement de contact que le médecin requérant salarié

[304] Article L1142-1 du Code de la santé publique.
[305] *Supra,* parag. 154 à 168, *op. cit.*

peut solliciter le médecin requis. Il n'est donc pas nécessaire ni possible au patient de contracter avec l'établissement de santé distant ou même avec le médecin requis. Les relations du patient avec ces dernières entités ne seront que délictuelles.

§ 2. Affirmation du lien délictuel

251. L'établissement de santé du médecin salarié requis se trouve dans la même situation que celle de l'établissement de santé du médecin requérant. Ainsi, comme l'établissement de santé du médecin requérant répond directement des fautes de ses préposés, de même, l'établissement de santé du requis répond de ses fautes. Mais à la différence du premier, la responsabilité du second n'est pas d'ordre contractuel. Elle relève plutôt de la responsabilité délictuelle pour autrui. L'établissement se substitut donc au médecin salarié requis.

252. Cette solution trouve son fondement dans le lien de subordination des médecins salariés et qui fait d'eux des préposés de leur employeur. Car malgré leur indépendance professionnelle, il n'y a pas d'incompatibilité avec le lien de subordination résultant d'un contrat de louage de service306. Ce lien de subordination se confond bien souvent avec le lien de préposition307. Ainsi, en cas de faute du médecin salarié requis, le patient pourra intenter directement son action en responsabilité délictuelle du fait d'autrui contre l'établissement employeur du médecin sur le fondement de l'article 1384, alinéa 4 du code civil

[306] Cass. Crim, 5 mars 1992, JCP 1993, note CHABAS.

[307] L'arrêt du 26 mai 1999 ne fait aucune différence entre le rapport de subordination et le rapport de préposition.

ivoirien, et l'article 1242, al. 5 du code civil français selon lesquels « ..., les maîtres et les commettants, du dommage causé par leurs domestiques et préposés dans les fonctions auxquelles ils les ont employés ; (...) »308.

253. De même lorsque le matériel du médecin requis est défaillant, il engage la responsabilité délictuelle de l'établissement sur la base de l'article 1384, alinéa premier du même code309 en Côte d'Ivoire tandis qu'en France, on fera application de l'article 1242, al1 de la réforme et l'article L1142-1 du code de la santé publique. Contrairement à la France où le médecin salarié jouit d'une immunité civile totale310, en Côte d'Ivoire, l'établissement de santé dispose d'une action récursoire contre le médecin lorsqu'il a désintéressé le patient. Toutefois, si le médecin salarié requis qui est assigné directement en responsabilité délictuelle a outrepassé ses missions, il ne pourra appeler l'établissement en garantie et devra le désintéresser311.

---

[308] Article 1384, al.4, code civil (Côte d'Ivoire) et article 1242, al. 5 de la réforme: «..., Les maîtres et les commettants, du dommage causé par leurs domestiques et préposés dans les fonctions auxquelles ils les ont employés ; (...) ».

[309] Article 1384, al. 1 article 1242, al.1 de la réforme : « on est responsable non seulement du dommage que l'on cause par son propre fait, mais encore de celui qui est causé par le fait des personnes dont on doit répondre, ou des choses que l'on a sous sa garde ».

[310] Cass. Civ., 1ère , 9 nov. 2004, D. 2005, 253, note Chabas ; Resp. civ. et ass. 2004, comm. 364. Adde, Maud Asselin, Responsabilité des professionnels de santé salariés : changement de solution, ibid. 2005, Chr. 6.

[311] Cass. Civ., 2, 6 février 1974, D. 1974, 409, note Ph. Le TOURNEAU.- ASS. Plen. 25 février 2000. *Cassation partielle, arrêt* COSTEDOAT, note de Mme PONROY,

Conclusion de la section

254. En définitive, on observe que dans les deux pays, le médecin requis et son employeur ne concluent pas de contrat avec le patient. L'acte de télémédecine qui les met en relation trouve son fondement dans l'obligation initiale de soins dont le patient bénéficie à l'égard de l'établissement de santé du médecin requérant. Le médecin requis se trouve dans la même situation que le médecin requérant vis-à-vis de son employeur et du patient.

255. Ainsi, c'est généralement la responsabilité de l'établissement de santé qui est engagée en cas de faute du médecin salarié requis. Il s'agit d'une responsabilité délictuelle du fait d'autrui ou du matériel. L'établissement dispos en Côte d'Ivoire contrairement en France, d'une action contre le salarié à moins que celui-ci n'ait été assigné directement par le patient.

Conclusion du chapitre

256. Les établissements de santé privés se retrouvent dans des situations différentes suivant qu'ils sont requérants ou requis à l'acte de télémédecine. Les deux pays présentent souvent des situations différentes. En France, l'établissement privés requérant se trouve dans la même situation que le médecin libéral requérant. En côte d'Ivoire, l'établissement de santé privé requérant se trouve dans une relation contractuelle avec le patient à travers le contrat de soins. Ce contrat de soins se substitue au contrat médical entre le médecin et le patient. Ainsi, l'établissement de santé répond contractuellement des fautes de ses médecins salariés.

257. Quant à l'établissement de santé requis et ses médecins salariés, ils n'ont pas de relation contractuelle avec le patient. Leur responsabilité ne peut être engagée que sur le terrain de la responsabilité délictuelle. Il n'y a pas de différence de situation entre la Côte d'Ivoire et la France.

CHAPITRE 2. Pratique médicale dans les établissements publics de santé

258. La pratique médicale dans les établissements publics de santé relève du service public hospitalier et les relations qui s'y nouent entre le patient, le médecin et l'établissement sont totalement différentes de celles rencontrées dans les établissements de santé privés. Le médecin et l'hôpital ne contractent pas avec le patient. Selon le professeur G. MEMETEAU « le patient se trouve dans une situation extracontractuelle de droit public, situation statutaire, ou encore légale et réglementaire, d'usager du service public »312.

259. Celui-ci est un usager du service public quand les médecins sont des agents de l'administration. Ainsi, les rapports qui s'établissent à l'occasion des actes médicaux et par ricochet des actes de télémédecine (Section 1) relèvent en général du droit public, même s'il existe des situations pouvant relever du droit privé (Section 2). La situation ne semble pas se présenter de la même façon en France qu'en Côte d'Ivoire.

Section 1. Service public hospitalier face à la pratiquc de la télémédecine

260. Le service public est le cadre de la pratique de la télémédecine et les différents participants sont soumis à un régime particulier. Le service public hospitalier est une notion évolutive au gré des réformes (§1) et dont il faut envisager les modalités de participation (§2).

[312] G. MEMETEAU, op. Cit. p. 29.

§ 1. Notion de service public hospitalier et principes

261. Le service public peut être appréhendé comme une activité d'intérêt général exercée par ou sous le contrôle de l'administration. Ainsi, le service public hospitalier n'est rien d'autre qu'un service public qui s'exerce dans les hôpitaux publics. De façon générale, ce service public est assuré par des établissements publics de santé investis des missions de prévention, diagnostic, surveillance et traitements des malades, blessés et femmes enceintes.

262. En effet, selon Didier STINGREE « la notion de service public hospitalier se veut aujourd'hui le cadre projeté d'une synergie d'interventions avec l'ensemble des acteurs de santé libéraux. Le service public se conçoit dorénavant dans une fédération de moyens et d'intervenants aux actions structurées et hiérarchisées qui permettent une desserte optimale des populations à l'échelle des territoires. Cela s'inscrit dans un environnement où exigences économiques et sociétales se côtoient, où coûts maîtrisés et qualité des soins sont érigés en paradigmes. Les récentes réformes organisationnelles et structurelles accentuent ces évolutions »313.

263. En Côte d'Ivoire comme en France, le fonctionnement de ces services est organisé par des règles dites « lois du service public ». Celles-ci déterminent la nature des rapports qui se nouent en son sein. En effet, comme le dit Benjamin MORON-PUECH « la question de la nature de la relation entre un usager d'un service public administratif et le gestionnaire de ce service est souvent considérée, tant en doctrine qu'en jurisprudence, comme

[313] D. STINGRE, Le service public hospitalier, PUF, col. Que sais-je ?, 7è édition, octobre 2021, 128 pages ;

une problématique évidente, réglée depuis longtemps, dont toute remise en question pourrait être perçue comme une remise en cause d'une construction intellectuelle qu'il serait nécessaire de défendre »314. Ces lois sont au nombre de trois : l'égalité (A), la continuité (B) et la mutabilité (C) du service public. A ces trois principes, la Côte d'Ivoire ajoute un quatrième qui est celui de la neutralité du service public (D).

A. L'égalité du service public

264. En France, le principe de l'égalité est posé par l'article L711-4 du Code de la santé qui dispose que « les établissements qui assurent le service hospitalier garantissent l'égal accès de tous aux soins qu'ils dispensent. Ils sont ouverts à toutes les personnes dont l'état requiert leur services ». Ce principe confère à toute personne le droit d'accéder aux soins les plus appropriés à son l'état et implique la recherche systématique du meilleur traitement dont l'efficacité est reconnue par rapport aux risques encourus, tout en rappelant l'obligation de sécurité qui s'impose à tout fournisseur de produit315.

265. L'accès doit tenir compte des circonstances, notamment d'urgence, et concerne les thérapeutiques dont l'efficacité est reconnue. Ainsi, ce principe fait obstacle à toutes formes de discriminations entre les malades, usagers du service public hospitalier relativement aux soins316. Dès lors, la mise en place de quotas ou

---

[314] B. MORON-PUECH, L'usager du service public administratif hospitalier, un contractant !; https://hal.science/hal-01495949v1/document

[315] Article L1110-1 du Code de la santé publique.

[316] Article L1110-3 du Code de la santé publique.

l'affectation des dispositifs de télémédecine à l'usage exclusif d'un service sont contraires aux règles qui organisent le service public. Toutefois, il convient de préciser que la notion d'égalité aux soins recoupe deux situations différentes.

266. On distingue clairement l'égalité dans les soins qui est absolue et ne peut souffrir aucun aménagement, de l'égalité dans l'hébergement qui à la différence de la première peut, elle être contingentée et organisée pour maximiser l'accueil317. Le « principe d'égalité » devant le service public découle en droit ivoirien du principe de l'égalité des citoyens devant la loi, consacré par la déclaration universelle des droits de l'homme de 1948 ainsi que la charte africaine des droits de l'homme et des peuples de 1981 et ses protocoles additionnels et l'Acte constitutif de l'Union africaine de 2001 auxquels fait référence le préambule de la constitution ivoirienne de la 3ème République du 12 octobre 2016. C'est donc un principe de valeur constitutionnelle qui organise tous les services publics en Côte d'Ivoire. Ce principe revêt un double aspect : égalité d'accès et égalité de traitement.

267. L'égalité d'accès suppose la non-discrimination entre les usagers du service public, bénéficiaires des prestations avec ou sans contrepartie. Ainsi, tous les malades ont vocation égale à accéder à tous les services proposés par le service public hospitalier. Quant à l'égalité de traitement,

---

[317] Ainsi, dans le cas des cliniques ouvertes, il était initialement prévu que les hôpitaux pouvaient réserver des lits à l'attention des clients privés des médecins (Article L 680-2 du code de la santé publique). Mais une loi a mis fin à cette pratique tout en pérennisant la possibilité pour les hôpitaux de laisser leurs médecins statutaires avoir une activité libérale si elle n'affecte pas l'intérêt du service public hospitalier.

elle suppose que le service public doit traiter ses usagers sur un pied de stricte égalité, sans discrimination. Il ne peut y avoir de « traitement privilégié ». Dès lors, les malades qui se trouvent dans les mêmes conditions doivent bénéficier des mêmes traitements. Faute de quoi, il y aurait rupture de l'égalité318.

B. Continuité du service public

268. Si on érige une activité en service public, c'est compte tenu de son caractère de nécessité impérieuse pour la communauté. Aussi, celui-ci doit-il fonctionner de façon ininterrompue. La notion de continuité se confond alors avec l'accueil des patients ou usager.

269. En France, la continuité du service public constitue un des aspects de la continuité de l'État et a été qualifié à ce titre de principe de valeur constitutionnelle par le Conseil constitutionnel décision 79-105 DC du 25 juillet 1979. Il repose sur la nécessité de répondre aux besoins d'intérêt général sans discontinuité. Cependant, « selon les services, la notion de continuité n'a pas le même contenu (permanence totale pour les urgences hospitalières, horaires prévus pour d'autres).

270. La jurisprudence du Conseil d'État est très précise sur cette exigence : est ainsi condamné un service qui ne respecte pas les heures d'ouverture annoncées (ouverture tardive, fermeture hâtive) »319. « Toutefois, ce principe de continuité doit s'accommoder du principe, à valeur

---

[318] CSCA, 26 mars 1971, N'Guetta BLEHOUET, BLEOU et WODIE 91, Arrêt de la Cour Suprême.

[319] https://www.vie-publique.fr/decouverte-institutions/institutions/approfondissements/notion-service-public.html.

constitutionnelle lui aussi, du droit de grève. La plupart des agents des services publics disposent de ce droit, à l'exception de certaines catégories pour lesquelles la grève est interdite (policiers, militaires...) ou limitée par un service minimum (navigation aérienne, transports ferroviaires, télévision et radio...) »320.

271. En matière médicale, la loi du 4 mars 2002 impose aux professionnels de santé et aux établissements ou organismes intervenant dans la prévention et les soins de garantir à chaque personne les soins nécessaires à son état de santé et d'assurer la continuité des soins et la meilleure sécurité sanitaire321. Les établissements de santé doivent ainsi assurer la continuité des soins quelles que soient les circonstances.

272. En Côte d'Ivoire, également, le principe de la continuité du service public est si important que le Conseil Constitutionnel lui a reconnu une valeur constitutionnelle322. Ce principe emporte des conséquences à l'égard des agents de l'Administration. Il met à la charge des agents participants à l'exécution du service public deux types de contraintes. La première contrainte porte sur la réglementation du droit de grève.

273. Au terme de l'arrêt Dehaene323, cette réglementation législative doit permettre d'« opérer la conciliation nécessaire entre la défense des intérêts professionnels dont la grève constitue une modalité et la sauvegarde de l'intérêt général auquel elle peut être de

---

[320] Ibid.
[321] Article L1110-1, ibid.
[322] CC 25 Juillet 1979 AJ, Sept 79, p.46.
[323] Arrêt DEHAENE, CE 7 Juillet 1950, GA 79.

nature à porter atteinte ». Ainsi, bien que les agents du service public soient titulaires du droit de grève, ils doivent en éviter « l'usage abusif » qui compromettrait le fonctionnement régulier du service public.

274. La deuxième contrainte est la possibilité reconnue aux pouvoirs publics de réquisitionner les agents dans l'intérêt général324. Il appert ainsi, clairement que le service public hospitalier a l'obligation de maintenir et d'assurer la continuité de l'offre de soins. L'offre doit donc être permanente. La permanence de l'offre pourrait dès lors être envisagée à travers des actes de télémédecine. Le patient doit toujours bénéficier des soins que nécessite son état avec l'obligation pour le médecin et la structure de santé de solliciter à son profit des actes de soins à partir de la télémédecine. C'est le sens même de la continuité du service public hospitalier.

275. Mais ces règles étant toutes d'origine jurisprudentielle, il serait bien indiqué de garantir l'accès aux soins des personnes malades à travers des normes législatives. En l'état actuel même si, les règles définies par le juge permettent de régler des situations, elles présentent un caractère subsidiaire et au contour fluctuant. Il nous semble donc intimement raisonnable qu'à l'instar de la France, une loi garantissant les droits des personnes malades soit prise en vue de l'organisation du système de santé en Côte d'Ivoire.

[324] Lois de 1959 et 1963 sur la réquisition de certains agents participants au service public en Côte d'Ivoire, également article 11 de la loi N°2024-240 du 24 avril 2024 portant exercice de la médecine .

C. Mutabilité et adaptabilité du service public

276. Les besoins de la communauté pouvant varier dans le temps, le service public doit toujours être adapté aux exigences nouvelles de l'intérêt général. Cette adaptation se fait souvent à travers des réformes organisationnelles et structurelles qui accentuent ces évolutions et s'inscrit dans un environnement où exigences économiques et sociétales se côtoient, où coûts maîtrisés et qualité des soins sont érigés en paradigmes325.

277. En France, le dernier principe de fonctionnement du service public est celui dit d'adaptabilité ou mutabilité. Il se présente comme un corollaire du principe de continuité du service public. Il implique d'assurer au mieux, qualitativement, un service plutôt que de sa continuité dans le temps. Cela signifie que le service public ne doit pas demeurer immobile face aux évolutions de la société ; il doit suivre les besoins des usagers en fonction de l'évolution technologique. La loi du 4 mars 2002 commande même une innovation médicale.

278. En effet, « toute personne a, compte tenu de son état de santé et de l'urgence des interventions que celui-ci requiert, le droit de recevoir, sur l'ensemble du territoire, les traitements et les soins les plus appropriés et de bénéficier des thérapeutiques dont l'efficacité est reconnue et qui garantissent la meilleure sécurité sanitaire et le meilleur apaisement possible de la souffrance au regard des connaissances médicales avérées »326. Ainsi, la télémédecine, en participant à l'organisation de l'offre de

---

[325] M. KRKAC, *L'Académie nationale de médecine propose une nouvelle gouvernance hospitalière* ,RDS, n°89, 2019, p.446-449

[326] Article L1110-5 du code de la santé publique.

soin à partir de l'utilisation des dispositifs médicaux et des technologies de l'information et de la communication en vue de la réalisation des actes médicaux à distance, contribue à assurer la mutabilité et l'adaptabilité du service public hospitalier.

279. En vue de garantir la permanence des soins, la loi a renforcé les droits des usagers du système de santé. Ceux-ci sont représentés par des associations agissant dans le domaine de la qualité de la santé et de la prise en charge des malades, déclarées et agréées. Ces associations défendent les droits des personnes malades et des usagers du système de santé et conduisent des actions de formation et d'information327.

280. En Côte d'Ivoire, également, le service public hospitalier doit user de tous les moyens technologiques disponibles et susceptibles d'améliorer la pratique de l'art médical et par ricochet l'offre de soins. Il doit intégrer tout ce qui peut participer du confort et de la prise en charge rapide du patient. La télémédecine apparaît alors comme un moyen328 pour le service public hospitalier d'assurer l'effectivité de ses missions et de maximiser l'offre de soins au profit de ses usagers329.

281. On pourrait de ce fait considérer que les établissements publics de santé qui n'intégreraient pas la

---

[327] Article L1114-1 du code de la santé publique.

[328] Article 3 de l'arrêté du 10 mai 2021 portant intégration de la télémédecine au paquet minimum d'activités des établissements de santé.

[329] K.E. N'GUESSAN, F. DIBY, P. SIMON « Covid-19 et télémédecine : quel cadre juridique pour assurer le continuum des soins en Côte d'Ivoire ? », in Pandémie et droit, questionnements et réponses d'universitaires et experts du droit au Covid-19 en Côte d'Ivoire, édition du CNDJ, Mars 2021 p.370 et suivants.

télémédecine dans l'organisation de l'offre de soins iraient contre le principe de l'adaptabilité du service public. La télémédecine intègre l'organisation de l'offre de soins qui permet d'assurer la modernité et la performance du service public hospitalier. Dès lors, il nous semble nécessaire d'encourager l'intégration de la télémédecine dans l'organisation des soins et ainsi assurer la permanence de ceux-ci au profit des usagers330. Si l'égalité, la continuité et l'adaptabilité sont trois principes de fonctionnement du service public tant en France qu'en Côte d'Ivoire, il en existe un quatrième spécifique en droit ivoirien.

D. Le principe de neutralité en droit ivoirien

282. En effet, le droit ivoirien permet d'envisager un autre principe qui est celui de la neutralité du service public. Selon ce principe, le service public doit fonctionner en ayant en vue le seul intérêt général. Ainsi, le service ne doit prendre en compte ni les opinions politiques, ni les croyances religieuses, idéologiques, ou philosophiques, ni le sexe, ni la race, ni les considérations ethniques des usagers.

283. Ce principe apparaît comme un aspect du principe d'égalité devant le service public vu plus haut. Concrètement le service public hospitalier tout comme ses agents doit traiter avec la même conscience tous ses usagers quelles que soient leurs conditions. La télémédecine devrait permettre davantage de garantir cette neutralité du service public, notamment hospitalier.

---

[330] Même si cette proposition semble désormais prise en compte à partir de l'article 3 de l'arrêté du 10 mai 2021 précité, elle n'est pas encore effective dans la pratique. Mais c'est tout de même une avancée considérable.

Ces principes ne sont pas sans incidence sur les modalités de participation au service public.

§ 2. Modalités de participation au service public

284. Les établissements publics de santé bénéficient d'un statut singulier caractérisant leur prépondérance. Comme le dit si bien Annabelle PECOUL « la loi du 26 janvier 2016 confirme la prégnance de la conception organique en réhabilitant la notion de service public hospitalier331, et en maintenant les établissements du secteur public dans leur rôle d'acteurs naturels de ce service public »332. Ainsi, le service public hospitalier peut connaître une variété de situations (A) qui influence directement la situation des promoteurs et agents publics dans la pratique de la télémédecine (B).

A. Variété de situations

285. En principe, les établissements publics de santé assurent l'exécution du service public mais les établissements privés peuvent y participer. En effet, le service public hospitalier exerce l'ensemble des missions dévolues aux établissements de santé par la loi, dans le respect des principes d'égalité d'accès et de prise en charge, de continuité, d'adaptation et de neutralité et conformément aux obligations qui lui incombent. Cette participation se traduit par des contrats de soutien.

---

[331] En effet, plusieurs réformes hospitalières successives, ont affaibli la notion même et le service public hospitalier qui va s'atrophier jusqu'à la réforme du 21 juillet 2009 qui supprime la notion pour lui substituer celle de missions de service public.

[332] A. PECOUL, Le service public hospitalier, thèse de doctorat soutenue le 12/12/2016 ; https://theses.fr/2016PESC0109

1-Contrat de soutien ou contrat de prestation de service de télémédecine

286. La participation au service public hospitalier ne confère aucune prérogative de puissance publique. Elle implique seulement pour son titulaire le respect des obligations du service.

287. En France, quand un établissement privé de santé assure l'exécution du service public hospitalier, il est dans la même situation qu'un établissement public pour l'accès des assurés sociaux et des bénéficiaires de l'aide sociale. Ces établissements sont inspectés suivant les mêmes critères. Ils sont admis à leur demande à participer au service public s'ils sont à but non lucratif. Lorsqu'ils sont à but lucratifs, ces établissements doivent conclure avec le directeur de l'Agence Régionale d'Hospitalisation représentant l'Etat un contrat administratif.

288. Ce contrat est une concession du service public hospitalier et particulièrement un contrat de soutien ou de prestation de service de télémédecine. Cette participation permet de garantir aux usagers la permanence des soins. En effet, « la permanence des soins (notamment l'accueil 24/24) est clairement une mission de service public qui pèse trop lourdement sur les seuls établissements publics et leurs salariés », a déclaré M. Moscovici, en présentant à la presse un rapport intitulé « Les établissements de santé publics et privés, entre concurrence et complémentarité ». « Ce que nous proposons, c'est de conditionner la délivrance » par les Agences régionales de Santé (ARS) des autorisations d'activités du secteur privé « au respect de plusieurs critères » de service public hospitalier, a indiqué M. MOSCOVICI333.

289. Contrairement à la pratique en France, en Côte d'Ivoire, la participation d'un établissement privé au service public hospitalier relève d'une décision du Ministre de la santé portant concession du service public. L'établissement privé fonctionne comme une entreprise privée et il n'y a pas d'aide sociale. Le patient qui sollicite un établissement privé doit être capable de faire lui-même face aux charges engendrées par les soins.

290. En effet, une enquête de l'Institut Nationale de la Statistique sur le niveau de vie des ménages en Côte d'Ivoire révèle que « très peu de personnes bénéficient d'une prise en charge des dépenses de santé (que cette prise en charge soit totale ou partielle). Car seulement 10,7% des personnes bénéficient d'une prise en charge et elle provient essentiellement des parents (57,3%) et à un degré moindre des assurances (32,8%). Il convient, par ailleurs, de noter que c'est seulement 0,9% de la population qui bénéficie d'une couverture maladie dont le taux est de 70% pour 37,5% des assurés ou de 80% pour 36,6% des assurés »334. Les seules obligations que la concession met à la charge de l'établissement privé de santé sont la sécurité, l'hygiène et la qualité des soins.

---

[333] Cour des comptes, Le privé doit davantage participer au service public hospitalier, selon la Cour des comptes ; https://www.weka.fr/actualite/sante/article/le-prive-doit-davantage-participer-au-service-public-hospitalier-selon-la-cour-des-comptes-171649/

[334] INS, Enquête sur le niveau de vie des ménages en Côte d'Ivoire (ENV 2015), p. 36.

2-Collaboration occasionnelle au service public

291. En France, il existe une forme de collaboration au service public des établissements de santé. En effet, certains établissements peuvent s'associer par contrat. Cette association porte sur une partie des moyens de l'établissement hospitalier. A savoir la réalisation d'une activité de soins qu'il faut coordonner ou la mutualisation des équipements de télémédecine, notamment. Cette collaboration a l'avantage de permettre à plusieurs établissements de santé d'utiliser le même matériel et du coup limiter le budget d'équipement de ces établissements ainsi que les frais d'entretien de ces équipements.

292. En l'état actuel, cette forme de collaboration à notre connaissance n'existe pas encore en Côte d'Ivoire. De sorte que les établissements de même niveau ont le même niveau d'équipement et le même équipement. Cela entraîne la répétition des investissements en équipements. Mais avec le développement de la télémédecine, une mutualisation des dispositifs de télémédecine devrait être possible et susciter cette forme de collaboration au service public entre établissements335. Que dire de la situation des promoteurs et agents publics de télémédecine ?

---

[335] Illustration tirée de la pratique du télé-ECG au CHU de Bouaké. Ce projet initié par l'ONG Wake Up Africa et ses partenaires favorise bien la collaboration entre une vingtaine de centres de santé qui bénéficient directement de l'expertise en soins en cardiologie du CHU de Bouaké, notamment en matière de télé-expertise dans la lecture et l'interprétation des électrocardiogrammes.

B. Situation des promoteurs et agents publics dans la télémédecine

293. La télémédecine permet à plusieurs entités de mettre en œuvre un projet de prise en charge sanitaire afin de garantir la continuité et la permanence des soins de santé sur un territoire donné. La situation est différente pour chacune d'elles selon que l'entité est requérante (1) ou requise (2) à l'acte de télémédecine.

1-Entités requérantes

294. Les médecins agents du service public hospitalier sont dans une situation statutaire. En France, leur statut est organisé par les dispositions du décret 84-131 du 24 février 1984[336]. Le fonctionnaire consacre l'intégralité de son activité professionnelle aux tâches qui lui sont confiées. Il ne peut exercer, à titre professionnel, une activité privée lucrative de quelque nature que ce soit, sous réserve des dérogations prévues par la loi[337]. Dès lors les fonctionnaires sont dans une situation statutaire et réglementaire et ne contractualisent pas avec le patient qui, lui est usager du service public. Ce sont donc les règles de la responsabilité administratives qui s'appliquent et

[336] Décret 84-131 du 24 février 1984, modifié par l'article 1 du décret 99-563 du 6 Juillet 1999, modifié par le décret 2002-1421du 6 décembre 2002 portant application de la directive de la Communauté Européenne 93/104.

[337] Article 25 septies de la loi n° 83-634 du 13 juillet 1983 portant droits et obligations des fonctionnaires, modifiée par la loi n° 2016-483 du 20 avril 2016 en son article 7. Également, l'article 19 de la loi N°2024-240 du 24 avril 2024 portant exercice de la médecine renforce cette interdiction. Cet article prescrit une incompatibilité d'exercice en clientèle privée avec la qualité de fonctionnaire ou d'agent contractuel du service public.

c'est bien l'administration qui répond des fautes de ses agents sauf à caractériser la faute détachable du service.

295. En Côte d'Ivoire, c'est la loi No 92-570 du 11 Septembre 1992 portant statut général de la fonction publique qui organise ce statut338. Ainsi, les médecins salariés des établissements publics ne concluent pas de contrat médical avec les patients qui sont eux des usagers du service public. Ainsi que le dit, le Doyen René DEGNI-SEGUI, « les usagers du service public n'ont pas un droit à exiger le maintien du régime du service public ou de du service lui-même »339. Il en résulte que le médecin requérant agent du service public n'a pas de relation contractuelle avec le patient.

296. Car il ne peut être appliqué les règles du droit privé, « puisqu'il est connu que l'administration dans ses rapports avec les usagers du service public, échappe à l'application des règles du droit privé, particulièrement celles du droit civil, disposant elle-même de ses propres règles spéciales et autonomes »340. Dès lors c'est l'établissement public qui est directement en relation avec le patient et c'est lui qui engage sa responsabilité en cas de faute de l'agent341. Toutefois, il dispose d'une action récursoire contre le

---

[338] Articles 1er, 2 et 6 de la loi N° 92-570 du 11 Septembre 1992 portant statut général de la fonction publique qui organise ce statut.

[339] R. DEGNI-SEGUI, Droit administratif général, l'action administrative, tome 2, Abidjan, NEI-CEDA, 4è édition, 2012, p. 138.

[340] En ce sens, voir R. DEGNI-SEGUI, Droit administratif général, l'organisation administrative, Abidjan NEI-CEDA, 4è édition, 2013, p.41.

[341] K. E. N'GUESSAN, Le risque juridique en télémédecine, édition, Didactijuris, Décembre 2024, p. 153 et Suivants.

médecin requérant agent public en cas de faute grave de celui-ci ou de faute détachable du service342.

2-Entités requises

297. Le médecin requis se trouve dans la même situation que le médecin requérant lorsqu'il est un agent public. Il ne conclut pas de contrat avec le patient compte tenue de cette qualité de requis et de son statut d'agent public. Il apporte un soutien au médecin requérant dans l'accomplissement de ses missions de service public. Mais la situation sera différente si l'un d'entre eux est agent du privé.

298. Dans un sens si le médecin requis est agent public et le requérant agent du privé, en raison du fait qu'ils ne peuvent pas se lier par contrat, le requis ne sera pas en cause en cas de faute, c'est son établissement public qui sera en relation avec le requérant. Cela peut s'inscrire en Côte d'Ivoire dans les partenariats public/privé343.

299. Dans l'autre sens, si c'est le requérant seulement qui est du public, l'intervention du médecin privé n'est pas une évidence. Mais lorsque cette occurrence se réalise, en France on la soumet au contrat administratif si les conditions contractuelles sont réunies. Ce contrat devra ainsi, être conclu en vue de l'exécution même du service

---

[342] Voir article19 de loi n° 92-570 du 11 septembre 1992 portant statut général de la fonction publique ; également, arrêt TC 18.05.1954 MORITZ, conseil d'État 22.03.1954 JAGNIER, conseil d'État 19.06.1959 MORITZ et Conseil d'État 06.05.1966 CHEDRU

[343] Décret n°2012-1151 du 19 décembre 2012 relatif aux contrats de partenariats public-privé en Côte d'Ivoire et Ordonnance n° 2004-559 du 17 juin 2004 sur les contrats de partenariat en France.

public344. A défaut de contrat le rapprochement peut se faire dans le cadre d'une collaboration occasionnelle réalisée en urgence en vue d'assurer la continuité du service public345.

300. En Côte d'Ivoire, on pourrait la soumettre au contrat administratif dans le cadre d'un partenariat public/privé. Le contrat pourra alors revêtir le caractère administratif346. Également, en vue d'assurer la continuité du service public et ce en dehors de tout rapprochement contractuel, on pourrait retenir la collaboration occasionnelle347. Dans tous les cas l'établissement du requis n'aura pas de relation contractuelle avec le patient compte tenu de sa qualité de requis et de soutien au service public de l'établissement requérant.

Conclusion de la section

301. Lorsque la télémédecine est pratiquée dans un service public hospitalier, elle est soumise aux règles de fonctionnement de celui-ci. Cette solution est la même, tant en Côte d'Ivoire qu'en France. Ainsi, le patient n'est pas dans une relation contractuelle avec l'établissement public de santé. Il n'y a pas de contrat de soins. Le patient n'est qu'un usager du service public. Il ne peut également pas contracter avec les agents du service public.

[344] C.E. 20 avril 1956, Epoux BERTIN.

[345] C.E. 21 mars 1957, Compagnie d'Assurances de l'Urbaine et de la Seine.

[346] C.E. 20 avril 1956, Epoux BERTIN précité.

[347] CE. 21 mars 1957, Compagnie d'Assurances de l'Urbaine et de la Seine, précité.

302. Mais en cas de préjudice à lui causé, c'est l'établissement de santé qui engage sa responsabilité, sauf à démontrer la faute grave ou la faute détachable du service de l'agent. Et même quand l'établissement de santé requis est privé, il n'y a toujours pas de contrat avec le patient car l'établissement ne fait que collaborer au service public de l'établissement requérant qui a une obligation de soins vis-à-vis du patient.

Section 2. Existence d'un secteur privé dans les hôpitaux

303. L'exercice libéral en milieu hospitalier est possible en France sous trois formes. On distingue alors le secteur privé des cliniques ouvertes et des modes d'activités libérales dans les hôpitaux locaux. On note cependant que ces activités libérales peuvent impacter la pratique de la télémédecine au sein des établissements où elles se déroulent. Ces médecins hospitaliers, en exerçant à titre libéral ne doivent pour autant pas, faire obstacle au fonctionnement normal du service public dont ils sont également des agents348.

304. Ainsi, ils ne pourront pas consacrer plus de vingt pour cent de leur temps de travail à des activités privées. Ils ne peuvent également pas réaliser plus d'actes en privé qu'en public. Du fait de cet exercice privé, ces médecins se retrouvent dans une situation contractuelle avec leurs patients. Ils concluent un contrat médical avec le

[348] Loi du 27 janvier 1987 portant diverses mesures d'ordre social : Décret d'application 87-944 du 25 novembre 1987.

patient[349]. En conséquence, ils perçoivent directement leurs honoraires de celui-ci[350].

305. Mais l'exercice de cette activité privée n'est possible au sein de l'établissement que de l'accord entre le médecin et le directeur de l'hôpital[351]. C'est cet accord qui détermine les modalités de cet exercice libéral[352]. Dans ce cas, l'établissement est sans engagement à l'égard du patient qui traite directement avec le professionnel de santé. En cas de préjudice, le patient n'a d'action que contre le professionnel de santé, à charge pour ce dernier de se retourner contre l'établissement de santé public du fait du matériel mis à disposition.

306. Par contre le médecin requis exerçant à titre libéral au sein de l'hôpital se retrouve dans la même situation que le médecin requis libéral. Il n'a aucun contrat avec le patient et sa responsabilité ne peut être engagée que sur le plan délictuel. En dehors des centres hospitaliers régionaux, certains centres peuvent permettre l'exercice libéral à certains professionnels de la santé[353]. Il se

---

[349] Deux arrêts du Conseil d'Etat, 10 octobre 1973, Demoiselle de saint-Louvent et Caisse primaire d'assurance maladie du Calvados, Recueil du Conseil d'Etat, p.556. Aussi, Cass. Crim, 7 Juin 1988, Dalloz, 1989, sommaire p. 312, observation PENNEAU.

[350] Article L6154-3 du code de la santé publique organise la perception et la redistribution de ces honoraires par les établissements de santé.

[351] M. MAZZUCOTELLI, *Exercice libéral en établissements publics de santé : validation des Sages* ,RDS, n°91, 2019, p.775-776

[352] Article L 6154-4 du code de la santé publique.

[353] Article L 6146-10 du Code de la santé publique définit les conditions dans lesquelles les structures d'hospitalisation peuvent organiser l'exercice à titre libéral des médecins et sages-femmes.

formait également dans ce cadre un contrat médical entre ces professionnels de la santé et leurs patients354.

307. De même, les hôpitaux locaux peuvent par convention avec des établissements de santé, organiser des soins de courtes durées avec hospitalisation ou non devant des affections graves355. Les médecins qui exercent dans ce cadre concluaient un contrat médical avec le patient qui du moins ne demeure usager du service public que pour l'hospitalisation et les soins paramédicaux.

308. Dans ces trois modes d'exercice libéral, le patient concluait un contrat avec le professionnel de santé tout en conservant son statut d'usager du service public. Le maintien du statut d'usager du service ne portait que sur l'hospitalisation et les soins paramédicaux. Mais depuis la loi du 4 mars 2002, il semble que le patient conserve son statut d'usager du service pour tous les actes356. Cela s'explique par l'impossibilité pour le patient de se lier par contrat au médecin pour les actes de prévention, de diagnostic et de soins. L'obligation du médecin de donner des soins consciencieux conformes aux données acquises de la science étant devenue de nature légale et délictuelle357.

309. C'est une solution que nous ne partageons pas car si le législateur trouve nécessaire d'autoriser un secteur privé au sein du service c'est à l'effet de permettre au service public en certaines circonstances de se comporter comme

---

[354] C.E, 4 juin 1965, hôpital de pont à Mousson c/Epoux MATHIEU, Recueil du Conseil d'Etat, p. 351 ; JCP, G, 1966,II,n. 14666, note RAYNAUD.

[355] Article R 711-6-4 du Code de la santé publique

[356] *Activité libérale des praticiens hospitaliers : le décret du 7 mars 2006 sous respiration artificielle* ,RDS, n°27, p.79-81

[357] Article L1142-1 du code de la santé publique.

un opérateur privé guidé par la recherche du profit et de la performance même si cela peut à certains égards susciter des craintes358. L'autre raison est que le médecin exerçant à titre libéral au sein du service public est soumis à l'obligation de souscrire une assurance professionnelle pour couvrir ses actes359.

310. Mais lorsque l'établissement met à la disposition des médecins exerçant à titre libéral son dispositif de télémédecine, il reste dans une situation similaire à celle de la clinique qui loue son matériel. Il ne peut être responsable que du défaut d'entretien du matériel. Le patient se trouve alors devant deux situations : une privée avec le médecin exerçant à titre libéral et une relation publique avec l'établissement de santé.

311. Contrairement à ce qui précède, en Côte d'Ivoire, les établissements publics de santé sont investis d'une mission de service public. Ils exercent cette mission en tout temps et circonstances. Ils n'ont pas la possibilité de développer un exercice libéral en leur sein et ce même si les décrets portant attributions, organisation et fonctionnement des Centres Hospitaliers et Universitaires de Cocody, de Treichville, de Yopougon et de Bouaké instituaient un régime mixte pour ces établissements sanitaires360. « Ce

[358] E. MOLINIE, « L'hôpital public en France : bilan et perspectives », étude 2005,p.45 ; https://www.lecese.fr/sites/default/files/pdf/Avis/2005/2005_10_eric_molinie.pdf.

[359] Article L1142-2 du code de la santé publique.

[360] L'établissement public peut créer les activités privées sur sa propre initiative, elles sont alors gérées par cet établissement avec sa comptabilité. Chaque praticien, comme le prévoient les articles 41, 45 et 50 des décrets cités, reçoit sa part du produit (honoraire) fixé par arrêté.

régime mixte signifie en théorie qu'en droit ivoirien, il est possible que les établissements sanitaires publics ouvrent en leur sein des cliniques privées pour y organiser des activités cliniques et biologiques en vue de satisfaire une clientèle privée », comme le fait observer Sylvain-Georges KABLAN[361].

312. Dans la pratique cela ne semble pas encore être une réalité. Car comme le soutient Sylvain-Georges KABLAN, « l'analyse des textes ne permet pas d'affirmer avec certitude qu'il se formait en leur sein des rapports contractuels de types privés, parce que rien ne prévoit que les patients de ces divisions ont le libre choix de leur praticien. En plus, les honoraires ne sont pas discutés

---

Au terme des articles 42, 38 et 47 desdits décrets, les praticiens du service public hospitalier, fonctionnaires, notamment « les médecins, chirurgiens-dentistes et pharmaciens peuvent participer aux activités privées dans la limite de deux après-midis par semaine. Ils peuvent être réquisitionnés à tout moment par le service public durant leurs activités privées, en cas d'urgence par le Directeur de l'établissement ».

Les praticiens (médecins, chirurgiens-dentistes et pharmaciens) du secteur privé peuvent également, sur leur demande et après autorisation expresse du Ministre de la santé, participer aux activités privées d'un établissement public. Ces praticiens exercent dans les mêmes conditions et sont rémunérés, de la même, pour ce qui est des activités privées de l'établissement public pour lesquelles ils sont recrutés, de la même façon que leurs collègues de la fonction publique. Les patient usagers du service public ne sont pas tenus de se faire soigner dans cette division privée de l'établissement public. Ils ont le choix entre les deux services. Selon les articles 44, 37 et 49 des décrets cités, l'usager qui « *opte pour un acte privé règle préalablement le montant de la prestation…selon la tarification fixée par ce régime* ».

[361] S. G. KABLAN, Le sort du contrat médical dans le contexte de la riposte à la Covid-19 en Côte d'Ivoire, in Pandémie et droit, questionnements et réponses d'universitaires et experts du droit au Covid-19 en Côte d'Ivoire, édition du CNDJ, Mars 2021.p.570.

librement par les parties (patient-soignant), mais fixés par l'établissement et préalablement payés par le patient au bureau des admissions »362. Ainsi, les professionnels de santé ne peuvent donc exercer à titre libéral qu'en dehors du service public hospitalier. Les seules relations qui peuvent s'établir entre le patient et le médecin relèvent du droit public. Le patient étant usager et le médecin agent du service public.

313. Cependant, on constate que nombre de professionnels de la santé, organisent des activités à titre libéral au sein des établissements privés de santé s'exposant ainsi au délit de détournement de patients tel que défini par la nouvelle loi n° 2024-240 portant exercice de la médecine. 363. Ce serait nul doute l'absence d'un secteur privé formel dans les hôpitaux qui expliquerait le fort taux d'absentéisme du corps médical dans les services publics et leur présence massive dans les cliniques privées dont certains d'entre eux sont propriétaires364.

---

[362] S.G. KABLAN, Le contrat de soins en droit ivoirien, français et suisse, Bâle, Helbing Lichtenhahn Verlag, Commection Neuchâteloise, 2012,p. 31 et suivants.

[363] Article 1er, le sens que donne le législateur ivoirien à des notions telles que : le détournement de patients d'un établissement public ou privé de santé vers un autre établissement public ou privé de santé, détournement organisé par les professionnels de santé eux-mêmes dans un but lucratif, ce que le législateur qualifie de dichotomie. Pratique illégale et marginale qui consiste pour un médecin à reverser une partie des honoraires réclamée à un patient au médecin qui lui a adressé le patient.

[364] Koaci.com – Mercredi 17 Août 2016 –Comme partout dans le pays, le centre hospitalier régional (CHR) de_Gagnoa Rechercher Gagnoa n'échappe à la règle, de l'absence régulière des médecins, préférant plutôt exercer dans les cliniques privées Rechercher cliniques privées pour arrondir les fins du mois.

314. Ainsi, que le dit Yanourga SANOGO, cette loi est salutaire « Pour un équilibre des droits entre praticiens et patients, en vue de permettre une meilleure justiciabilité du droit de la santé et de la pratique médicale en Côte d'Ivoire, une loi s'imposait. Cette loi selon nous devait définir clairement les droits et obligations des différents acteurs de la relation de soin. C'est ce que la nouvelle loi portant exercice de la médecine en Côte d'Ivoire vient de faire mais en ne prenant en compte que le médecin et les établissements de santé. Néanmoins, cette loi apporte de la lumière là où tout était sombre. Elle vient éclaircir de nombreuses zones d'ombre qui fragilisaient le système de santé ivoirien dans son ensemble. A savoir, la mauvaise prise en charge des patients dans certains établissements de santé et le manque de dévouement et de volonté de certains médecins dans l'exécution de la noble mission qui est la leur, celle de sauver des vies »365.

315. Dans ce cadre, ils contractent avec leurs patients des contrats médicaux. Lorsque ces établissements mettent à leur disposition des outils de télémédecine, ces médecins sont responsables de la manipulation qu'ils font de ces outils. Leur responsabilité sera engagée par le patient sans porter atteinte à leur statut de salarié du service public. Il s'agit là de faute commise hors du service et sans aucun lien avec celui-ci. L'établissement public de santé sera hors de cause mais celui du lieu d'exercice libéral du médecin

[365] Y. SANOGO, « L'exercice de la médecine en Côte d'Ivoire : le droit pour plus de justice médicale » ; https://www.village-justice.com/articles/exercice-medecine-cote-ivoire-droit-pour-plus-justice-medicale,50254.html

sera responsable du défaut du matériel mis à disposition366.

Conclusion de la section

316. L'exercice à titre libéral au sein des établissements publics de santé ouvre la possibilité de conclusion d'un contrat médical. Ainsi, le médecin bien qu'étant un agent du service public peut conclure un contrat médical organisé par le droit privé. On assiste de ce fait à une juxtaposition de rapports juridiques. Le patient est un usager du service public en ce qui concerne l'hospitalisation et les soins paramédicaux à l'égard de l'établissement et contractant de droit privé dans sa relation avec le médecin. Si cela est vrai en France, en l'état actuel de la législation ivoirienne, elle n'est pas encore possible en Côte d'Ivoire où les relations au sein de l'établissement public de santé relèvent du droit public.

[366] CAA Paris, 3 avril 1997, « Centre hospitalier de Papeete », n° 96, PA00077. Sur la responsabilité du fait d'autrui en matière médicale, v. notamment : Y. LACHAUX, « Responsabilité des établissements de santé privés du fait de l'activité des médecins libéraux », Médecine et droit 1996, p. 14 ; G.MEMETEAU, « La responsabilité médicale de la clinique privé », RD san. et soc.1997, p. 96 ; H. GROUTEL, « La responsabilité des cliniques », In: Droit de la responsabilité médicale, RCA juillet 1999, p. 27 ; P. SARGOS, « La doctrine jurisprudentielle de la Cour de cassation en matière d'obligation des établissements de santé privés et des personnes y exerçant leur activité », ibid p. 35

Conclusion du chapitre

317. En télémédecine, les relations entre les professionnels de santé du secteur public et leurs patients dépendent du statut de ces derniers et de leur activité. Ainsi, il peut y avoir contrat médical entre médecins et patients alors même qu'il n'existerait aucun contrat de soins entre le patient et l'établissement de santé.

318. Toutefois, il existe des situations où les établissements de santé peuvent autoriser leurs agents publics à organiser des activités à titre libéral. Dans le cadre de ces activités libérales qui ne peuvent pas porter atteinte au fonctionnement normal du service public, les professionnels de santé malgré leur statut d'agents publics peuvent contracter avec leurs patients. Les médecins peuvent tantôt apparaître comme des agents publics tantôt comme des agents privés. Cela peut créer un flou sur la situation des responsabilités. Ces situations contrastent avec celle en Côte d'Ivoire, où les rapports entre le malade et l'hôpital relèvent du droit public, le premier restant usager du service public.

Conclusion du titre2

319. La télémédecine, qui désigne l'utilisation des technologies de l'information et de la communication pour fournir des soins à distance, connaît un développement croissant tant dans les établissements de santé publics que privés aussi bien en France qu'en Côte d'Ivoire.

320. Dans le secteur privé, la télémédecine est souvent utilisée par les cliniques et les cabinets médicaux pour diversifier leurs services, améliorer l'accès aux soins et optimiser la gestion des consultations. Cependant, l'adhésion à la télémédecine peut être plus variable, en fonction de la taille et des ressources des établissements, ainsi que de la demande des patients. Les établissements privés doivent aussi faire face à des questions liées à la sécurité des données et au respect des normes éthiques et juridiques.

321. Dans le secteur public en France, la télémédecine est de plus en plus intégrée dans les soins, particulièrement dans les hôpitaux, afin de répondre aux besoins des patients éloignés géographiquement ou ceux nécessitant une spécialisation non disponible localement. L'État a soutenu cette évolution par la mise en place de dispositifs réglementaires et financiers, tels que le remboursement des actes de télémédecine par l'Assurance Maladie. Cependant, des défis persistent, notamment en termes de financement, de formation des professionnels et d'infrastructures technologiques adaptées.

322. En Côte d'Ivoire par contre, les pouvoirs publics n'ont pas encore réussi à intégrer la télémédecine dans l'offre des soins même si le cadre juridique y est désormais favorable367. Seule une réplique du projet téléECG initié par l'ONG Wake Up Africa et ses partenaires a été réalisée dans la région de l'Agnébi malgré la mise en œuvre du cadre institutionnel et réglementaire368.

---

[367] En effet, un arrêté du 10 mai 2021 portant intégration de la télémédecine au paquet minimum d'activité des établissements sanitaires a été pris à cette fin. L'article 3 de l'arrêté : *le professionnel de santé des établissements de santé de premier contact (ESPC) et des établissements publics hospitaliers (EPH) doit avoir épuisé les possibilités de recours à la télémédecine avant toute référence physique du patient.*

[368] Un premier arrêté publié le 10 mai 2021 porte création du plan national de télémédecine (PNT). C'est une étape importante après près de 3 années

323. En substance, bien que la télémédecine soit en pleine expansion et contribue à améliorer l'accès aux soins, son intégration reste marquée par des disparités entre les établissements publics et privés, avec des obstacles à surmonter, notamment en matière de financement, de régulation, et d'acceptation par les professionnels de santé et les patients.

---

de construction de ce PNT. Il est aujourd'hui officiellement validé par le gouvernement ivoirien.

Un deuxième arrêté publié le même jour porte intégration de la télémédecine dans le paquet minimum d'activité des établissements sanitaires publics. C'est également une étape essentielle. L'arrêté demande à tous les établissements sanitaires publics de la Côte d'Ivoire d'intégrer dans leur activité et leur financement les pratiques de télémédecine. Précision importante donnée à l'article 3 de l'arrêté : *le professionnel de santé des établissements de santé de premier contact (ESPC) et des établissements publics hospitaliers (EPH) doit avoir épuisé les possibilités de recours à la télémédecine avant toute référence physique du patient.* Autrement dit, avant le transfert d'un patient vers un Etablissement sanitaire hospitalier départemental (ESHD) ou régional (ESHR), le professionnel devra avoir utilisé la téléconsultation ou la téléexpertise vers l'établissement requis avant de confirmer le transfert du patient.

Un troisième arrêté également publié le 10 mai 2021 précise les modalités de demande de création d'un service de télémédecine dans un établissement sanitaire public ou privé. L'article 3 précise les éléments du dossier qui doit être présenté à l'approbation du ministre ivoirien en charge de la santé. On y voit en particulier la description du service de télémédecine et des moyens informatiques qui y sont alloués, ainsi que la liste des professionnels qui exerceront les pratiques de télémédecine.

Conclusion de la partie 1

324. L'étude du cadre juridique d'organisation de la télémédecine à partir des pratiques médicales permet de constater dans ces deux pays que la télémédecine est considérée comme un acte médical à part entière dont la licéité dépend des conditions d'exercice de la médecine en général. Ainsi, on constate de prime abord, que dans le cadre d'exercice libéral, le médecin requérant est dans une relation contractuelle avec le patient. Les deux parties concluent un contrat médical. Et la télémédecine ne remet pas en cause les conditions générales de formation et de validité du contrat. Le contrat médical se présente alors comme un contrat d'entreprise.

325. Par contre le professionnel de santé privé requis ne contracte pas avec le patient lorsqu'il intervient dans le cadre de la télémédecine. Il ne peut être responsable que délictuellement sur le fondement des articles 1382 et 1383 du code civil en Côte d'Ivoire et des articles 1240 et 1241 de l'ordonnance sur la réforme du droit des obligations en France.

326. Mais lorsque le médecin est salarié d'un établissement privé de santé qui met à sa disposition les outils de télémédecine, il n'a pas de relation directe avec le patient. Il n'y a donc pas de contrat médical entre le patient et le médecin. C'est plutôt l'établissement de santé qui s'engage avec le patient à travers le contrat de soins. Ce contrat encadre l'activité du médecin salarié. Ainsi, en cas de préjudice subi par le patient, c'est la responsabilité de la clinique qui sera engagée soit sur le fondement de la responsabilité contractuelle du fait d'autrui, soit du fait des choses.

327. De même, lorsque le médecin requérant est agent du service public, il ne conclut pas de contrat médical avec le patient, sauf le cas d'exercice à titre libéral autorisé par l'établissement public de santé. L'établissement de santé non plus ne contracte avec le patient qui se trouve dans la situation d'usager du service public hospitalier. L'administration répondra de la faute de ses agents à moins qu'il ne s'agisse de faute grave ou de faute détachable du service.

328. Mais quand le médecin exerce à titre libéral au sein de l'établissement hospitalier, il contracte avec le patient et est directement engagé. L'hôpital ne sera engagé que pour les hospitalisations et actes paramédicaux. La responsabilité de l'administration sera engagée en France devant le juge administratif. Mais compte tenu du système d'unicité de juridiction en Côte d'Ivoire, la responsabilité de l'administration sera engagée devant le juge judiciaire qui connaît du plein contentieux. L'étude du cadre juridique d'organisation de la télémédecine passe également par l'encadrement juridique de la relation professionnelle de santé.

Deuxième partie. – Encadrement juridique de la relation professionnelle de santé

329. L'encadrement juridique de la relation professionnelle de santé permet d'envisager les formes de collaborations possibles entre établissements de santé. Lorsque cette collaboration existe elle peut constituer un cadre d'expression de la télémédecine. Certaines formes de collaborations peuvent permettre aux entités de conserver leur autonomie alors que d'autres non[369]. Lorsque la collaboration préserve l'autonomie de chacune des entités engagées, elle est dite « fonctionnelle » car elle ne donne pas lieu à la création d'une personne morale spécifique.

330. C'est par exemple le cas des réseaux de soins, de fédérations inter-hospitalières en France. Par contre, lorsque la collaboration conduit à la création d'une personne morale propre, elle est dite « institutionnelle ». Il s'agit notamment, des syndicats inter-hospitaliers ou groupements d'intérêt économique. Ces formes d'organisations quoique servant de cadre opérationnel à la pratique de la télémédecine ne semblent pas adaptées à la gestion des rapports juridiques entre médecins participants à l'activité de télémédecine, parce que dépourvues de toute mission de soins. Elles permettent seulement de mettre en place un cadre théorique à la pratique de la télémédecine.

---

[369] Distinction entre la coopération libre et la coopération sous contrainte utilisée par Bernard BONNICI, Lamy Droit de la santé, étude 215, op. Cit.

331. Dès lors, les rapports professionnels dans la pratique de la télémédecine seront organisés par des contrats entre participants. On envisagera ainsi, successivement les rapports conventionnels en télémédecine (Titre 1) et les rapports de coopérations en télémédecine (Titre 2).

TITRE 1. – Les rapports conventionnels en télémédecine.

Sans révolutionner le cadre juridique entre le patient et le médecin requérant, la télémédecine semble créer un lien nouveau entre le médecin requérant exerçant à titre libéral et le médecin requis chargé d'effectuer l'acte de télémédecine. Cette relation qui gouverne l'acte de soins nécessite une formalisation des garanties et des actes à travers une convention dite de télémédecine.

Cette convention se justifie tant au regard des règles déontologiques que de celles régulant la télémédecine. Elle a donc pour objet d'organiser les relations entre professionnels et les conditions de mise en œuvre de l'acte de télémédecine par ceux-ci. On envisagera ainsi, successivement les conventions entre médecins libéraux (Chapitre1), et celles entre les établissements privés de santé (Chapitre2).

CHAPITRE 1. Convention entre médecins libéraux

332. La convention de télémédecine présente des liens étroits avec le contrat médical. Sa qualification (Section 1) permettra d'en dégager les effets (Section 2).

Section 1. Qualification juridique de la convention de télémédecine

333. La convention de télémédecine est généralement conclue en marge et à la suite du contrat médical ou de l'obligation de soins, ce qui peut en faire un sous contrat

(§1)[370]. La nature des activités permet de dire qu'il s'agit d'un contrat de sous-traitance (§2).

§ 1. Convention de télémédecine, un sous contrat ?

334. En France, la convention de télémédecine se forme entre le médecin requis et le médecin requérant en vue de la réalisation par le premier de la relation de soin existant entre le dernier et le patient. On peut se demander la nature réelle de cette convention. S'agit-il d'un contrat médical ou d'un contrat de travail ?

335. La convention de télémédecine est un contrat conclu entre professionnels de santé. Il vise à faire exécuter un acte médical par un professionnel de santé. Mais il ne semble pas être un contrat médical. Cela s'explique par le fait que le contrat médical ne peut se concevoir que dans la relation entre un médecin et un patient. Ce qui ne correspond pas à la convention de télémédecine qui se forme entre professionnels de santé. C'est donc un rapprochement des médecins requérant et requis par voie de contrat.

336. C'est à juste titre que Pierre SIMON soutient que : « le plan national ivoirien de télémédecine (PNT) a pour ambition d'instaurer une culture de communication entre les professionnels de santé exerçant dans les différents niveaux de la pyramide sanitaire. Il est désormais demandé aux professionnels de santé exerçant dans les ESPC et les EPH d'utiliser les pratiques de

---

[370] J. NERET, « Le sous contrat est une convention ayant pour objet l'exécution d'une convention par une autre personne qu'une partie au contrat initial », préface de Pierre CATALA, LGDJ 1979.

télémédecine avant de transférer un patient dans un établissement sanitaire de niveau supérieur »371.

337. A travers ce rapprochement le médecin requis apporte son expertise au requérant afin de lui permettre d'exécuter son contrat médical ou son obligation de soins à l'égard de son patient. La convention de télémédecine n'est donc pas un contrat médical. Mais suggère-t-elle l'existence d'un contrat de travail entre professionnels ? Tout comme le médecin requérant, le médecin requis est indépendant professionnellement. Il n'intervient que ponctuellement à l'occasion de la convention de télémédecine. Sa prestation est personnelle et occasionnelle.

338. On n'envisageait donc pas la possibilité de lien de subordination entre professionnels à cette occasion. Car la subordination contrastait avec l'indépendance professionnelle entre médecins. De plus le caractère occasionnel de leur collaboration contrastait avec le caractère successif de l'exécution du contrat de travail. On s'appuyait alors sur l'article 87 du Code de déontologie médicale pour interdire l'emploi d'un médecin par un autre médecin372. Mais depuis, le décret n° 2006-1585 du 13 décembre 2006, il est admis la possibilité pour un médecin d'être salarié d'un autre médecin supprimant ainsi l'alinéa premier de l'article 87 du code de déontologie médicale373.

---

[371] Pierre SIMON, Le plan national de télémédecine ivoirien va débuter en 2022 ; https://telemedaction.org/439245281/450959438

[372] Article 87 du code de déontologie médicale, France, « Il est interdit à un médecin d'employer pour son compte, dans l'exercice de sa profession, un autre médecin ou un étudiant en médecine ».

[373] Article R. 4127-87 du Code de déontologie médicale « Le médecin peut s'attacher le concours d'un médecin collaborateur libéral, dans les conditions prévues par l'article 18 de la loi n° 2005-882 du 2 août 2005 en

339. Toutefois, ce contrat de travail a une particularité. Il doit être conclu entre professionnels de santé de la même discipline car le médecin salarié intervient dans la prise en charge de la même clientèle et bien souvent en remplacement du médecin employeur374. Or dans la convention de télémédecine, le médecin requis n'exécute pas la même prestation que le médecin requérant, ce qui implique qu'ils ne soient pas de la même spécialité médicale. Il ne nous semble donc pas possible d'envisager un contrat salarié entre médecins dans le cadre de la télémédecine. En conséquence, la convention de télémédecine n'est pas un sous contrat.

340. En Côte d'Ivoire, aucune disposition expresse n'interdit l'emploi d'un médecin par un autre. Mais l'analyse combinée des articles 9 et 57 du Code de déontologie médicale permet de convenir de cette interdiction. Le premier de ces textes, dispose que « le médecin ne peut aliéner son indépendance professionnelle de quelque forme que ce soit », quand le second, en son alinéa premier précise que « les médecins doivent entretenir entre eux des rapports de bonne confraternité ».

341. Car on comprendrait mal qu'un médecin salarié d'un autre médecin puisse entretenir avec ce dernier un rapport de confraternité, leur rapport étant commandé par le lien de subordination existant entre un employé et son

---

faveur des petites et moyennes entreprises. Chacun d'entre eux exerce son activité en toute indépendance, sans lien de subordination, et dans le respect des règles de la profession, notamment le libre choix du médecin par les patients et l'interdiction du compérage ».

374 http://ordmed31.org/infos-juridiques-21/collaborateur-liberal/article/un-medecin-collaborateur-peut-il.

employeur. On en déduit alors que le devoir de confraternité fait obstacle à ce qu'un médecin puisse être employé d'un autre médecin375. Dès lors la convention de télémédecine est un sous contrat qui s'appréhende comme un contrat de sous-traitance.

§ 2. Contrat de sous-traitance

342. La convention de télémédecine organise la prestation de service du médecin requis. Elle est soumise à des conditions de validité (A), assorties de l'agrément du requis par le patient (B).

A. les conditions de validité

343. En plus des conditions essentielles pour la validité des conventions prescrites par l'article 1108 du Code Civil pour la Côte d'Ivoire et 1128 du Code Civil pour la France (consentement, capacité, objet certain et cause licite), la convention de télémédecine met en œuvre les règles de la sous-traitance. En effet, la télémédecine est une activité tripartite qui s'organise autour du contrat médical ou de l'obligation de soin.

344. Ainsi, la convention de télémédecine est conclue en vue de l'exécution d'une prestation de service, ce qui en fait un contrat d'entreprise comme déjà exposé. Ce contrat d'entreprise ou de sous-traitance suppose l'existence d'une obligation principale. La première condition est donc l'existence d'un contrat ou obligation originaire. Le recours au contrat de sous-traitance doit donc être compatible à l'obligation originaire souscrite entre le médecin requérant

[375] Dans le même sens, l'article 35 de la loi N°2024-240 du 24 avril 2024 portant exercice de la médecine est personnellement responsable de sa pratique.

et son patient compte tenu de l'intuitu personae qui le caractérise376.

345. Lorsque la volonté des parties à l'obligation principale n'y fait pas obstacle, le médecin requérant peut se faire substituer totalement ou partiellement par le requis dans l'exécution de ses prestations de service. De façon générale, les contrats d'entreprise médicale ne semblent pas exclure cette substitution de prestataire. Dans ce cas l'obligation originaire transfère sa nature au contrat de sous-traitance377. Toutefois, la substitution de personne peut être formellement écartée par une disposition contractuelle.

346. La deuxième condition est relative à la conclusion d'un contrat de sous-traitance après le contrat ou l'obligation originaire. Tout comme le contrat originaire, le sous contrat ou le contrat de sous-traitance doit être exempt des vices du consentement, non contraire aux bonnes mœurs et à l'ordre public. Mais sa naissance doit être postérieure au contrat initial auquel il se rattache.

---

[376] Cass. Civ.,1ère, 10 sept. 2015, n° 14-17.772, dans cet arrêt la première chambre civile approuve la Cour d'appel pour avoir retenu l'existence d'une indivisibilité contractuelle après avoir constaté « *d'une part, que le contrat de crédit était l'accessoire du contrat de vente auquel il était subordonné, d'autre part, que l'emprunteur avait attesté de l'exécution du contrat principal afin d'obtenir la libération des fonds par le prêteur, lequel avait mis ceux-ci à la disposition du vendeur*» ; *https://aurelienbamde.com/2017/07/29/groupes-de-contrats-le-regime-juridique-des-ensembles-contractuels-indivisibilite-et-interdependance/.*

[377] J. NERET, op cit, « En principe le contrat originaire communique au sous contrat sa nature juridique. (...) parce que le contrat originaire lui fournit son objet, la convention en second rang présente en principe la même nature juridique que lui (...) Un sous contrat se qualifie d'après les obligations principales qu'y assument les parties ».

Faute de quoi il y aurait absence de cause car celle du sous contrat réside dans l'exécution du premier. Il doit y avoir l'existence d'un lien entre les deux contrats.

347. Quoi qu'autonomes, les deux obligations doivent être en rapport ou avoir un lien direct. Ils doivent répondre à la même logique. Ainsi, les conditions portant sur la spécificité du service, sa durée et sur les droits des patients doivent se retrouver dans les deux obligations. Contrairement à ce qui précède, le contrat de télémédecine ne semble plus être un sous-contrat en France. Il se présente comme un contrat autonome de prestation de service de télémédecine.

348. Le contrat de prestation de services est un contrat ou une convention par lequel un prestataire s'engage contre rémunération à fournir un service à un client qui peut être soit une entreprise, soit un particulier. Le contrat de prestation de service est donc conclu à titre onéreux et engage les deux parties (le prestataire et le client) l'une envers l'autre en créant de fait des droits et des obligations. Le contrat de prestation de services est défini à l'article 1710 du Code civil sous le titre de « louage d'ouvrage »[378]. Il se définit comme un contrat entre un prestataire de services et un client qui peut être soit une entreprise soit un particulier indépendant l'un de l'autre. Le prestataire et le client ne sont donc pas liés par un contrat de travail puis qu'il n'existe aucun lien de subordination.

349. Toutefois, l'obligation du prestataire qui est de moyen doit présenter un lien avec l'obligation principale. Ainsi, l'obligation du médecin requis doit présenter un lien

---

[378] Cass. civ., 13 juillet 1937, Gaz. Pal., 1937, 2, p. 384.

avec l'obligation du médecin requérant à l'égard de son patient. Le médecin requis n'a aucun lien direct avec le patient. C'est donc au médecin requérant qu'incombe l'obligation de rémunérer le prestataire même s'il a toujours besoin du consentement du patient pour se substituer un autre médecin.

350. Dans le cadre de son obligation légale de soins le médecin requérant doit alors recueillir l'agrément de son patient. Car les actes de télémédecine sont réalisés avec le consentement libre et éclairé de la personne, en application notamment des dispositions des articles L. 1111-2 et L. 1111-4 du code de la santé publique379.

351. Dans tous les cas, le médecin requérant ne peut imposer un autre médecin au patient. Et bien souvent avant la conclusion du sous contrat avec le médecin requis, le médecin requérant demande toujours l'accord du patient à l'acte de télémédecine.

352. Cette analyse reste pertinente dans le contexte ivoirien et ne nécessite pas davantage de développement. De même, le patient doit toujours être informé et consentir à la mise en œuvre de l'acte de télémédecine.

B. Agrément du médecin requis par le patient

353. En cas de recours à la télémédecine, le patient doit toujours donner son accord à l'acte mais également il doit accepter la personne qui va exécuter l'acte. Cet agrément est une condition essentielle au contrat de sous-traitance lorsque l'intuitu personae y est fortement caractérisé. Car

[379] Article R. 6316-2 du décret no 2010-1229 du 19 octobre 2010 relatif à la télémédecine.

en France, le principe du libre choix du médecin par le patient, est un principe fondamental, rappelé par la loi du 4 mars 2002 relative au droit des malades et à la qualité du système de santé.

354. La codification de ce principe dans le Code de la santé publique prescrit que « Le droit du malade au libre choix de son praticien et de son établissement de santé est un principe fondamental de la législation sanitaire »380. Il est donc établi que, de principe, le malade choisit librement son médecin en vue de sa prise en charge381. L'agrément se fera ainsi sur la base des informations reçues par le patient du médecin requérant sur les noms, spécialités, qualités, compétences du requis.

355. De même le principe d'agrément du médecin par le patient est posé par l'article 8 du Code de déontologie médicale382. Il en résulte que c'est le patient qui choisira toujours le médecin. Mais cette liberté du patient se trouve limitée en pratique en situation d'urgence médicale ou lorsqu'il est inconscient. Si le patient refuse d'agréer le médecin requis, alors le médecin requérant, sauf à convenir avec le patient d'un autre médecin, pourra sans dénoncer la relation de soins s'il estime que cette situation le met dans l'impossibilité de remplir loyalement ses obligations.

---

380 Article L. 1110-8 du code de la santé publique.

381 E. GUILBAUD, Application du principe de libre choix du praticien ; en ce sens décision du 28 janvier 2016, la Cour d'appel de Colmar fait application du principe de libre choix du praticien par le patient, principe essentiel de la relation de soin et fondement de la législation sanitaire ; https://www.lepetitjuriste.fr/application-principe- de-libre-choix-praticien/#_ftn2.

382 Article 8, code de déontologie médicale (Côte d'Ivoire) sur le libre choix du médecin par le patient.

356. Il pourra ainsi, mettre fin à l'obligation de soins sans préjudice pour le patient selon les dispositions du Code de la santé publique. De même le patient peut prendre l'initiative de la rupture du lien contractuel en refusant l'agrément. Cette rupture ne peut naître que de la volonté des parties. Cependant, le médecin ne peut en aucun cas refuser de soigner un patient sans prendre les dispositions nécessaires à la continuité des soins. Notamment, lorsque le médecin se dégage de sa mission de soins pour des raisons professionnelles ou personnelles, il doit indiquer à ses patients le confrère auquel ils pourront s'adresser en son absence.

357. Ainsi, en France selon l'article 48 du code de déontologie, « sauf sur ordre formel donné par une autorité qualifiée par la loi » le médecin ne doit pas mettre en danger la santé du malade. On en déduit que le désistement du médecin ne doit pas nuire à la santé du patient. Il devra alors prendre les dispositions adaptées pour assurer la continuité des soins[383]. Enfin, le désistement ne doit présenter aucun caractère discriminatoire pour le patient[384].

358. Dans le même sens en Côte d'Ivoire, également, en cas de recours à la télémédecine, le patient doit toujours donner son accord à l'acte mais également il doit accepter la personne qui va exécuter l'acte[385]. Cet agrément est une condition essentielle au contrat de sous-traitance lorsque l'intuitu personae y est fortement caractérisé. A défaut d'agrément les parties au contrat médical peuvent librement mettre fin à leur relation.

---

[383] Article L. 6315-1 du Code de la Santé publique.

[384] Article L1110-3 du Code de la santé publique.

[385] Article 16 du décret n° 2018-361 du 29 mars 2018 portant réglementation de la télémédecine en Côte d'ivoire.

359. Quant à la résolution unilatérale du contrat médical, le Professeur MEMETEAU soutient qu'elle peut intervenir à tout moment386. Le code de déontologie médicale précise en son article 35 que « le médecin doit en se déchargeant de sa mission, préserver l'intérêt du malade en lui garantissant la continuité des soins, notamment, en lui fournissant les renseignements utiles ».

360. Ainsi, l'impossibilité pour le médecin de traiter son patient par le refus de celui de l'acte de télémédecine ou d'un médecin requis ne doit pas avoir pour effet de le mettre en danger. Le médecin requérant pourra toujours proposer un autre médecin et prendre toutes les dispositions que nécessite l'état de santé de son patient pour lui garantir la continuité des soins387.

---

[386] G. MEMETEAU, « Le contrat médical », Dictionnaire permanent de bioéthique et de biotechnologie, n° 75 et suivants.

[387] Voir par exemple : R. NERSON, « Le respect par le médecin de la volonté du malade », in Mélanges Marty, Université des sciences socialcs de Toulouse, 1978, p. 870 ; A. GARAY, P. GONI, « la valeur juridique de l'attestation de refus de transfusion sanguine », LPA, 13 août 1993, n° 97,p. 15 : le « particularisme de la pratique médicale oblige à distinguer l'accord de la volonté initiale, indispensable à la conclusion du contrat - qui se manifeste par la volonté délibérée de se soigner en consultant le praticien - du consentement, postérieur au diagnostic, l'intervention chirurgicale. Le passage à l'acte chirurgical suppose, outre le consentement préalable à vouloir se faire soigner, l'assentiment à l'intervention » ; X. Pin, Le consentement en matière pénale, LGDJ, 2002, n°250 : « le contrat médical constitue seulement le cadre à l'intérieur duquel le consentement permissif est une permission de chaque instant. L'individu qui accepte un contrat (de soin, de transfusion, de prélèvement, de recherche, n'aliène pas son droit à l'intégrité corporelle. Il n'autorise pas toute atteinte future mais il détermine, grâce au contrat, les conditions de l'intervention ».

Conclusion de la section

361. L'étude de cette section nous permet de retenir que dans les deux pays, la convention de télémédecine est possible entre médecins privés. Elle apparaît comme un contrat de prestation de service qui n'est ni un contrat médical ni un contrat de travail, mais un contrat de sous-traitance ou d'entreprise médicale dont la régularité dépend de l'existence d'un contrat originaire ou d'une obligation de soin initiale entre le médecin requérant et son patient.

362. Les deux obligations doivent avoir un lien étroit. Toutefois, il est acquis que le patient doit toujours consentir à l'acte de télémédecine et agréer le médecin requis, sauf cas d'extrême urgence médicale ou impossibilité. Ainsi, lorsque la convention de télémédecine est valablement conclue, elle peut produire des effets.

Section 2. Effets de la convention de télémédecine

363. Comme toute convention, la convention de télémédecine produit des effets de droit. Les effets de la convention de télémédecine sont à apprécier au regard des signataires (§1) puis dans la relation entre patient et signataires (§2).

§ 1. Entre signataires (requérant et requis)

364. Les signataires de la convention de télémédecine sont le médecin requérant et le médecin requis. Le médecin requérant en sa qualité d'initiateur du projet a le statut d'entrepreneur. Alors que le médecin requis a la qualité de substitut ou sous-traitant. Leurs rapports sont organisés par les termes de leur convention. La convention devra organiser les procédures qui permettront de garantir la qualité de l'acte de télémédecine.

365. De même, les parties pourront prévoir les méthodes pour choisir les informations pertinentes à partager, fixer le niveau de qualité attendu en considération ou non des normes techniques en la matière. Elles devront également s'accorder sur la nature de leur communication, la célérité attendue de la réponse, sur la sécurité des informations assurée par le bon fonctionnement du réseau ainsi que les protections adéquates. Les parties pourront aussi s'entendre sur la préconstitution de la preuve de l'acte de télémédecine. Les informations transmises dans le cadre de la télémédecine étant en effet, immatérielles, il faudra les enregistrer pour en garder traces.

366. Chacune des parties enregistrera de son côté les informations transmises et les réponses données. Enfin, la convention organisera les modalités de rémunération de l'acte de télémédecine. Depuis 1991, les Etats Unis ont reconnu et prescrit la rémunération des actes de télémédecine388. En France, c'est le cahier de charges de l'article 36 de la loi sur le financement de la sécurité sociale, qui prescrit le financement, mieux fixe la tarification préfiguratrice des actes de télémédecine389.

---

[388] Les actes médicaux à distance sont reconnus à la nomenclature des assureurs fédéraux.

[389] Arrêté du 28 avril 2016 portant cahier des charges des expérimentations relatives à la prise en charge par téléconsultation ou télé-expertise mises

367. Quoiqu'à l'étape d'expérimentation dans les neuf régions du projet la tarification favorisera le développement de la télémédecine car le travail du médecin requis correspond à un travail effectif qui mérite d'être rémunéré390. Aujourd'hui, « La téléconsultation, qui fait l'objet d'un remboursement de l'Assurance maladie depuis 2018, peut être cotée par tout médecin correspondant dans le cadre de la coordination des soins. Si la cotation de la téléconsultation est spécifique, sa rémunération est équivalente aux actes réalisés en présentiel et limités aux actes de référence NGAP ainsi qu'à leurs majorations usuelles. La crise sanitaire liée au Covid ayant fait exploser cet usage, comment coter les différents types de téléconsultations »391?

368. De même, les outils de télémédecine constituent des investissements lourds qu'il faut également rentabiliser392.

---

en œuvre sur le fondement de l'article 36 de la loi no 2013-1203 de financement de la sécurité sociale pour 2014.

[390] 9 régions ont été sélectionnées par arrêté en date du 10 juin 2014 : Alsace, Basse-Normandie, Bourgogne, Centre, Haute-Normandie, Languedoc-Roussillon, Martinique, Pays-de-Loire et Picardie.

[391] https://info.doctolib.fr/blog/cotation-teleconsultation/#:~:text=le%20code%20TCG%20pour%20les,de%20la%20majoration%20conventionnelle%20MSF.

[392] Il est nécessaire d'investir dans un équipement informatique qui comprend au minimum un ordinateur, une caméra numérique, des dispositifs de numérisation et des périphériques divers et très élaborés. Il faut ensuite équiper ce matériel de logiciels de transmission, gestion et traitement d'images. Il faut également un abonnement en réseau de communication et investir dans des dispositifs de sécurité informatique performants. Il faudra aussi pouvoir stocker les données. Enfin, il faudra conclure un contrat de maintenance avec des professionnels pour assurer la bonne marche et la performance du dispositif.

369. Le cadre juridique de la télémédecine est certes en cours d'élaboration en Côte d'Ivoire, mais tout prête à croire que le législateur ivoirien suivra une fois de plus le modèle français si celui-ci atteint la phase extension393. Aujourd'hui, ce cadre juridique a été renforcé par la loi sur la réforme hospitalière et plusieurs arrêtés394. De plus, le

---

[393] L'expert consultant chargé de l'élaboration du projet de cadre juridique au déploiement de la télémédecine étant le past-président de la SFT-ANTEL, il est fort possible qu'on inspire des réussites en France.

[394] Après la publication le 28 mars 2018 du décret de télémédecine, dont une grande partie s'inspire du décret français, les juristes du ministère ivoirien de la santé ont écrit plusieurs arrêtés qui ont été publiés en mai 2021.

Un premier arrêté publié le 10 mai 2021 porte création du plan national de télémédecine (PNT). C'est une étape importante après près de 3 années de construction de ce PNT. Il est aujourd'hui officiellement validé par le gouvernement ivoirien.

Un deuxième arrêté publié le même jour porte intégration de la télémédecine dans le paquet minimum d'activité des établissements sanitaires publics. C'est également une étape essentielle. L'arrêté demande à tous les établissements sanitaires publics de la Côte d'Ivoire d'intégrer dans leur activité et leur financement les pratiques de télémédecine. Précision importante donnée à l'article 3 de l'arrêté : *le professionnel de santé des établissements de santé de premier contact (ESPC) et des établissements publics hospitaliers (EPH) doit avoir épuisé les possibilités de recours à la télémédecine avant toute référence physique du patient.* Autrement dit, avant le transfert d'un patient vers un Etablissement sanitaire hospitalier départemental (ESHD) ou régional (ESHR), le professionnel devra avoir utilisé la téléconsultation ou la téléexpertise vers l'établissement requis avant de confirmer le transfert du patient.

Un troisième arrêté également publié le 10 mai 2021 précise les modalités de demande de création d'un service de télémédecine dans un établissement sanitaire public ou privé. L'article 3 précise les éléments du dossier qui doit être présenté à l'approbation du ministre ivoirien en charge de la santé. On y voit en particulier la description du service de télémédecine et des moyens informatiques qui y sont alloués, ainsi que la liste des professionnels qui exerceront les pratiques de télémédecine. https://telemedaction.org/439245281/450959438

projet de télémédecine le plus abouti, actuellement mis en œuvre par l'ONG Wake Up Africa et ses partenaires offre de constater que si les acteurs ne sont pas rémunérés, ils ne semblent pas intéressés par les solutions proposées quand bien même cela pourrait améliorer leur pratique395.

370. Le projet de « télé-ECG » offre déjà un modèle économique équilibré qui assure de ce fait sa pérennité396. Au-delà, les mêmes raisons évoquées en France devraient être suffisantes pour justifier une tarification des actes de télémédecine. Dans le secteur public de la santé, les coûts de fonctionnement des activités de télémédecine sont pris en compte dans la dotation financière annuelle allouée aux établissements sanitaires publics. Les actes de télémédecine sont alors rémunérés sur la base de la tarification en vigueur397. Dans les relations entre personnes privées, le médecin requérant et le médecin qui interviennent à l'occasion d'un acte de télémédecine peuvent librement déterminer leurs honoraires et les modalités de leur rémunération dans un contrat afin d'éviter les complications ultérieures.

Un quatrième arrêté, en cours de traitement, précisera la clé de répartition du coût des actes de télémédecine

[395] Le projet Télé-ECG mis en œuvre par l'ONG Wake Up Africa, le Réseau Afrique Francophone de Télémédecine, la Société Ivoirienne de Biosciences et d'Informatique médicale et des établissements publics ou privés de santé.

[396] F. DIBY et al., « Étude de l'impact socio-économique d'un projet de télémédecine en Côte d'Ivoire : télé-expertise en cardiologie pour l'interprétation des électrocardiogrammes (ECG) – résultats préliminaires », *European research in telemedicine (2015) 4,130.*

[397] Article 19 du décret n° 2018-361 du 29 mars 2018 portant réglementation de la télémédecine en Côte d'ivoire.

371. Dans tous les cas, aussi bien en France qu'en Côte d'Ivoire, les différends résultant du rapport entre médecin requérant et médecin requis libéraux sont d'ordres contractuels. Ainsi, ils pourront engager leur responsabilité l'un à l'égard de l'autre pour inexécution d'une obligation contractuelle. Pour ce faire, les parties devront déterminer les règles de responsabilité et de partage de responsabilités dans leur contrat. De façon pratique leurs responsabilités seront en relation avec les actes réalisés par chacun d'eux. Ainsi, la convention de télémédecine entraînera une différence de situations entre le médecin requérant et le patient tout comme dans la relation du médecin requis à ce dernier.

§ 2. Patient avec les signataires

372. Les conséquences de la convention de télémédecine sont différentes selon qu'il s'agisse de relation entre patient et médecin requérant (A) ou patient médecin requis (B).

A. Patient avec le requérant

373. En France, le médecin requérant n'est plus lié au patient par le contrat médical. Leur rapport est désormais d'ordre légal. Le patient en sa qualité de maître de l'ouvrage peut engager la responsabilité du médecin requérant entrepreneur. Cette responsabilité est également d'ordre délictuel. Le patient devra engager la responsabilité légale pour faute du médecin requérant. S'agissant d'une responsabilité pour faute prouvée, le patient doit rapporter la preuve de la faute du médecin requérant, son propre préjudice et le lien de causalité au sens de l'article 1242 du Code civil.

374. En Côte d'Ivoire, le médecin requérant est lié à son patient par un contrat médical. Le droit du patient se trouve fondé par le contrat médical, base du contrat de télémédecine. Dès lors, il pourra invoquer l'inexécution ou la faute dans l'exécution de l'obligation contractuelle contre le médecin requérant. Ainsi, le médecin requérant répond de l'inexécution ou de la mauvaise exécution du contrat médical mais également de l'inexécution ou de la mauvaise exécution de la convention de télémédecine vis-à-vis du patient.

B. Patient avec le requis

375. On constate en France, que le patient ne conclut pas directement de contrat avec le médecin requis. En effet, la loi du 4 mars 2002 substitue au contrat médical pouvant exister entre le médecin et son patient une obligation légale de soins. Toutefois, en vertu de la convention de télémédecine, le médecin requis peut agir sur la santé du patient soit par des actes réalisés directement sur le patient à distance, soit par des orientations thérapeutiques qu'il donne au médecin requérant.

376. Malgré cela, le patient n'a aucune action contractuelle contre le requis398. En revanche s'il veut agir contre lui, ce sera à travers une action délictuelle. Mais cette action est assez hypothétique pour lui, car il devra prouver la faute du médecin requis, son propre préjudice et le lien de causalité entre le préjudice dont il se plaint et la faute du médecin requis.

377. En Côte d'Ivoire, le même constat conduit à la même solution qu'en France. On retient alors que le patient

---

[398] Article L1142-1 du Code de la santé publique.

n'entretient aucun rapport contractuel avec le médecin distant. Son action ne peut légitimement être portée que vers le médecin requérant avec qui, il est en contact direct.

Conclusion de la section

378. On réalise ainsi que le constat est le même tant en France qu'en Côte d'Ivoire. Les parties à la convention de télémédecine engagent leur responsabilité contractuelle. Ils se présentent dans la même situation que le médecin requérant vis-à-vis du patient. Dans le rapport entre médecin requis et patient, il n'y a pas de contrat. La responsabilité ne peut être fondée que sur la relation délictuelle sauf à admettre l'éventualité d'un contrat.

Conclusion du chapitre 1

379. La pratique de la télémédecine entre le médecin requérant et le médecin requis devrait s'organiser autour d'un contrat de sous-traitance. Leur statut de médecin privé milite fortement en cette faveur. Ce contrat sans remettre en cause le contrat médical conclu entre le médecin requérant et le patient présente avec lui des liens qui facilitent sa mise en œuvre. Par l'effet de ce contrat, le médecin requis est dans une relation contractuelle avec le médecin requérant qui l'est également vis-à-vis du patient.

380. N'étant pas directement lié au patient, le médecin requis ne peut voir sa responsabilité engagée vis-à-vis de ce dernier que sur le plan délictuel. Toutefois, il reste possible que le patient et le médecin requis se lient par contrat. Dans cette éventualité, leur relation ainsi que la responsabilité qui en découle seront de nature contractuelle. Ces règles s'appliquent aussi bien en France qu'en Côte d'Ivoire.

CHAPITRE 2. Convention entre établissements privés

381. En France comme en Côte d'Ivoire, la convention de télémédecine peut être conclue par deux établissements privés de santé afin de permettre à leurs préposés, médecins salariés de réaliser pleinement le contrat ou l'obligation légale de soins à l'égard du patient. Cette convention présente la même nature juridique (Section 1) et les mêmes effets (Section 2) que lorsqu'elle est conclue par des médecins libéraux. On ne procédera pas à une étude séparée.

Section 1. Nature juridique du contrat

382. La nature juridique du contrat entre établissements est identique à celle du contrat entre médecins libéraux même si les parties y sont différentes (§1). Le contrat est également soumis aux mêmes conditions de validité (§2).

§ 1. Même type de contrat mais différence de parties

383. Il s'agit du même type de contrat. Mais les parties y sont différentes. Ici, ce ne sont pas les professionnels de santé qui contractent entre eux pour la mise en œuvre d'une convention de télémédecine. Mais les établissements dont ils sont des salariés. Il n'y a donc pas de difficulté lorsque les médecins requérant et requis sont tous deux salariés de leurs établissements de santé. Ce sont ces derniers qui concluent le contrat de soins avec le patient ainsi que le contrat de télémédecine.

384. Ainsi, le médecin (requérant ou requis) qui veut organiser une activité de télémédecine devra toujours demander à son employeur (établissement de santé) de conclure le contrat de télémédecine. Dans la pratique, l'employeur donnera mandat au médecin de contracter en son nom. La convention de télémédecine aura pour objet d'encadrer et organiser l'activité de télémédecine au sein de l'établissement de santé promoteur.

385. Elle précisera par exemple les conditions de mise à disposition du dispositif de télémédecine, les garanties offertes à chaque partie ou l'étendue des responsabilités. Les médecins pourront obtenir chacun un mandat pour organiser l'activité de télémédecine. Il pourrait arriver que les établissements profitent de cette situation pour se lier dans un accord de principe ou cadre. Cet accord situera le cadre d'une activité de télémédecine entre salariés.

386. Ainsi, l'accord-cadre entre établissements servira de base de référence à tout accord subséquent qui pourra être conclu directement entre professionnels de santé. Cette convention doit, quoiqu'il en soit doit être portée à la connaissance du conseil de l'ordre des médecins399. Mais la situation pourrait être différente selon que le médecin salarié est le requérant ou le requis.

387. Le médecin requérant salarié. Lorsque le médecin requérant est salarié, c'est l'établissement qui conclut directement le contrat de soins avec le patient. Le contrat

---

[399] Article L.4113-9. Code de la santé publique, France et article 49 Code de déontologie médicale, Côte d'Ivoire.

principal étant établi par l'établissement, le médecin ne peut pas être l'entrepreneur de la relation tripartite de télémédecine. Il revient donc à l'établissement de santé de signer le contrat de télémédecine. Le médecin ne peut en principe de son chef directement et valablement engager son employeur.

388. Mais il est possible que l'établissement de santé désigne le médecin requérant en qualité de mandataire pour la conclusion du contrat de télémédecine. L'employeur (mandant) pourra ainsi demander au médecin mandataire d'orienter le choix du prestataire de service suivant ses priorités. Le mandant pourra toujours garder son droit d'agrément sur les choix effectués par le mandataire. Le mandat pourra également être intégré au contrat de travail du médecin sauf si le médecin a été engagé exclusivement pour des missions de télémédecine.

389. Le médecin requis salarié. Lorsque le médecin requis est salarié, encore il revient à l'établissement de santé, employeur du médecin requis de donner son accord à la convention de télémédecine. Cependant le médecin requis pourra également obtenir mandat de son employeur pour accepter le contrat de télémédecine. Mais si son contrat de travail intègre la télémédecine à ses activités de chaque jour, ce mandat ne sera que tacite.

§ 2. Validité de la convention

390. On retrouve les mêmes conditions de validité telles que citées au chapitre précédent. La convention de télémédecine étant un sous contrat sa validité suppose : L'existence d'un contrat originaire. Le recours au contrat de sous-traitance doit donc être compatible au contrat originaire (contrat de soins) conclu entre l'établissement de santé et son patient. Par ce contrat de soins l'établissement s'engage à faire exécuter les prestations de soins par des professionnels de santé qu'il désignera au profit du patient. Et c'est en vertu de cet engagement initial que l'établissement recourt à la convention de télémédecine.

391. Le sous contrat doit être postérieur à l'obligation originaire. Tout comme le contrat ou l'obligation originaire, le sous-contrat ou contrat de prestation de service doit être exempt des vices du consentement, non contraire aux bonnes mœurs et à l'ordre public. Mais sa naissance doit être postérieure au contrat ou à l'obligation initial(e) auquel (à laquelle) il, elle se rattache. Faute de quoi il y aurait absence de cause400 car celle du sous contrat réside dans l'exécution du premier.

392. L'existence d'un lien entre les deux obligations. Quoi qu'autonomes, les deux obligations doivent être en rapport. Elles doivent répondre à la même logique. Ainsi, les conditions portant sur la spécificité du service, sa durée et sur les droits des patients doivent se retrouver dans les deux obligations.

393. Connaissance du mandat par le cocontractant. Lorsque l'établissement de santé donne mandat à son médecin salarié (requérant ou requis), ce mandat doit être porté à la connaissance du cocontractant pour garantir au contrat de télémédecine sa validité. Le cocontractant pourra alors choisir d'invoquer la nullité401 du contrat ou

---

[400] Article 1131 du Code Civil, « L'obligation sans cause, ou sur une fausse cause, ou sur une cause illicite, ne peut avoir aucun effet ».

[401] Article 1156 de la réforme de 2016 sur le droit des contrats et article 1992 du code civil.

consentir à sa validité à l'égard du représentant dépourvu de tout mandat402.

Conclusion de la section

394. Il convient de noter dans cette section que le fait que l'établissement privé de santé se substitue aux professionnels de santé pour conclure la convention de télémédecine est sans incidence sur la logique ou la nature juridique de cette dernière. De plus les conditions de validité sont les mêmes. On observe également que dans la pratique, les établissements de santé donneront toujours mandat aux médecins de conclure ou accepter la convention de télémédecine afin que cette dernière puisse produire des effets. Ce constat est le même dans les deux pays.

Section 2. Effets de la convention

395. Au-delà de la différence de parties, la convention de télémédecine produit les mêmes effets à l'égard des signataires (§1) et dans la relation patient et signataires (§2). La situation étant identique tant en France qu'en Côte d'Ivoire, nous n'avons pas jugé utile de faire une analyse différenciée.

§ 1. Entre signataires

396. Les signataires de la convention de télémédecine sont les établissements privés de santé employeurs du

[402] Article 1154 de la réforme précitée.

médecin requérant et du médecin requis. L'employeur du médecin requérant en sa qualité d'initiateur du projet a le statut d'entrepreneur. Alors que l'établissement de santé du médecin requis a la qualité de substitut ou sous-traitant. Leurs rapports sont organisés par les termes de leur convention. Les différends résultant de leurs rapports sont d'ordres contractuels. Ainsi, ils pourront engager leur responsabilité l'un à l'égard de l'autre pour inexécution d'une obligation contractuelle.

397. En pratique, lorsque la convention de télémédecine est conclue par les médecins sur autorisation de leurs employeurs respectifs, ils ne peuvent être engagés directement. Ayant agi en qualité de mandataire, leurs mandants (employeurs) resteront tenus. Dès lors, l'établissement qui met à disposition son matériel de télémédecine ne sera responsable des fautes commises par les utilisateurs. Il en est de même en cas de mauvaise utilisation du dispositif. Seuls les utilisateurs en seront tenus.

398. Mais en sa qualité de propriétaire du matériel, l'établissement de santé supporte toujours l'obligation de sécurité et de conformité dudit matériel. Ainsi, il engage sa responsabilité en cas de vétusté ou défectuosité du matériel si celui-ci cause au patient un préjudice. En tout état de cause, les parties restent indépendantes l'une de l'autre et cette qualité peut même être stipulée dans la convention. La convention ne devrait donc pas prévoir de clause hiérarchique entre les parties.

§ 2. Patient avec les établissements de soins

399. La convention de télémédecine produit ses effets dans les relations entre le patient et l'établissement requérant (A) ainsi que dans celles établies entre le patient et l'établissement requis (B).

A. Patient avec l'établissement requérant

400. L'établissement de santé du médecin requérant est lié au patient par le contrat de soins. Leur rapport est d'ordre contractuel. Le patient en sa qualité de maître de l'ouvrage peut engager la responsabilité de l'établissement de soins entrepreneur. Cette responsabilité est également d'ordre contractuel. Le patient aura juste à invoquer l'inexécution contractuelle de l'obligation de soins due par l'établissement. L'employeur du médecin requérant répond de l'inexécution ou de la mauvaise exécution du contrat de soins par son salarié mais également de l'inexécution ou de la mauvaise exécution de la convention de télémédecine vis-à-vis du patient.

401. Ainsi, l'entrepreneur qui s'est substitué un sous-traitant répond de la défaillance de ce dernier à l'égard de son client403. Car il lui incombe de garantir l'exécution de l'obligation qu'il transmet librement aux tiers. Cependant l'établissement de santé peut toujours se retourner contre le médecin requérant lorsqu'il a désintéressé le patient404. Il dispose également d'une action en responsabilité contractuelle contre l'établissement de santé du médecin

[403] Cass. Civ. 1ère, 9 novembre 2004, 01-17.908, Publié au bulletin et Cass. Civ. 1ère, 2004-11-09, Bulletin, I, n° 260, p. 217 (cassation partielle).

[404] Cass. Civ, 1ère, 13 novembre 2002, n° 1577 P.

requis lorsque le préjudice causé au patient résulte de sa faute comme ci-dessus exposé.

402. Mais en France, l'établissement du médecin requérant ne semble plus lié au patient par le contrat de soins sauf à admettre sa survie relativement que pour l'organisation matérielle de la relation et notamment pour le paiement des honoraires 405. Leur rapport est désormais d'ordre légal. Le patient en sa qualité de maître de l'ouvrage peut engager la responsabilité de l'établissement du médecin requérant entrepreneur.

403. Cette responsabilité est également d'ordre délictuel. Le patient devra engager la responsabilité légale pour faute de l'établissement du médecin requérant. S'agissant d'une responsabilité pour faute prouvée, le patient doit rapporter la preuve de la faute du médecin requérant, son propre préjudice et le lien de causalité au sens de l'article 1242 du Code civil. Dans cette situation, l'établissement de santé n'a pas d'action récursoire contre le médecin requérant qui est son salarié.

B. Patient avec l'établissement requis

404. Le patient ne conclut pas directement de contrat avec l'établissement du médecin requis. Toutefois, en vertu de la convention de télémédecine, le médecin requis peut agir sur la santé du patient soit par des actes réalisés directement sur le patient à distance, soit par des orientations thérapeutiques qu'il donne au médecin requérant. Malgré cela, le patient n'a aucune action contractuelle contre le requis ni contre l'employeur de celui-ci.

---

[405] *Supra*, parag. 154 à 168, développement sur le contrat médical.

405. En revanche s'il veut agir contre lui ce sera à travers une action délictuelle. Ce sera alors l'établissement du médecin requis qui sera engagé en sa qualité d'employeur406. Pour ce faire le patient devra prouver la faute du médecin requis, son propre préjudice et le lien de causalité entre le préjudice dont il se plaint et la faute du médecin requis. Sa chance d'être dédommagé rapidement réside dans l'action contre l'établissement avec lequel il a un contrat ou une obligation légale de soins. Cela d'autant plus qu'il a un contact direct avec l'établissement du requérant.

406. En effet, c'est dans cet établissement qu'il est pris en charge principalement, l'intervention du requis ou de son établissement n'étant qu'incidente. Il vaut mieux alors pour lui d'agir directement contre le premier pour éviter la complexité des liens avec le second. Mais s'il a pris directement contact avec l'établissement du médecin requis pour l'introduire dans la relation de soins, il contracte avec lui et peut directement l'actionner en réparation. Dans tous les cas, lorsque l'établissement de santé du médecin requis a désintéressé le patient, il dispose d'une action récursoire contre son médecin sauf en France.

Conclusion de la section

407. En fin de compte, on note que dans ces deux pays, les établissements privés de santé, parties à la convention de

[406] Cass. Civ.1ère, 26 mai 1999, Sté Clinique Victor PAUCHET de Butler, Bull. civ. I, n° 175 ; P. Jourdain, « La responsabilité civile du fait d'autrui en matière médicale », Méd. & Droit, 2000, n° 40, p. 15 ; Cass. Crim., 7 avril 2004, D. 2004, IR p. 1563.

télémédecine engagent leur responsabilité contractuelle. Il en est ainsi, de même que dans la relation entre le médecin requérant et le patient. L'établissement de santé du médecin requérant répond toujours principalement de la faute de ses agents ainsi que de celles du sous-traitant qu'il s'est substitué dans l'exécution de son obligation. Dans le rapport entre l'établissement du médecin requis et le patient, il n'y a pas de contrat. La responsabilité ne peut être fondée que sur la relation délictuelle.

Conclusion du chapitre 2

408. La pratique de la télémédecine entre établissements privés de santé devrait s'organiser autour d'un contrat de sous-traitance. Cela ne devra poser aucun problème puisque les établissements privés de santé sont déjà habitués à de tels contrats. Ce contrat sans remettre en cause le contrat de soins conclu entre l'employeur du médecin requérant et le patient présente avec lui des liens qui facilitent sa mise en œuvre. Par l'effet de ce contrat, les établissements de santé engagent leur responsabilité contractuelle l'un à l'égard de l'autre.

409. Mais seul l'établissement de santé du médecin requérant est engagé contractuellement à l'égard du patient en Côte d'Ivoire alors qu'en France, il s'agit d'une responsabilité légale toutes nuances faites. Par contre n'étant pas directement liés au patient, les médecins requérant et requis ne peuvent voir leur responsabilité engagée vis-à-vis de ce dernier que sur le plan délictuel.

410. De même, le patient ne dispose d'action que délictuelle à l'égard de l'établissement de santé du médecin requis. Toutefois, les établissements de santé disposent toujours de recours contre leurs préposés. Ces règles s'appliquent aussi bien en France qu'en Côte d'Ivoire même si en France l'établissement de santé ne dispose plus d'action récursoire contre son salarié.

TITRE 2. – Les rapports de coopération en télémédecine.

517. La loi permet aux établissements publics de santé d'établir entre eux un mode de coopération autour d'un projet médical sur un territoire donné. Cette coopération peut se réaliser au sein du service public hospitalier (Chapitre3) et à travers une coopération public-privé (Chapitre4).

CHAPITRE 1. Coopération au sein du service public hospitalier

518. En Côte d'Ivoire comme en France des établissements publics de santé peuvent coopérer entre eux à travers des projets de télémédecine. Le but étant de faire profiter tous les patients de meilleures qualités de soins qui puissent être offertes par le service public hospitalier, cette forme de coopération s'établit bien souvent sans convention (Section 1). Que cette activité de coopération hospitalière soit ou non compatible avec le service public (Section2), elle emporte des conséquences (Section3).

Section 1. Absence de convention de télémédecine

519. La coopération au sein du service public hospitalier est une exigence du principe même de la continuité du service public407. Cette règle est l'explication logique des transferts de malades effectués d'un service à un autre. En effet, lorsqu'un malade se présente dans un hôpital que celui-ci se trouve limité dans sa prise en charge globale et efficiente, il le transfère à un centre plus équipé et mieux adapté à lui prodiguer les soins de qualité. Cela s'opère systématiquement sans convention.

520. En France, pour garantir la continuité des soins un hôpital peut solliciter un centre hospitalier équipé en matériel de télémédecine afin d'assurer la prise en charge du patient. Sans qu'il soit besoin de procéder au transfert du malade dans un autre centre, l'établissement d'accueil assure sa prise en charge à partir d'une activité de télémédecine organisée avec un établissement distant mais équipé d'un dispositif de télémédecine. Ce faisant, l'hôpital assure la continuité du service public en l'adaptant à la situation408.

521. Cette double nécessité d'adapter et de continuer le service public qui commande la coopération hospitalière suffit à justifier l'absence de convention de télémédecine. Ainsi, les établissements publics de santé n'ont pas à s'encombrer de formalités préalables qui les plomberaient dans l'exécution de leur mission d'intérêt général. Les règles du service public sont donc suffisantes à son

[407] Pour la Fédération Hospitalière de France (FHF) la nouvelle organisation du système sanitaire et médico-social impose de dépasser la logique institutionnelle et de donner toute leur place aux filières de soins. Cette approche est l'essence même du service public. Elle vise à garantir la continuité des soins et des parcours, à partager les compétences entre les professionnels, quels que soient leur mode d'exercice et leur origine professionnelle.

[408] M. CONTOUX et F. PRODHOMME, projet DESS « Technologies Biomédicales Hospitalières » 2001-2002, 79 pages.

organisation. Toutefois, avec la réforme du système de Santé on assiste à une mutualisation institutionnalisée des moyens à travers la création des Groupements Hospitaliers de Territoires (GHT) dont le but est d'assurer à tous l'égalité d'accès à des soins sécurisés et de qualité sur le territoire409.

522. Les GHT « sont une forme coopération entre acteurs publics devenue indispensable à deux égards : ils sont un moyen nécessaire et efficace de pallier aux difficultés actuelles et à venir du milieu sanitaire, et sont une réponse adaptée aux objectifs nationaux portés dans la stratégie nationale de santé.

523. D'une part, l'environnement sanitaire actuel est un environnement contraint. Les difficultés des établissements pour recruter les praticiens de certaines spécialités (notamment les anesthésistes, radiologues ou urgentistes) sont un facteur important de risque pour le maintien d'une offre de qualité et sécurisée dans certains territoires.

524. D'autre part, malgré la qualité des soins prodigués, le système français connaît un accroissement des inégalités d'accès aux soins, qu'elles soient géographiques ou sociales. Ces inégalités peuvent pourtant être réduites grâce à une approche territorialisée de la prise en charge des patients »410.

525. Les Groupements Hospitaliers de Territoire naissent par convention dite convention de groupement hospitalier de

---

409 Article L6132-1(II) Code de la santé publique.

410 Rapport intermédiaire de la Mission Groupement Hospitaliers de Territoire, mai 2015, p.11.

territoire411. Cette convention ne confère pas au GHT la personnalité morale mais lui permet d'élaborer un projet médical partagé entre tous les établissements parties dont le but est de garantir une offre de proximité ainsi que l'accès à une offre de référence et de recours. Cette convention s'apparente à une convention de télémédecine mais semble aller bien au-delà.

526. Elle est en effet plus globale et intègre aussi bien les conventions de télémédecine que toute forme de coopération entre établissements de santé d'un même territoire de santé dans la mutualisation de leurs moyens de production. Mais il s'agit aussi d'assurer une offre de soins globale et diversifiée de façon à couvrir tous les besoins sur le territoire. En ce sens, elle institue un réseau obligatoire dont aucun établissement du territoire ne peut se soustraire412.

527. Il s'agit en fin de compte d'une convention de mutualisation des moyens (ressources humaines, techniques et technologiques) au tour d'un projet médical commun partagé. Ainsi, compte tenu de leur ambition, les GHT ne peuvent donc qu'être obligatoires pour tous les hôpitaux publics. En effet, permettre à un ou plusieurs établissements de s'exclure de cette organisation en

---

[411] Article L6132-1(I) du Code de la Santé publique.

[412] Article L6321-1 Code de la Santé publique « Les réseaux de santé ont pour objet de favoriser l'accès aux soins, la coordination, la continuité ou l'interdisciplinarité des prises en charge sanitaires, notamment de celles qui sont spécifiques à certaines populations, pathologies ou activités sanitaires. Ils assurent une prise en charge adaptée aux besoins de la personne tant sur le plan de l'éducation à la santé, de la prévention, du diagnostic que des soins. Ils peuvent participer à des actions de santé publique. Ils procèdent à des actions d'évaluation afin de garantir la qualité de leurs services et prestations. » .

réseau, revient à « laisser des trous dans la raquette » de ce principe fondateur de l'hôpital public qu'est l'égalité d'accès à des soins sécurisés et de qualité413.

528. En Côte d'Ivoire, pour garantir la continuité des soins et l'égal accès aux soins de qualité et sécurisés à tous, un hôpital peut solliciter un centre hospitalier équipé en matériel de télémédecine afin d'assurer la prise en charge du patient414. Sans procéder au transfert du malade dans un autre centre, l'établissement d'accueil assure sa prise en charge à partir d'une activité de télémédecine organisée avec un établissement distant mais équipé d'un dispositif de télémédecine.

529. En effet, avec l'intégration de la télémédecine au paquet minimum d'activités des établissements sanitaires publics, les professionnels de santé des établissements de premier recours (ESPC) et des établissements publics hospitaliers (EPH) doivent avoir exploré toutes les options de télémédecine avant d'envisager une référence physique du patient415. Ainsi, l'hôpital assure la continuité du

---

[413] Rapport intermédiaire, op. cit, p.15.

[414] L'article 31 de la loi de 2019 sur la réforme hospitalière stipule que l'EPH peut participer à des actions de coopération hospitalière tant au niveau national qu'international.

[415] L'arrêté du 10 mai 2021, portant intégration de la télémédecine dans le paquet d'activités minimales des établissements sanitaires publics. L'article 3 de cet arrêté précise que les professionnels de santé des établissements de premier recours (ESPC) et des établissements publics hospitaliers (EPH) doivent avoir exploré toutes les options de télémédecine avant d'envisager une référence physique du patient. En d'autres termes, avant de transférer un patient vers un établissement hospitalier départemental (ESHD) ou régional (ESHR), le professionnel doit d'abord avoir recours à la téléconsultation ou à la téléexpertise, en lien avec l'établissement concerné, afin de valider le transfert.

service public en l'adaptant à la situation. Cette double nécessité d'adapter et de continuer le service public qui commande la coopération hospitalière préside à l'absence de convention de télémédecine. Ainsi, les établissements publics de santé n'ont pas à s'encombrer de formalités préalables qui les plomberaient dans l'exécution de leur mission d'intérêt général. Les règles du service public sont donc suffisantes à son organisation.

530. D'ailleurs, tout comme en France, cette coopération peut désormais se réaliser dans le cadre d'un Groupement Hospitalier (GH). En effet, selon l'article 32 de la loi sur la réforme hospitalière de 2019 « les établissements hospitaliers d'une aire sanitaire donnée sont regroupées en une entité dénommée Groupement Hospitalier en abrégé (GH) »416. Elle crée deux types de GH, qui sont les Groupements Hospitalo Universitaires, regroupant auprès d'un Centre Hospitalier et Universitaire (CHU) des Centres Hospitaliers Régionaux (CHR), des Hôpitaux Généraux (HG), d'une aire sanitaire déterminée et le Groupement Hospitalier Régional (GHR), regroupant autour d'un Centre Hospitalier Régional (CHR) des Hôpitaux Généraux (HG) d'une aire sanitaire déterminée. Le but assigné à ces Groupements Hospitaliers (GH) est d'organiser la complémentarité des hôpitaux par la mutualisation des ressources afin d'améliorer la prise en charge des patients d'une aire sanitaire déterminée.

531. Cette absence de convention de télémédecine se justifie. Car on comprendrait mal qu'un centre hospitalier investi d'une mission d'intérêt général puisse dire au patient qu'il

---

[416] Article 32 de la loi n° 2019-678 du 23 juillet 2019 portant réforme hospitalière en Côte d'Ivoire.

a accueilli qu'on pourrait le prendre en charge à travers un acte de télémédecine mais que faute d'avoir signé une convention de télémédecine avec l'hôpital du médecin distant, il se trouve dans l'impossibilité d'agir. Ce serait dommage, car le patient n'est pas un client de l'hôpital mais un usager du service public.

532. Or le système de santé ivoirien est une centralisation déconcentrée de type pyramidale qui induit nécessairement une coopération naturelle entre les établissements sanitaires417. En effet, le système de santé présente d'abord un niveau primaire constitué des établissements sanitaires de premier contact, point d'entrée dans le système sanitaire et qui sont les centres de santé (urbains et ruraux) et les formations sanitaires urbaines.

533. La loi sur la réforme hospitalière de 2019 précise en son 'article 55 lcs missions du 1er niveau : « l'EPH de 1er niveau a une vocation départementalc. Il dispense des prestations médico-chirurgicales et médico-techniques. Les établissements sanitaires de premier contact (ESPC), c'est à dire les centres de santé urbains (CSU) et ruraux (CSR) qui sont dans la zonz de couverture de l'EPH de 1er niveau lui sont rattachés ».

534. Ensuite un niveau secondaire représenté par les établissements sanitaires de premier recours ou de référence pour les malades venant du niveau primaire. Ce niveau secondaire est constitué par les hôpitaux généraux (HG), les Centres Hospitaliers Régionaux (CHR) et certains Centres Hospitaliers Spécialisés (CHS). L'article

---

[417] T. N'DRI-YOMAN dans comment se soigne-t-on, vendredi du CERAP, 20 juin 2008, p. 5. Voir également PNDS 2016-2020, p.32.

56 de la réforme précise les missions du 2ème niveau : « l'EPH de 2ème niveau à une vocation régionale. Il dispense des prestations médico-chirurgicales et médico-techniques. Il est le deuxième niveau de référence pour les ESPC de la région ».

535. Enfin au troisième niveau se trouvent les établissements sanitaires assurant une fonction de second et dernier recours. Ce niveau comprend les 4 Centres Hospitaliers Universitaires (CHU) et les centres spécialisés (l'Institut de Cardiologie d'Abidjan (ICA), l'Institut Raoul Follereau (IRF) d'Adzopé, l'Institut National d'Hygiène Publique (INHP) de Treichville, le Service d'Aide Médicale Urgente (SAMU) d'Abidjan et l'Institut National de Santé Publique (INSP) d'Abidjan).

536. L'article 57 précise les missions du 3ème niveau : l'EPH de 3ème niveau a une vocation qui s'étend sur l'ensemble du territoire national, liée à sa haute spécialisation médico-chirurgicale et médico- technique. Cette organisation impose aux structures de santé de premier niveau de transférer ou référer leurs patients aux centres les plus adaptés. Dès lors, en intégrant cette coopération, la télémédecine se réalise sans convention entre établissements publics de santé.

537. Comme le soutient Pierre SIMON « La télémédecine structure le parcours de soins entre les différents niveaux d'EPH. Le plan national ivoirien de télémédecine (PNT) a pour ambition d'instaurer une culture de communication entre les professionnels de santé exerçant dans les différents niveaux de la pyramide sanitaire. Il est désormais demandé aux professionnels de santé exerçant dans les ESPC et les EPH d'utiliser les pratiques de télémédecine avant de transférer un patient dans un établissement sanitaire de niveau supérieur »[418].

538. En effet, la loi sur la réforme institue deux niveaux de télémédecine. Une télémédecine « basse » qui a pour objectif principal d'instaurer une communication régulière entre les CSR, dépourvus de médecins, et les CSU et/ou EPH de 1er niveau où se trouvent les médecins généralistes[419]. Alors que comme le dit Pierre SIMON « le citoyen ivoirien, en particulier vivant dans les zones rurales, ne voit un médecin qu'une fois tous les 3 ans en moyenne, les autorités sanitaires veulent que chaque ivoirien ait au moins une consultation médicale ou une téléconsultation chaque année »[420].

539. Quant à la télémédecine haute, elle vise à améliorer l'accessibilité des citoyens ivoiriens aux soins spécialisés. Son but est de favoriser, essentiellement par téléexpertise, la communication des professionnels de santé exerçant dans les EPH de 1er et 2ème niveau avec les professionnels de santé spécialistes exerçant dans les EPH de 3ème niveau (CHU et autres EPH nationaux), l'accès à des soins spécialisés. Là encore, comme le rappelle l'arrêté du 10 mai 2021, les moyens de télémédecine devront être utilisés avant tout transfert d'un patient vers un EPH de niveau supérieur.

---

[418] https://telemedaction.org/439245281/450959438

[419] Article 26 de la réforme « il est institué une télémédecine basse entre l'EPHD et les établissements de premier contact.

[420] https://telemedaction.org/439245281/450959438

Conclusion de la section

540. L'absence de convention de télémédecine entre établissements publics hospitaliers s'explique par la prévalence des règles organisant le service public. Comme on l'a vu les principes de continuité et de mutabilité qui gouvernent le service public impliquent que les établissements hospitaliers investis d'une mission d'intérêt général puissent l'assurer sans interruption en s'adaptant aux circonstances dans l'intérêt de l'usager.

541. Si cela demeure vrai en Côte d'Ivoire, la tendance semble inversée en France, avec l'institutionnalisation des groupements hospitaliers de territoire dont l'organisation est assurée par convention entre les établissements de santé. L'objectif étant d'imposer à tous les établissements sanitaires publics d'intégrer un réseau de santé garantissant aux malades un égal accès à des soins de qualité et sécurisé sur le même territoire.

Section 2. Compatibilité de la coopération avec le service public hospitalier

542. La coopération n'est pas incompatible avec le service public hospitalier. La pratique de la télémédecine au sein des établissements publics hospitaliers est un cadre de renforcement de cette coopération dont la finalité est la continuité et l'adaptation du service public au profit de l'usager (malade). Elle permet aux agents (médecins requérant et requis) de collaborer dans la prise en charge du patient (usager). En effet, dès que le médecin consulté est un agent du service public, la télémédecine relève du cadre d'une activité de service public.

543. En France, la loi HPST dans le cadre de la planification hospitalière accorde une place particulière à la télémédecine[421]. Elle fait obligation aux projets régionaux de santé d'intégrer des programmes de développement de la télémédecine. Cette obligation fait que la coopération au sein du service public hospitalier est encadrée par la mission de service public. La télémédecine au sein d'un établissement public de santé participe donc à la réalisation d'une mission de service public.

544. Cette mission, en effet, porte sur les examens, le diagnostic, la surveillance et le traitement des malades[422]. Dès lors le service public hospitalier doit renforcer la formation continue des agents pour qu'ils puissent intégrer la télémédecine dans leurs pratiques habituelles[423]. Ainsi, pratiquée entre deux établissements publics, la télémédecine ne requiert en principe aucun contrat car elle se fait dans le cadre de la mission de coopération au sein du service public hospitalier.

545. Mais il n'y a pas non plus d'incompatibilité avec le service public car elle peut bien s'inscrire dans l'un des contrats pluriannuels d'objectifs et de moyens ou l'un des contrats ayant pour objet d'améliorer la qualité et la coordination des soins[424]. D'ailleurs, cette convention de télémédecine entre établissements publics de santé peut se déduire de

---

[421] Article L1434-2, 3° Code de la Santé Publique.
[422] Article L711-1 Code de la Santé publique.
[423] Article L6112-1 Code de la Santé Publique.
[424] Article R 6316-6 Code de la Santé publique.

la convention de mise en œuvre des GHT au tour d'un projet médical partagé425.

546. En Côte d'Ivoire, également la coopération au sein du service public hospitalier relèverait de la mission de service public. Mais à défaut de règles spécifiques ce sont les principes du service public en général et tel que déjà exposés qui s'appliquent. L'article 31 de la loi de 2019 sur la réforme hospitalière stipule que l'EPH peut participer à des actions de coopération hospitalière tant au niveau national qu'international.

547. Ainsi, le médecin requérant lorsqu'il est dépassé par une situation dans la prise en charge normale de son malade peut solliciter l'expertise ou l'intervention d'un confrère tout comme il le ferait au sein d'une équipe médicale, pour apporter au patient les soins que nécessite son état. C'est d'ailleurs une obligation de moyens tant pour les agents du service public que pour les établissements hospitaliers. Cette obligation implique pour le médecin qu'il doit utiliser tous les moyens (humains et technologiques) pouvant améliorer la pratique de son art et assurer au malade une meilleure prise en charge.

548. C'est d'ailleurs, ce que précise l'article 3 de l'arrêté du 10 mai 2021 portant intégration de la télémédecine dans le paquet minimum d'activités des établissements publics de santé : « le professionnel de santé des établissements de santé de premier contact (ESPC) et des établissements publics hospitaliers (EPH) doit avoir épuisé les possibilités de recours à la télémédecine avant toute référence physique du patient ».

---

[425] Article L6132, op. cit.

549. Autrement dit, avant le transfert d'un patient vers un Etablissement sanitaire hospitalier départemental (ESHD) ou régional (ESHR), le professionnel devra avoir utilisé la téléconsultation ou la téléexpertise vers l'établissement requis avant de confirmer le transfert du patient.

550. Quant au service public hospitalier cette obligation découle de sa mission même. Dès lors, les établissements publics de santé peuvent collaborer entre eux à travers des activités de télémédecine sans aucun contrat. Car ils réalisent tous la même mission d'intérêt général. D'ailleurs cela leur est commandé par la nature du système de santé organisant l'offre de soins en Côte d'Ivoire426.

Conclusion de la section

551. Finalement, au sein des services publics hospitaliers, la télémédecine relève de la mission de service public. En France comme en Côte d'Ivoire, la télémédecine contribue à la satisfaction des missions d'intérêt général assignées aux établissements publics de santé qui se doivent d'assurer la formation des agents. Car la coopération entre établissements publics de santé ne saurait être incompatible avec la mission de service public même si dans certains cas il peut arriver de formaliser cette coopération par voie contractuelle.

[426] PNDS 2016-2020, également PNDS 2021-2025, op. cit.

Section 3. Conséquences

552. En Côte d'Ivoire comme en France, la mission de service public implique que le médecin ne puisse pas refuser l'acte de télémédecine à son malade lorsqu'il est techniquement réalisable (§1). Comme toute activité humaine, la télémédecine qu'elle soit mise en œuvre ou non engage la responsabilité de ses acteurs (§2).

§ 1. Impossibilité de refuser la télémédecine

553. Reconnue en France, comme une mission de service public, la télémédecine s'appréhende en une obligation de moyens tant pour les médecins agents publics que pour les établissements hospitaliers427. En effet, le médecin ou l'établissement de santé qui ne s'entoure pas, en cas de difficultés des concours appropriés de spécialistes du domaine ou des moyens technologiques existants et disponibles commet une faute428.

554. Dès lors, il ne fait aucun doute que le médecin ou l'établissement de santé qui refuse ou manque de recourir à la télémédecine, alors même que les conditions s'y prêtent, manque à son obligation de faire. Et ce même si

[427] DGOS, « Télémédecine et responsabilités juridiques engagées », Bureau RH 2 « exercice, déontologie, développement professionnel continu » 18/05/2012, p.2. Il est à noter que les responsabilités juridiques des professionnels de santé demeurent inchangées en ce qu'elles sont fondées sur l'application du droit commun de la responsabilité civile professionnelle. En l'état actuel des choses, il n'est pas envisagé de créer un régime de responsabilité spécifique dès lors qu'existent déjà les outils juridiques permettant de répondre aux problématiques qui peuvent se poser en matière de télémédecine.

[428] Article L1142-1 du Code de la santé publique.

aucun texte n'impose le recours à la télémédecine. Cette obligation de faire s'analyse pour le médecin ou l'établissement de santé ici, en l'obligation d'utiliser les moyens humains et technologiques essentiels à la pratique médicale afin de garantir des soins de qualité, sécurisés et accessibles à tous429.

555. Il appert ainsi, que le médecin ou l'établissement de santé qui refuse de recourir à la télémédecine alors que les conditions y sont favorables, commet une faute source de responsabilité. Car il manque à son obligation de donner des soins conformes aux données acquises de la science430. Par conséquent, plus qu'une innovation technologique, la télémédecine s'impose comme un devoir pour les médecins ou acteurs de santé qui n'ont d'autre choix que de s'y former et de la pratiquer431.

556. Ainsi, chaque médecin a l'obligation de se former à la télémédecine et cela d'autant plus que sa pratique soulève des questions épineuses432. De même, l'établissement de santé doit favoriser la pratique de la télémédecine à son personnel soignant. Pour les établissements de santé, l'impossibilité de refuser la télémédecine trouve son fondement dans les principes mêmes de la mission de

---

[429] V. VIOUIAS, *Droit des établissements publics de santé* ,RGDM, n°77, 2020, p.379-394

[430] Article L1110-5 du Code de la santé publique.

[431] K. MERGNAC et al, Télémédecine : quel cadre juridique lui conférer ? La Recherche Européenne en Télémédecine 2012, 1 p.66-69.

[432] DGOS, « Télémédecine et responsabilités juridiques engagées », Bureau RH 2 « exercice, déontologie, développement professionnel continu » 18/05/2012, p. 9. Le médecin doit connaitre l'usage, le maniement et les limites des technologies qui sont mises en œuvre. Il doit pouvoir faire appel, en tant que de besoin, à des tiers compétents dans l'utilisation des technologies les mieux adaptées à la situation.

service public dont ils sont investis. Il s'agit notamment des principes de continuité, d'adaptabilité du service public et l'obligation de garantir l'accès à des soins de qualité, sécurisés et équitables quelles que soient les circonstances.

557. En Côte d'Ivoire, également, la télémédecine est reconnue comme une mission de service public. Elle s'appréhende en une obligation de moyens tant pour les médecins agents publics que pour les établissements hospitaliers. Il en résulte que le médecin ou l'établissement de santé qui ne s'entoure pas, en cas de difficultés des concours appropriés de spécialistes du domaine ou des moyens technologiques existant et disponibles commet une faute433.

558. En conséquence, le médecin ou l'établissement de santé qui refuse de recourir à la télémédecine alors que les conditions y sont favorables, manque à son obligation de donner des soins conformes aux données acquises de la science434. Il engage dès lors sa responsabilité.

§ 2. Détermination des responsabilités

559. En France comme en Côte d'Ivoire, le médecin agent public peut requérir directement et sans avoir l'autorisation expresse de l'établissement, les services d'un

---

[433] L'article 3 de l'arrêté du 10 mai 2012 portant intégration de la télémédecine dans le paquet minimum d'activités des établissements de santé précise que : « *le professionnel de santé des établissements de santé de premier contact (ESPC) et des établissements publics hospitaliers (EPH) doit avoir épuisé les possibilités de recours à la télémédecine avant toute référence physique du patient* ».

[434] Cass. Civ., 1ère, 20 mai 1936, D.1936, 1, 88, concl. Matter, rapport Josserand.

autre médecin agent public pour un acte de télémédecine. Il peut également le faire sans qu'il soit besoin d'une convention entre les établissements de santé. De son côté, l'acceptation du médecin requis agent public, à réaliser l'acte de télémédecine participe de sa mission de service public. Les rapports qui se nouent entre eux relèvent du droit public.

560. Ainsi, en cas de dommage subi par le malade, celui-ci ne pourra engager que la responsabilité de l'établissement du médecin requérant. Mais on observe une différence de situation au niveau de la compétence juridictionnelle. L'action contre l'administration sera introduite en France, devant le juge administratif qui pourra toujours partager les responsabilités entre les deux établissements suivants les règles administratives.

561. Par contre, en Côte d'ivoire, et ce compte tenu du système d'unicité de juridiction cette action sera portée directement devant le juge judiciaire qui appliquera les règles de la responsabilité administrative435. Toutefois, ces établissements peuvent se retourner contre leurs agents respectifs lorsque ceux-ci ont commis une faute détachable du service436. En effet, le principe est que la

[435] K. E. N'GUESSAN, Le risque juridique en télémédecine, op ; cit, p .153 et suivants.

[436] C.E. arrêt du 28 juillet 1951 (LARUELLE et DELVILLE). Un chauffeur du Ministère de la reconstruction et de l'urbanisme avait été condamné par les tribunaux judiciaires à réparer l'intégralité des conséquences dommageables d'un accident qu'il avait causé en conduisant, en état d'ébriété, un camion de l'administration. Le chauffeur a demandé à l'administration de lui rembourser des sommes qu'il avait dû verser à la victime, parce que l'accident était imputable, au moins pour partie, au mauvais état des freins. Les juges ont indiqué, dans le premier considérant que « si au cas où un dommage a été causé à un tiers par les

responsabilité administrative correspond à la responsabilité liée à l'activité des services publics. Dans le cadre de ses missions de service public, l'hôpital répond des fautes de ses agents et voit sa responsabilité directement engagée en cas de « faute de service ».

562. C'est donc exceptionnellement que la faute détachable sera invoquée. Généralement, la faute détachable du service est une faute extrêmement grave ou une faute intentionnelle, ou, selon un arrêt de la Chambre criminelle de la Cour de Cassation, une faute personnelle est « celle qui révèle un manquement involontaire et inexcusable à des obligations d'ordre professionnel et déontologique »437. Dans cette hypothèse, c'est la responsabilité civile de l'agent qui va être directement engagée devant le juge.

Conclusion de la section

563. La télémédecine étant une mission de service public, les établissements hospitaliers qui en sont investis se doivent de l'intégrer à l'organisation de l'offre de soins. Faute de

---

effets conjugués de la faute d'un service public et de la faute personnelle d'un agent de service, la victime peut demander à être indemnisée de la totalité du préjudice subi soit à l'administration, devant les juridictions administratives, soit à l'agent responsable, devant les tribunaux judiciaires, la contribution finale de l'administration et de l'agent à la charge des réparations doit être réglée par le juge administratif compte tenu de l'existence et de la gravité des fautes respectives constatées dans chaque espèce ». Voir également CE, 28 décembre 2001, n° 213931 « *Commet une faute personnelle détachable du service, le médecin qui tarde à révéler une erreur médicale commise dans son service, ayant entraîné un choc septique pour le patient* ».

[437] Cass. Crim., 02 avril 1992, pourvoi n°91-83259, Bull. crim. 1992 N° 138 p. 360.

quoi, ils engagent leurs responsabilités. Et même quand ils auront mis en œuvre la télémédecine, leurs responsabilités pourront toujours être engagées en cas de préjudice subi par le malade. Si en France cette responsabilité relève de la compétence du juge administratif, en Côte d'Ivoire cette action en responsabilité de l'administration sera initiée devant le juge judiciaire.

Conclusion du chapitre

564. Dans le cadre de la coopération au sein du service public hospitalier, la télémédecine participe d'une mission de service public. Elle se réalise sans convention préalable ni autorisation expresse. Ainsi, quand le patient y consent, le médecin agent public a l'obligation de mettre en œuvre l'acte de télémédecine pour lui prodiguer les soins que nécessite son état de santé. La collaboration entre médecins requérant et requis tous deux agents publics, relève du droit administratif.

565. Lorsque les circonstances s'y prêtent mais que le médecin ne met pas en œuvre la télémédecine, il commet une faute et engage sa responsabilité. De même la mise en œuvre de l'acte médical à distance est source de responsabilité lorsque le patient subit un dommage. C'est la responsabilité des établissements de santé qui sera principalement engagée. A charge pour eux de se retourner contre leurs agents en cas de faute détachable du service. L'action en responsabilité sera initiée devant le juge administratif en France et devant le juge judiciaire en Côte d'Ivoire.

CHAPITRE 2. Coopération public-privé

566. Des partenaires privés peuvent accompagner les établissements publics hospitaliers dans l'accomplissement de leur mission de service public. Dans le cadre de la télémédecine, le partenaire public sera un médecin agent public ou un établissement public de santé ou même un établissement privé investi d'une mission d'intérêt général. Plusieurs situations se présentent.

567. Ainsi, les participants à l'acte de télémédecine peuvent être, d'une part, des médecins agents publics. Il est possible de se trouver, d'autre part, en présence d'un médecin requis agent public et un médecin requérant agent privé et vis- versa. La situation juridique ne sera pas toujours la même. Quand le médecin requérant est un agent du service public, il ne contracte pas avec le patient. Cela exclut par ricochet la possibilité d'un contrat de sous-traitance avec le partenaire privé.

568. Quel peut donc être le régime de l'intervention du médecin requis privé (Secion1) ? Dans la deuxième hypothèse, le médecin requis est un agent public et le requérant privé (Section2). Il n'y a pas de différence de situation en Côte d'Ivoire comme en France. L'analyse se fera de façon concomitante et on relèvera seulement les quelques points de disjonction.

Section 1. Médecin requérant, agent public

569. En France comme en Côte d'Ivoire, l'absence de contrat originaire entre le médecin requérant agent du service public et le malade (usager) fait obstacle à l'existence d'un sous contrat dans les rapports entre professionnels de la santé. Ce sont là les conséquences de la mission de service public dont est investi l'agent public (§1). Toutefois on se demande s'il ne peut y avoir de contrat de prestation de service entre les partenaires participant à l'exécution du service public (§2), et cela même en cas de collaboration occasionnelle (§3).

§ 1. Conséquences de la notion de service public

570. Au sein du service public hospitalier, le médecin est un agent du service public. Sa relation avec le malade n'est jamais d'ordre contractuel (A). Son action est commandée par la mission de service public dont il est investi. L'absence de contrat initial avec le patient fait obstacle à l'existence d'un sous contrat avec le médecin requis (B).

A. Absence de contrat médical avec le patient

571. Que ce soit en France ou en Côte d'Ivoire, l'établissement public hospitalier est investi d'une mission de service public. Cette mission l'établissement l'exécute à travers l'action de ses agents. Ainsi, le médecin, en accomplissant les actes de soins sur le malade usager du service public, s'acquitte de la mission de service public à lui transférée par l'établissement de santé dont il est un exécutant. Il n'entretient de ce fait aucun rapport particulier avec le patient. Celui-ci n'en entretient non plus pas avec le médecin.

572. En clair, le patient n'a de relation qu'avec l'établissement public de santé dont il n'est qu'un usager438. La mission de service public est incompatible avec l'idée même de contrat médical. Les agents du service public ne peuvent donc pas contracter avec les usagers dudit service. Car au sein du service public, les usagers sont dans une situation statutaire et réglementaire. Cette situation est régie par le droit administratif. De même lorsque le médecin requérant agent public sollicite l'intervention d'un médecin requis agent du privé, ce dernier non plus n'a aucun rapport contractuel avec le patient.

573. Car il participe également à l'exécution du service public. Mais cette participation à l'exécution du service public en dehors de la collaboration occasionnelle peut être organisée par un contrat439 afin de définir les conditions de participation, de rémunération et de partage de responsabilités. S'agissant d'un contrat conclu par un agent du service public aux fins d'exécution même du service public, il revêt le caractère de contrat administratif440. Ainsi, le contentieux de la responsabilité

---

[438] CAA. Paris, 27 mai 2013, n°12PA01842. Dans cette espèce, la Cour administrative d'appel de Paris confirme le rejet du recours du patient. La cour rappelle notamment que « *les* patients d'un établissement public de santé ne sont placés dans une situation contractuelle ni avec cet établissement ni a fortiori *avec un praticien dudit établissement,* sauf à ce que celui-ci exerce pour partie en secteur privé et qu'ils ne sont pas en droit d'exiger qu'un médecin plutôt *qu'un autre les prenne en charge* ».

[439] Voir *infra, parag ; 577.*

[440] C.E. 20 avril 1956, Epoux BERTIN et Ministère de l'agriculture c/ consorts GRIMOUARD, 98637, publié au recueil Lebon.

administrative relève de la compétence du juge de l'administration en France.

574. En Côte d'Ivoire, c'est plutôt devant le juge judiciaire qu'il faudra initier l'action en responsabilité administrative compte tenu du système d'unicité de juridiction. L'absence de lien contractuel entre le médecin et le patient conduit également à l'absence de contrat de sous-traitance entre le médecin requérant agent du service public et le médecin requis privé.

B. Absence de sous-contrat avec le médecin requis

575. Le médecin requis n'est pas un agent du service public. Son intervention à titre privé, dans la relation de soins initiée par le médecin requérant agent du service public pose le problème de la nature de cette collaboration. En sollicitant l'intervention du médecin requis, le médecin requérant ne sous-traite-t-il pas avec ce dernier l'exécution de sa mission de soins à l'égard du patient ? En tout cas a priori, on pourrait penser à l'éventualité d'un sous-contrat puisque le médecin requis accomplira toujours dans ce cadre des actes en relation avec la mission du requérant.

576. Mais l'existence du sous-contrat dépend nécessairement de l'existence d'un contrat initial qui en est la cause. A défaut d'un contrat originaire le contrat de sous-contrat ne peut être valide. Or dans l'exécution de sa mission de service public, le médecin requérant ne conclut pas de contrat médical avec le patient. C'est l'existence de ce contrat principal qui aurait pu justifier et conférer à la relation avec le médecin requis la nature de sous-contrat et par conséquent sa validité. En l'espèce, ce contrat initial fait défaut. Il ne peut a fortiori y avoir de sous-contrat entre le médecin requérant et le médecin requis.

577. Cette situation pourrait être préjudiciable pour le médecin requis qui participe à la réalisation de la mission de service public assignée au médecin requérant à travers l'acte de télémédecine. Car il faudrait bien pour lui qu'un cadre juridique organise sa participation au service public, en réglant les questions de rémunération et de responsabilité. Cette exigence est d'autant plus impérieuse lorsque le médecin privé collabore à l'exécution du service public en dehors de tout statut de bénévole. On se demande alors, quelles seront les conditions d'une telle participation du médecin requis non bénévole à l'exécution du service public. D'où la nécessité d'un contrat de prestation de service.

§ 2. Nécessité d'un contrat de prestation de service

578. La participation du médecin requis privé à la relation de soins entre le médecin requérant agent public et son patient requiert en dehors de toute collaboration bénévole, un cadre juridique contractuel. Le contrat doit traiter des questions de rémunération et de responsabilité, notamment. Il s'agit d'un contrat administratif, puisque formé par un agent du service public aux fins d'exécution même du service public441.

---

441 René CHAPUS, « Droit administratif général », Tome I, LGDJ Précis Domat. 15e édition. Parution : 03/09/2001., n. 733 ; voir également, René DEGNI-SEGUI, « Droit administratif général », l'action administrative, tome 2, Abidjan, NEI-CEDA, 4ème édition, p. 138 et suivants et CE 20 avril 1956, Epoux BERTIN.

579. Il se présente non sous la forme d'une délégation ou d'une concession de service public, mais plutôt sous celle de contrat de prestation de service. Car les deux premières formes de contrat administratif ne se réalisent pas pour des tâches ponctuelles et précises. En effet, la délégation et la concession ont pour objet de transférer l'exécution habituelle et complète du service public à une personne privée. Alors que l'intervention du médecin requis est juste ponctuelle, voire occasionnelle. De plus ces contrats ne sauraient se conclure pour une opération isolée. Toutes ces observations nous permettent de réaliser que la délégation et la concession ne sont pas commodes à la télémédecine.

580. Quant au contrat de prestation de service, il permet au médecin requérant de faire intervenir un médecin privé dans l'exécution du service public en contrepartie d'une rémunération. Ce contrat de prestation de service de télémédecine est un contrat d'entreprise. Il est acquis en effet que les établissements publics peuvent librement conclure des contrats avec le privé dont l'objet porte sur l'exécution même du service public.

581. En France, de tels contrats sont constants. En effet, bien que les chiffres communiqués par les services des ARS et du Ministère font état de ce que le degré d'investissement dans des processus de coopération des établissements de santé est très variable d'un territoire à l'autre, voire d'un établissement à l'autre ; on observe cependant que les outils de coopération sont très largement utilisés dans la mise en place de coopération sur des activités ciblées442.

---

[442] ARS, Communiqué de presse du 1 er Juillet 2016 et du 15 janvier 2018, « L'ARS a arrêté le périmètre et la composition des groupements autour

582. Car, le nombre de groupements de coopération sanitaire (GCS) de moyens, secteurs public et privé confondus, a augmenté (621 à ce jour contre 191 fin 2008)443. L'objectif de cette coopération public-privé et particulièrement des GHT est de mettre fin à la concurrence entre les établissements de santé qui conduit, d'une part, à un défaut d'offre et de recours sur certaines prises en charges et, d'autre part, au maintien d'activités redondantes et non sécurisées444.

583. Ainsi, dans le cadre des missions qui leur sont imparties, les établissements de santé publics ou privés peuvent participer à des actions de coopération, y compris internationales, avec des personnes de droit public et privé à travers la signature de convention445.

---

de territoires de santé soit départementaux, soit inter ou intra départementaux. Au total, 95,6% des établissements ont confirmé leur adhésion à un GHT. Les GHT comptent entre 3 et 14 établissements membres. Une dérogation a été accordée au centre hospitalier de Thuir (66), spécialisé en santé mentale compte tenu des spécificités de son territoire de santé et des coopérations déjà existantes avec le Centre Hospitalier de Perpignan ».

[443] Rapport intermédiaire de la Mission GHT, publié le 05 juin 2015. Site internet ; http://www.sante.gouv.fr/IMG/pdf/Rapport_intermediaire_Mission_GHT_definitif.pd

[444] Communiqué de la mission GHT, Février 2015 (cf. APM 23.02.2015).

[445] Article L 6134-1, code de la santé publique, « Dans le cadre des missions qui leur sont imparties et dans les conditions définies par voie réglementaire, les établissements de santé publics ou privés à but non lucratif peuvent participer à des actions de coopération, y compris internationales, avec des personnes de droit public et privé. Pour la poursuite de ces actions, ils peuvent signer des conventions, participer à des groupements d'intérêt public, des groupements d'intérêt économique ou des groupements de coopération sanitaire ou constituer entre eux des fédérations médicales inter hospitalières. Pour les actions de coopération

584. En Côte d'Ivoire, le système de santé ivoirien est dominé par un secteur public prépondérant et un secteur privé en plein essor, à côté desquels existe la médecine traditionnelle446 avec laquelle les Etablissements Publics Hospitaliers (EPH) collaborent447. Cette prépondérance fait que l'hôpital public est au cœur du système de soins bien que les établissements privés connaissent de plus en plus un développement croissant.

585. Ainsi, pour garantir la continuité et l'accès aux soins de qualité à tous, les pouvoirs publics encouragent les partenariats publics-privés. Cela devrait se traduire par la formation de contrat de prestation de service. Le contenu de ce contrat sera librement déterminé par les parties. A travers ce contrat le médecin requis détermine le montant et les modalités de paiement de sa rémunération ainsi que le service à réaliser. Le médecin requérant, à tout le moins l'établissement de santé, payera au médecin requis sa rémunération qu'il fera supporter au final par le malade.

586. Dans ce cas, le prestataire privé n'a aucun lien direct avec le malade. Ce dernier ne pourra exercer ses recours que contre l'établissement hospitalier qui peut lui se retourner contre le médecin requérant ou le médecin requis en cas de faute de ceux-ci. Le juge pourra toujours

---

internationale, les établissements de santé publics ou privés à but non lucratif peuvent également signer des conventions avec des personnes de droit public et privé, dans le respect des engagements internationaux souscrits par l'Etat français.

[446] PNDS 2016-2020, p.32.

[447] En effet, l'article 37 de la loi sur la réforme hospitalière prescrit expressément aux EPH de collaborer avec les autres établissements de santé, la médecine traditionnelle et les autres praticiens.

décider d'un partage de responsabilités448. Ces actions relèvent de la compétence du juge administratif en France et du juge judiciaire en Côte d'Ivoire. Toutefois, le malade peut agir directement contre le médecin requis s'il estime que c'est la faute de celui-ci qui a occasionné son préjudice. Il s'agit là d'une action en responsabilité délictuelle relevant de la compétence du juge judiciaire. Mais cette responsabilité du médecin requis pourrait être écartée s'il agit en qualité de collaborateur bénévole et occasionnel du service public.

§ 3. La collaboration occasionnelle

587. Lorsque le médecin requis agit bénévolement, le régime des collaborateurs occasionnels du service public pourra s'appliquer à condition que l'intervention soit désintéressée, effective et ponctuelle. Ces trois conditions sont aussi bien valables tant en France qu'en Côte d'Ivoire.

588. Le médecin requis doit participer de façon désintéressée à la télémédecine. Le médecin requis peut participer à la télémédecine sans en attendre une quelconque rémunération. Cette pratique est possible mais ne saurait constituer la règle. Car le médecin privé recherche avant tout la rentabilité ne serait-ce que pour l'entretien de son matériel. La participation désintéressée reste donc une hypothèse d'application limitée sauf en cas d'urgence pour la continuité du service public. Le médecin requis demandera toujours à être rémunéré.

---

[448] CE 21 mars 1957, Compagnie d'Assurances « l'urbaine et la Seine », Rec. 200, AJDA 1957.

589. La participation doit être effective. Cela suppose que le médecin a effectivement collaboré à l'exécution du service public par la réalisation à distance, d'actes identifiables et matérialisables. Il peut s'agir d'action directe sur la santé du malade, télé-chirurgie et de conseils, aides au diagnostic du médecin requérant, notamment. En pratique cette condition est remplie lorsque la collaboration est réelle et incontestable449.

590. Enfin, la participation du médecin requis doit être ponctuelle. Cela implique que, cette participation soit sollicitée ou acceptée par le service public ou spontanée en cas d'urgence450. Dans la pratique le médecin requérant demande à l'administration de conclure un contrat de prestation de service de télémédecine avec le médecin requis privé. Ce contrat permet au médecin requis de participer occasionnellement à l'exécution du service public.

591. Dès que ces trois conditions sont réunies, le médecin requis est considéré comme un collaborateur occasionnel du service public. Cette participation d'un bénévole à l'exécution du service public est commandée d'ailleurs par le principe de continuité du service public. En effet, le service public doit être assuré de façon continue et ce même en cas d'urgence. Ainsi, l'intervention de bénévole à partir d'actes de télémédecine permet d'atteindre cet

---

[449] J-F. LACHAUME, C. BOITEAU, H. PAULIAT, « Grands services publics », 2ème édition, Armand Colin 2000, P303.

[450] CE 30 novembre 1946, Faure, S. 1946, 3, 37 ; 17 avril 1953, PINGUET, S. 1954, 3, 69 ; 11 octobre 1957, Commune de Grigny, Rec. 524 : intervention motivée par « l'urgente nécessité de porter secours aux victimes de l'accident ».

objectif en palliant au déficit de spécialités dans certaines localités.

592. Toutefois, il convient de préciser que la collaboration occasionnelle est d'une application très limitée. Car en pratique, il est inconcevable voire impossible de faire fonctionner un service ou même de réaliser un acte de télémédecine dans le temps, de façon bénévole ou désintéressée. Dans tous les cas le régime de collaborateur occasionnel permet à l'administration de réparer le préjudice subi par le collaborateur comme ceux causés par celui-ci451.

593. Ainsi, les collaborateurs occasionnels peuvent obtenir la réparation des préjudices qu'ils subissent en participant à l'exécution du service public. De même le malade peut obtenir de l'administration la réparation du préjudice qu'il a subi du fait de l'intervention du collaborateur452. Ici, le collaborateur est considéré comme un agent du service public dans sa relation avec le patient. Toutefois, l'administration dispose d'un recours contre le bénévole.

Conclusion de la section

594. La mission de service public fait obstacle à l'existence du contrat médical entre le médecin requérant agent public et le patient, usager du service public, d'une part et à la réalisation d'un sous-contrat en télémédecine entre le médecin requérant et le médecin requis d'autre part. Mais, afin d'assurer sa mission de service public,

[451] CE 22 novembre 1946, G.A. 69, « Arrêt Commune de Saint-Priest-La Plaine.
[452] CE 21 mars 1957, op.cit.

l'administration peut conclure un contrat de prestation de service en télémédecine avec un médecin privé.

595. C'est un contrat d'entreprise dont l'objet porte sur l'exécution même du service public et qui de ce fait présente un caractère administratif. Le contenu de ce contrat est le même que celui passé par des acteurs privés avec la possibilité d'y insérer des clauses propres au service public relativement aux procédés techniques ou aux impératifs du service public. Les rapports qui se tissent dans ce cadre relèvent du droit administratif. L'administration engage directement sa responsabilité à l'égard du patient usager du service public. Celui-ci n'a pas d'action directe contre le médecin requis. Il ne peut agir contre ce dernier que sur le plan délictuel.

596. Quant aux parties au contrat, elles sont responsables l'une envers l'autre sur le plan contractuel. Mais si le médecin requis est un bénévole, sa participation à l'exécution du service public pourra relever du régime des collaborateurs occasionnels du service public. Pour bénéficier de ce statut, l'intervention doit être désintéressée, effective et ponctuelle. Cette situation est d'application très limitée car on imagine mal qu'une activité de télémédecine puisse se dérouler tout le temps de manière totalement désintéressée.

597. En cas de dommage le patient dispose d'une action directe contre l'établissement de santé investi de la mission de service public. Cette action en responsabilité de l'administration s'exerce devant le juge administratif en France. Mais elle relève de la compétence du juge judiciaire en droit ivoirien. Toutefois, l'administration dispose de recours contre le bénévole ou contre son agent.

Cependant la démarche sera contraire dans l'hypothèse où le médecin requérant est salarié du privé alors que le médecin requis est agent du service public.

Section 2. Médecin requis, agent public

598. Dans la mesure où le médecin requis est un agent du service public, il est investi d'une mission d'intérêt général. Il ne peut donc pas conclure un contrat de sous-traitance ou de prestation de service de télémédecine (§1). Ainsi, lorsqu'un médecin agent public est requis pour un acte de télémédecine, il l'exécute dans sa mission de service public (§2)453.

§ 1. Exclusion du sous-contrat

599. En France, il est admis que l'administration et ses agents ne participent pas à l'activité économique. Leur action est désintéressée et toujours commandée par la nécessité de satisfaire l'intérêt général454. Contrairement aux personnes privées dont le but est la recherche de profit, celui de l'administration est la satisfaction de la collectivité. Il est donc incompatible, voire impossible que l'administration soit le sous-traitant d'un promoteur privé.

600. De même, l'administration ne peut pas être l'exécutant d'une prestation de service de droit privé ; dans la mesure

[453] N. FERRAUD-CIANDET, « Droit de la télésanté et de la télémédecine », éd. Heures de France, 2011, Collection Droit Professionnel, p. 117.

[454] J-M. CROELS, « Le droit des obligations à l'épreuve de la télémédecine », presses Universitaires d'Aix-Marseille, 2006, Collection ; Droit de la Santé ISBN : 978-2-7314-0535-4, p. 192 et suivants.

où le médecin requérant ou l'établissement privé de santé est lié par un contrat médical ou de soins à son patient. C'est l'existence même de ce contrat qui fait obstacle à celle du sous-contrat. Ainsi, le médecin requis est un agent public et le demeure même quand il réalise un acte de télémédecine. Son intervention est toujours commandée par la mission de service public. Dès lors, lorsqu'un médecin agent du service public est requis pour un acte de télémédecine, il l'exécute dans le cadre de sa mission de service public[455]. Son intervention sera toujours encadrée par le droit administratif.

601. En Côte d'Ivoire, également, on retient que dès lors que le médecin requis est un agent du service public, il agit de façon désintéressée et au service de tous. Étant investi d'une mission de service public, la conclusion d'un contrat de sous-traitance ou de prestation de service de télémédecine est exclue. De plus, on comprendrait mal ou même, on n'imagine pas qu'un agent du service public puisse engager l'administration dans les activités économiques d'un promoteur privé.

602. En conséquence, l'action du médecin requis, agent du service public restera attachée à sa qualité, lorsqu'il est sollicité dans le cadre d'une activité de télémédecine. On fera donc application à sa mission de service public, les règles du service public. La télémédecine étant désormais intégrée au paquet minimum d'activités des établissements de santé, sollicité, l'agent ne fait qu'exécuter les missions de sa charge.

[455] *Ibid.*

§ 2. Maintien de la mission de service public

603. Comme tous les actes réalisés par le médecin agent public, la télémédecine relève de la mission de service public (B) dont est investi l'établissement public de santé (A).

A. Compatibilité de la télémédecine avec le service public hospitalier

604. En France, le service public hospitalier soumet l'administration et ses agents à l'obligation de soins en général456. Cette obligation de soins se matérialise à travers des actes de diagnostic, de traitements notamment qui participent eux-mêmes de la mission de service public. La télémédecine prise comme un acte médical à part entière intègre cette obligation de soins. Elle permet alors, d'établir un diagnostic, d'assurer, pour un patient à risque, un suivi à visée préventive ou un suivi post-thérapeutique, de requérir un avis spécialisé, de préparer une décision thérapeutique, de prescrire des produits, de prescrire ou de réaliser des prestations ou des actes, ou d'effectuer une surveillance de l'état des patients457.

605. En effet, bien que la télémédecine soit une activité nouvelle, elle ne semble pas substituer à la relation traditionnelle une relation nouvelle. Mieux la relation traditionnelle prévaut et imprime son caractère à l'activité nouvelle. La télémédecine n'est donc pas incompatible avec le service public hospitalier qu'elle intègre si parfaitement. Car elle participe de l'organisation des soins. Ainsi, la télémédecine constitue un bras de levier

---

[456] Article L1110-1 du Code de la santé publique.

[457] Article L6316-1, Code de la Santé publique.

puissant pour accompagner la restructuration de l'offre de soins hospitalière proposée par la Commission Larcher et dont les principales propositions ont été reprises dans la loi « Hôpital-Patient Santé Territoire » (HPST)458.

606. En Côte d'Ivoire, la situation ne semble pas différente. La télémédecine est également considérée comme un acte médical à part entière459. Sa fonction est de permettre les examens de diagnostic, de surveillance et le traitement des malades et toutes personnes qui sollicitent le médecin. Elle n'a donc pour effet de créer une relation juridique nouvelle entre le patient et le médecin y ayant recours. Dès lors, il ne semble pas y avoir d'incompatibilité entre la télémédecine et le service public hospitalier. Mieux, la télémédecine participe de l'organisation de l'offre des soins hospitaliers460.

607. En effet, le besoin important d'avis spécialisés pour les patients pris en charges dans les établissements de proximité et l'engorgement des établissements de santé de premier contact devraient dans de nombreuses situations être améliorés par des télé-expertises et téléconsultations de spécialistes à partir de l'établissement de référence, améliorant ainsi l'efficience du temps médical et la qualité des prises en charges461. La télémédecine est donc un

---

458 Rapport de la Commission LARCHER sur les nouvelles Missions de l'Hôpital Public remis au Président de la République le 10 avril 2008 ; http://solidarites-sante.gouv.fr/IMG/pdf/rapport_Larcher_definitif.pdf.

459 Article 6 du décret n° 2018-361 du 29 mars 2018 portant réglementation de la télémédecine en Côte d'Ivoire

460 Article de l'arrêté du 10 mai 2021 portant intégration de la télémédecine au paquet minimum d'activité des établissements de sant, op. cit.

461 Pierre SIMON, les Université d'été de la performance sanitaire, « place de la télémédecine dans l'organisation des soins : la télémédecine permet-elle des organisations de soins plus performantes ? ».

atout dans la réorganisation du système de santé en vue de l'efficience recherchée462.

B. Réalisation d'une mission de service public

608. Par son action, le médecin requis offre au patient des soins de meilleure qualité ou aide le médecin requérant à les lui procurer. Le patient et le médecin requérant sont dès lors bénéficiaires des prestations du médecin requis. Il est acquis en France et en Côte d'Ivoire que le médecin requis agent du public ne peut, par son action engager l'établissement de santé ni dans un contrat de sous-traitance ni de prestation de télémédecine.

609. Il ne semble pas participer à l'exécution du contrat médical entre le médecin requérant privé et son patient. Son intervention est désintéressée et réalisée dans un but d'intérêt général. Dès lors, cette prestation du médecin requis, agent public participe de l'exécution même d'une mission de service public. C'est donc sa qualité qui détermine la nature de son intervention.

610. Mais en cas de dommage, le patient engagera directement la responsabilité directe du médecin requérant ou de l'établissement privé de santé, employeur de celui-ci. Il n'a pas d'action directe contre le médecin requis ou l'établissement public de santé. Lorsque le médecin requérant estime avoir été mal conseillé par le médecin requis, il peut agir contre lui selon les règles de la responsabilité administrative.

---

http://www.performance-en-sante.fr/editions-precedentes/2017/interventionsvideos/vendredi-0809/actualites/ateliers-de-prospective-11.

[462] PNDS 2016-2020 également PNDS 2021-2025.

Conclusion de la section

611. Le médecin requis, agent du service public ne peut ni s'engager lui-même ni engager l'établissement public de santé dans un contrat. La conclusion d'un contrat de sous-traitance ou de prestation de service de télémédecine étant incompatible avec la mission de service public dont il est investi. Ainsi, lorsqu'un agent du service public réalise un acte de télémédecine, cela participe toujours de sa mission de service public quelle que soit la qualité du médecin requérant ou l'établissement de santé pour le compte duquel il a agi.

612. Cette solution est la même, tant en France, qu'en Côte d'Ivoire. On remarquera alors, que la télémédecine n'est pas incompatible avec la notion de service public. Elle apparaît au total comme un levier pour une meilleure organisation dc l'offre de soins plus performante au sein du service public hospitalier. On peut donc le dire la télémédecine est un instrument d'équité et de justice sociale garantissant un égal accès à des soins de qualité pour tous.

Conclusion du chapitre

613. Au total, la télémédecine réalisée dans le cadre d'une coopération public-privé en France comme en Côte d'Ivoire, présente des situations différentes. Lorsque le médecin requérant est agent public et le médecin requis privé, l'acte de télémédecine ne relève pas d'un contrat médical conclu entre le requérant et son patient. L'inexistence de ce contrat originaire fait obstacle à l'admission d'un contrat de sous-traitance entre le médecin requérant et le médecin requis.

614. Les rapports entre le médecin requérant et le requis sont donc de nature divergente. Le médecin requérant ou son employeur peut conclure un contrat de prestation de service de télémédecine dont l'objet est l'exécution même du service public. Il s'agit d'un contrat administratif. Lorsque le médecin requis est bénévole, il relève du régime des collaborateurs occasionnels du service public. Dans cette hypothèse, les rapports en présence sont du droit administratif, bien qu'elle ne soit que d'application limitée.

615. Mais dans l'hypothèse où, seul le médecin requis est agent public, il ne peut s'engager lui-même ni engager le service public dans un sous-contrat. Ainsi, lorsqu'il est requis pour un acte de télémédecine, il l'exécute dans sa mission de service public. Son action relève du droit administratif et ce malgré l'existence d'un contrat médical entre le médecin requérant privé et son patient. Dans cette hypothèse, le médecin requis n'a pas de lien direct avec le patient du requérant, sinon que celui régissant le service public dont le patient demeure un usager.

Conclusion du titre 2

616. On remarque que la nature juridique des relations qui se nouent entre médecin requérant et médecin requis est tributaire de leur qualité. Ainsi, lorsqu'on a en présence des médecins libéraux, leur relation relève du droit privé et soumise à la compétence du juge judiciaire. Il n'y a de ce point de vue aucune distinction à faire tant en Côte d'ivoire qu'en France.

617. Lorsque les médecins requérant et requis sont tous deux des agents du service public hospitalier, il ne fait aucun doute que le droit applicable à leur rapport est le droit administratif. De même, lorsque seul le médecin requérant est agent du service public, c'est toujours la responsabilité de l'administration qui sera engagée. Dans ces deux cas, l'action en responsabilité est initiée devant le juge administratif en France et devant le juge judiciaire en droit ivoirien.

618. Mais lorsque le médecin requérant est privé et le requis agent public, le premier engage sa responsabilité devant le juge judiciaire, alors qu'il sera difficile de mettre en œuvre la responsabilité du requis. Toutefois, le requérant dispose d'une action contre l'administration.

Conclusion de la deuxième partie

619. L'étude du cadre juridique des relations professionnelles en télémédecine, en France et en Côte d'Ivoire, nous a permis de comprendre que quoique substituant à la relation traditionnelle médecin-patient une relation tripartite, la télémédecine, n'a en rien modifié les rapports juridiques existant traditionnellement et résultant d'un contrat médical, d'un contrat de soins ou de l'obligation légale de soins ou encore de l'exercice d'une mission de service public. Et c'est la qualité de médecin requérant et de médecin requis à l'acte de télémédecine qui détermine la nature des rapports juridiques en présence.

620. Ainsi, la télémédecine peut s'exercer dans un cadre conventionnel entre les acteurs relevant du secteur privé de la santé. Les médecins libéraux et les établissements privés de santé peuvent librement signer un tel accord. Cette convention dite de télémédecine organise leurs différents rapports ainsi que les modalités pratique de réalisation des actes de télémédecine.

621. En France, les médecins libéraux ont signé un accord conventionnel avec l'Assurance maladie le 14 juin 2018, permettant le remboursement des actes de téléconsultation et des actes de téléexpertise. Alors qu'en Côte d'Ivoire une telle convention peut être directement signée par les médecins libéraux ou par les responsables des établissements de santé.

622. Leur relation est alors organisée par le droit privé et relève de la compétence du juge judiciaire. Les deux professionnels de santé engagent leur responsabilité contractuelle l'un à l'égard de l'autre. Dans la relation médecin requérant-patient, le premier engage sa responsabilité contractuelle ou légale également. Mais dans la relation médecin requis-patient, c'est plutôt la responsabilité délictuelle.

623. En présence du service public, les établissements publics hospitaliers investis de la mission de service public peuvent collaborer à travers la coopération au sein du service public. En France, le principe de la liberté contractuelle s'applique entre les parties dans les limites (notamment) des règles applicables aux établissements publics de santé. L'objet possible des conventions n'est pas limitativement défini par la loi. Il doit donc l'être au sein de la convention. « Il peut porter notamment sur la constitution d'un projet médical commun, de filières de 463soins communes, d'échange de prestations (...). Une convention de coopération ne peut modifier la répartition des autorisations entre les établissements.

624. La convention de coopération ne crée pas de personne morale nouvelle et n'a donc pas d'impact sur le mode de gouvernance interne de chacune des parties. Une convention de coopération peut être à durée déterminée ou indéterminée. Formes de coopérations spécifiques prévues par la Code de la santé publique : - coopération entre établissements publics de santé dans le cadre d'une communauté hospitalière de territoire (article L. 6132-1 CSP)
- coopération entre établissements publics de santé et professionnels de santé libéraux (article L. 6146-2 CSP) et signature de contrats d'exercice libéral
- coopération entre établissements publics de santé et professionnels de santé non hospitaliers pour la participation aux missions de service public (article L. 6112-4 CSP) ».

625. En Côte d'Ivoire, le cadre de coopération est fixé par la réforme hospitalière. Les établissements publics de santé ne contractent pas entre eux, ils mettent en œuvre la

[463] https://affairesjuridiques.aphp.fr/textes/les-conventions-de-cooperation/ 28/09/2012, ORGANISATION HOSPITALIÈRE / RÉSEAUX DE SOINS ; Instruction n° DGOS/PF3/2012/349 du 28 septembre 2012 relative au guide méthodologique « Améliorer la coordination des soins : comment faire évoluer les réseaux de santé »

télémédecine dans le cadre de leur mission de service public. L'établissement de santé engage ainsi directement sa responsabilité mais peut se retourner contre son agent en cas de fautes de celui-ci. Dans le système français, l'action en responsabilité administrative relève de la compétence du juge administratif. Dans le système ivoirien, l'action est de la compétence du juge judiciaire qui appliquera les règles de la responsabilité administrative.

626. Également, la télémédecine lorsqu'elle est réalisée dans le cadre d'une coopération public-privé en France comme en Côte d'Ivoire, présente des situations différentes. Lorsque le médecin requérant est agent public et le médecin requis privé, l'acte de télémédecine ne relève pas d'un contrat médical conclu entre le requérant et son patient. L'inexistence de ce contrat originaire fait obstacle à l'admission d'un contrat de sous-traitance entre le médecin requérant et le médecin requis.

627. La responsabilité du médecin requis dépend de sa situation juridique. S'il participe à l'exécution même du service public en vertu d'un contrat de prestation de service de télémédecine, il engagera sa responsabilité pour manquement à un contrat administratif. Par contre s'il agit en qualité de bénévole, le requis est soumis au régime des collaborateurs occasionnels. En cette qualité, il est considéré comme un agent de l'administration et sa faute engage la responsabilité de celle-ci.

Conclusion générale

627. Le développement des moyens de télécommunication a révolutionné nombre d'activités humaines dont la médecine à travers la pratique à distance de l'art médical. Cette modalité de la pratique médicale a amélioré l'offre de soins sur le territoire aussi bien en France qu'en Côte d'Ivoire. A ce titre, la télémédecine apparaît comme un moyen démocratique capable d'assurer l'égalité d'accès à des soins de qualité à tous.

628. Ce travail a servi de base à des réflexions juridiques essentielles au développement et à la promotion de la télémédecine. L'étude du cadre juridique des relations professionnelles en télémédecine, en France et en Côte d'Ivoire, nous a permis de comprendre que quoique substituant à la relation traditionnelle médecin-patient une relation tripartite, la télémédecine, n'a en rien modifié les rapports juridiques existant traditionnellement et résultant d'un contrat médical, d'un contrat de soins, d'une obligation légale de soins ou de l'exercice d'une mission de service public. Et c'est la qualité de médecin requérant et de médecin requis à l'acte de télémédecine qui détermine la nature des rapports juridiques en présence.

629. Ainsi, en présence d'un contrat médical, les médecins requérant et requis peuvent conclure un contrat de sous-traitance. Leur relation est alors organisée par le droit privé et relève de la compétence du juge judiciaire. Les deux professionnels de santé engagent leur responsabilité contractuelle l'un à l'égard de l'autre. Dans la relation médecin requérant-patient, le premier engage sa responsabilité contractuelle également en présence d'un

contrat médical et délictuelle en présence d'une obligation légale de soins. Mais dans la relation médecin requis-patient, c'est plutôt la responsabilité délictuelle.

630. En présence d'un contrat de soins, le médecin requérant salarié et son employeur peuvent conclure un sous-contrat avec le médecin requis salarié et son employeur ou avec un médecin requis libéral. En cas de dommage le patient a une action directe en responsabilité contractuelle en Côte d'Ivoire et délictuelle en France contre l'employeur du médecin requérant. Par contre, il n'a pas d'action directe contre l'établissement du requis. Son action ne peut être que délictuelle. Dans la relation établissement requérant-établissement requis, c'est la responsabilité contractuelle. Quand l'établissement désintéresse le patient ou l'établissement cocontractant, il peut toujours se retourner contre son salarié en Côte d'Ivoire. Mais en France ce recours n'est plus possible compte tenu de l'immunité professionnelle des salariés à l'égard de leurs employeurs.

631. En présence du service public, le patient est un usager de celui-ci. Il ne peut engager la responsabilité du médecin requérant que sur le fondement du droit administratif. En pratique, son action sera dirigée contre l'établissement public hospitalier investi de la mission de service public. A charge pour ce dernier de se retourner contre son agent. Dans le système français, l'action en responsabilité administrative relève de la compétence du juge administratif. Dans le système ivoirien, l'action est de la compétence du juge judiciaire qui appliquera les règles de la responsabilité administrative.

632. La responsabilité du médecin requis dépend de sa situation juridique. S'il participe à l'exécution même du service public en vertu d'un contrat de prestation de service de télémédecine, il engagera sa responsabilité pour manquement à un contrat administratif. Par contre s'il agit en qualité de bénévole, le requis est soumis au régime des collaborateurs occasionnels. En cette qualité, il est considéré comme un agent de l'administration et sa faute engage la responsabilité de celle-ci.

633. L'analyse comparative nous a permis de démontrer que les problèmes relatifs à la pratique licite de la télémédecine, la responsabilité des acteurs, la protection des données médicales présentant un caractère personnel et la détermination de la loi normalement compétente sont traités de la même manière ; les quelques différences pouvant résulter du système de dualité ou d'unicité de juridiction. On a pu enfin constater que la France est en avance sur la codification des règles relatives à la télémédecine.

Appareil scientifique

BIBLIOGRAPHIE

OUVRAGES GENERAUX

C. AUBRY et RAU, Cours de droit civil français, d'après la méthode de Zacharie, éd. Hachette livre, 13ème éd. t.3 2014.

B. AUDIT et Louis d'AVOUT, Traité de droit international privé, Editeur : LGDJ, Collection : Traités, Sous-collection : 2e édition, Parution : 30/08/2022, EAN : 9782275091778

B. AUDIT, Droit international privé, Economica, 6ème édition, 2010.

M. BACACHE-GIBEILI, Traité de droit civil, Les obligations, la responsabilité civile extracontractuelle, Economica, 3ème édition, tome 5, 2016.

A. BENABENT, Droit des obligations, LGDJ, Précis-Domat, sous coll. Privé, 20ème édition, 2023

D. BERTHIAU, Droit de la santé, Gualino, coll. Mémentos LMD, 2007.

C. BERGOIGNAN-ESPER, P. SARGOS, Les grands arrêts du droit de la santé, Dalloz-grands arrêts, 2ème édition, 2016.

J-R. BINET, Droit médical, éd. Montchrestien, coll. Lextenso Cours, 2010.

P. BOUREL, Droit international privé, éd. Dalloz, 10ème éd., coll. Précis, 2013.

Ph. BRUN, Responsabilité civile extracontractuelle, Manuel, Litec, 5ème édition, 2018.

H. CAPITANT, F. CHÉNEDÉ, Y. LEQUETTE, F. TERRÉ, Les grands arrêts de la jurisprudence civile, t. 2, Dalloz, 13ème édition, 2015.

J. CARBONNIER, Droit civil, Les biens, Les obligations, PUF, coll. Quadrige, vol. 2, 2004.

R. CHAPUS, Droit administratif général, éd. Montchrestien, 15ème éd., coll. Domat droit public, t. 1, 2001.

D. BUREAU, MUIR WATT H., Droit international privé, Tome II, 2ème édition, Thémis droit, PUF, 2010.

J-M. CLEMENT, Les grands principes du droit de la santé, Les études hospitalières, 2005.

G. CORNU, Vocabulaire juridique, PUF quadrige, 9ème éd., 2011.

G. DARCY, La responsabilité de l'administration, éd. Dalloz, coll. Connaissance du droit, Dalloz 1996.

J.R De FORGE, Droit de la santé, PUF « Que sais-je ? », 2010.

P. De VAREILLES-SOMMIERES, Y. LOUSSOUARN et P. BOUREL, Droit international privé, 10e éd., Dalloz, 2013.

R. DEGNI-SEGUI, Droit administratif général, l'organisation administrative, tome 2, Abidjan, NEI-CEDA, 4è édition, 2013.

R. DEGNI-SEGUI, Droit administratif général, l'action administrative, tome 2, Abidjan, NEI-CEDA, 4è édition, 2012.

A. DEMICHEL, Le droit de la santé, éd. Les Etudes Hospitalières 1999.

R. DEMOGUE, Traité des obligations en général, Paris, éd. Rousseau, 2006, t.5.

M. DUPONT, C. BERGOIGNAN-ESPER et C. PAIRE, Droit hospitalier, Dalloz, coll. Cours, 8ème édition, 2011.

M. DUPONT/C. ESPER/ C. Paire, Droit hospitalier, éd. Dalloz, 2003, n° 628 et S.

B. FAGES, Droit des obligations, LGDJ-Lextenso, 14è édition, 2024-2025

J. FLOUR, J.-L. AUBERT et E. SAVAUX, Droit civil, Les obligations, éd. Sirey - vol. 1, L'acte juridique, 14ème éd., 2010 -

vol. 2, Le fait juridique, 13ème éd., 2009 - vol. 3, Le rapport d'obligation, 7 ème éd., 2011.

V. FORRAY, Le consentement dans la théorie générale du contrat, Paris, LGDJ, 2007.

J. GHESTIN et G. GOUBEAU, Traité de droit civil, Introduction générale, t1. 3è.éd. Paris, LGDJ, 2000.

P. F. GONIDEC, Relations internationales africaines, LGDJ, collect. Thèses, t53, 01/01/1996.

P. F. GONIDEC, Relations internationales, éd. Montchrestien, Paris, 1977.

G. GOUBEAUX, Traité de droit civil, introduction générale, éd. LGDJ, 4ème éd, 1994.

S. GUINCHARD, M. HARCHAUX et R. TOURDONNET, Internet pour le droit, éd. Montchrestien, 2ème éd. 2001.

A. HOLLANDE et X. LINANT DE BELLEFONDS, Pratique du droit de l'informatique et de l'internet, Paris, Delmas, 2008.

J. HUET et E. DREYER, Droit de la communication numérique, éd. LGDJ, Lextenso éd, 2011.

J-F. LACHAUME, C. BOITEAU, H. PAULIAT, Grands services publics, 2ème édition, Armand Colin 2000.

Y. LAMBERT-FAIVRE et S. PORCHY-SIMON, Droit du dommage corporel et systèmes d'indemnisation, Dalloz, « Précis », 7ème édition, 2011.

L. LAROMBIERRE, Théorie et pratique des obligations, éd. Originale 1857, éd. Hachette, tome 5, 2018.

A. LAUDE, B. MATHIEU et D. TABUTEAU, Droit de la santé, éd. PUF, coll. « Thémis droit», 2ème ed., 2007.

P. LETOURNEAU et L. CADIET, Droit de la responsabilité et des contrats, éd. Dalloz, 3ème éd, 2000.

P. LETOURNEAU avec la participation de C. GUETTIER, A. GUIDICELLI, D. KRAJESKI, J. JULIEN, M. LEROY, P. STOFFEL-MUNCK, Droit de la responsabilité et des contrats, éd. Dalloz action 2004/2005.

P. MALAURIE, AYNES L., Ph. STOFFEL-MUNCK, Droit des obligations, LGDJ, 2018, 10ème édition.
P. MALAURIE, La responsabilité, Defrénois 2004.
P. MALAURIE, AYNES L., GAUTIER PY, Les contrats spéciaux, Defrénois 5eme éd., 2011.
P. MALAURIE, Les obligations, en collaboration avec Laurent AYNES et Philippe STOFFEL-MUNCK, Defrénois, 6eme édition, 2013.
PH. MALINVAUD, M. MEKKI J-B. SEUBE, Lexis Nexis, 2019, Scolaire / Universitaire (broché).
C. MAUGUE et J.P. THIELLAY, La responsabilité du service public hospitalier, LGDJ, 2010.
P. MAYER, V. HEUZE, Droit international privé, Montchrestien Lextenso Edition, 10. ème édition, 2010.
H. MAZEAUD, L. MAZEAUD, J. MAZEAUD et F. CHABAS, Leçons de droit civil, Les obligations, éd. Montchrestien, 9ème éd, t.2, volume I, 1998.
G. MEMETEAU, M. GIREZ, Cours de droit médical, éd. Les Etudes Hospitalières, 5ème éd, mise à jour au 1er février 2016.
G. MEMETEAU, Le droit médical, collection jurisprudences françaises, éd. Litec, 1985.
G. MEMETEAU, Dictionnaire permanent de bioéthique et de biotechnologie éd. leg. 1994.
M-L. MOQUET-ANGER, Droit hospitalier, LGDJ, 2ème édition, 2012.
M-L. NIBOYET, G. DE GEOUFFRE DE LA PRADELLE, Droit international privé, L.G.D.J. Lextenso Editions, 2ème édition, 2009.
A. PONSEILLE, Professions, professionnels et établissements de santé face au droit pénal, LEH Edition, Sept. 2015.
J-H. ROBERT, Droit pénal général, 6ème éd., coll. Thémis, 2005.
A. SERIAUX, Manuel de droit des obligations, éd. PUF, 2ème éd. Mise à jour, coll. droit fondamental.

D. TABUTEAU, Les droits des malades, PUF, 2018.
F. TERRÉ, Ph. SIMLER, Y. LEQUETTE, Droit civil, Les obligations, Dalloz, coll. Précis, 12ème édition, 2018.
F. TERRE, Les obligations, Paris, Dalloz, 2005, 9ème éd.
F. TERRE, P. SIMLER et Y. LEQUETTE, Droit civil, les obligations, éd. Dalloz, 8ème éd, 2002.
F. TERRE, P. SIMLER et Y. LEQUETTE, Droit civil, les obligations, éd. Dalloz, 7ème éd, 1999.
F. VIALLA, Les grandes décisions du droit médical, LGDJ, éd. Lextenso, 2009.
G. VINEY et P. JOURDAIN, Traité de droit civil, les conditions de la responsabilité, éd. LGDJ, 2ème éd, 1999.

OUVRAGES SPECIAUX, THESES, MEMOIRES

C. AIGOUY, V. VIOUJAS, La télémédecine dans les établissements de santé, éd. LEH, 2014.
L. ATTUEL-MENDES, Consentement et actes juridiques, Paris, Litec, 2008.
J-P. ALMERAS, H. PEQUIGNOT, La déontologie médicale, éd. Litec 1996.
B. BEIGNIER, B. De LAMY, E. DREYER, dir., Traité de droit de la presse et des médias, Lexis Nexis Litec, 2009.
P-J. BENGHOZI, S. BUREAU et F. MASSIT-FOLLEA, L'internet des objets-Quels enjeux pour l'Europe ? éd. MSH, septembre 2009.
A. BERNARD, Droit à la vie privée et Droit à l'image, éd. Litec 1999.
R. BERTHOU, L'évolution de la création du droit engendrée par Internet : vers un rôle de guide structurel pour l'ordre juridique européen, Thèse de doctorat de l'Université Rennes I, juillet 2004.

B. BEVIERE-BOYER, N-J. MAZEN, Éthique et droit du vivant, RGDM, n°67, 2018.

Q. BLUCHE, Petit à petit l'innovation fait son nid, RDS, n°89, 2019.

A. BODENES-CONSTANTIN, Secret médical : entre conciliation du respect du secret et loyauté de l'information de l'assuré ,RDS, n°87, 2019.

J.M. BUDET et F. BLONDEL, L'hospitalisation publique et privée, des ordonnances de 1996 au plan hôpital 2007, Berger Levrault 2004, 3ème éd.

A. BRAY, La question du statut de profession libérale : Étude comparative France -Etats-Unis, Master 2, Université Panthéon-Assas, 2015.

P. CARLIER, L'utilisation de la lex fori dans la résolution des conflits de lois. Droit. Université du Droit et de la Santé - Lille 2, 2008. Français.

V. CHAPEAU-SELLIER, Procédure en reconnaissance de la faute inexcusable de l'employeur : le tribunal amiable compositeur ,RDS, n°90, 2019.

J.M. CLEMENT, Droits des malades, Les études hospitalières, coll. Essentiel, 2002.

C. COURAGE, Qualification du dispositif médical : quand les activimètres permettent d'affiner les critères de qualification, RDS, n°97, 2020.

F. CYPRIANI, Télémédecine en 2014 : enquête auprès des médecins libéraux français, Faculté de médecine, Université de Strasbourg, 2014, n°134, en ligne, http://www.apima.org/img_bronner/These_Cypriani_telemedecine_2014.pdf.

C. CLEMENT, La responsabilité du fait de la mission de soins des établissements publics et privés, éd. Les études hospitalières, coll. Thèses, 2001.

M. CONTOUX et F. PRODHOMME, projet DESS Technologies Biomédicales Hospitalières 2001-2002.
I. COULIBALY, La protection des données à caractère personnel dans le domaine de la recherche scientifique, Thèse, 25 novembre 2011.
L. CORTES, Contenu d'une application smartphone d'aide à la prise en charge de la grossesse à bas risque en médecine générale, 8 Décembre 2016.
J-M. CROELS, Le droit des obligations à l'épreuve de la télémédecine, PU Aix-Marseille à Aix en Provence, 2006.
C. DAVER ; G. MEMETEAU, Manuel de droit du contrat médical d'exercice libéral en clinique privée, Bordeaux [FRA] : LEH Edition, 2023.
J-P. DELEVOYE, Refus de soins et actualités sur les droits des malades, Paris, Presses de L'EHESP, 2012, préface.
N. DEJEAN et I. BATTIE, Appréciation in abstracto et appréciation in concreto en droit civil français, éd. LGDJ, 1965.
G. DEVERS, Droit, responsabilités et pratique du soin, Paris, Lamarre, 2013.
G. DEVERS, Pratiques de la responsabilité médicale, éd. Alexandre Lacassagne/ EKSA 2000.
A. DUBUIS, Les droits du patient en droit de l'Union Européenne, éd. Bruylant, coll., Droit de l'Union Européenne, novembre 2017.
F. DUCHENE, Fusion de données multicapteurs pour un système de télésurveillance médicale de personne à domicile, 15 octobre 2004, https://tel.archives-ouvertes.fr/tel-00007607v2/document.
O. DUPUY, La gestion des informations relatives au patient, éd. Les études hospitalières, avril 2005.
C. EVIN, Les droits des usagers du système de santé, Paris, Berger-Levrault, 2002.
V. FAUCHOUX, P. DEPREZ, Le droit de l'Internet, Lois, contrats et usages, Lexis Nexis Litec, 2008.

G. FAURE, La loi du 4 mars 2002 : continuité ou nouveauté en droit médical ? Puf, 2003.
N. FERRAUD-CIANDET, Droit de la télésanté et de la télémédecine, éd. Heures de France, 2011, coll. droit professionnel.
B. GIRAUD, La révolution de la prise en charge des patients par les objets connectés, thèse, 16 décembre 2016 à l'Université Claude BERNARD - Lyon 1 faculté de pharmacie, institut des sciences pharmaceutiques et biologiques, n°143 ; http://portaildoc.univ-lyon1.fr.
R. GONALONS, P. CHALVIN, Activité libérale des praticiens hospitaliers : le décret du 7 mars 2006 sous respiration artificielle, RDS, n°27, p.79-81
M. GRIT, L'ordonnance relative à la protection des données personnelles, RDS, n°88, 2019. HOERNI, Ethique et déontologie médicale, 2è. Ed.Masson, coll. Abrégés, Juin 2000.

H. JACQUEMIN et A. de STREEL, L'Intelligence artificielle et le droit, Coll. CRIDS, éd. Larcier, 2017.
J. JULIEN, La responsabilité civile du fait d'autrui, rupture et continuités, PUAM, 2001.
P. KAYSER, Protection de la vie privée, Economica, Presses Universitaires d'Aix-Marseille, 1984.
J-M. KERMARREC, La judiciarisation de l'usage numérique en santé… un risque émergent, RDS, n°88, 2019.

L. KORNPROBST et S. DELPHIN, Le contrat de soins médicaux, éd. Sirey, coll. Contrat ou le droit pratique 1960.
M. KRKAC, Création du Comité éthique et scientifique pour les recherches, les études et les évaluations dans le domaine de la santé, RDS, n°97, 2020.
M. KRKAC, L'Académie nationale de médecine propose une nouvelle gouvernance hospitalière ,RDS, n°89, 2019.

A. LAUDE et D. TABUTEAU, Les droits des malades, Coll. Que sais-je ? éd. PUF, 2018.
R. LEBATARD-SARTE, A. MRECELLI, Le médecin du département information médicale dans les établissements de santé, régulation et déontologie, éd. Masson 2000.
LEMOYNE de FORGES, Le statut du malade à l'hôpital public, Paris, 1974.
C. LINK, Télémédecine en France et en Allemagne : Etude de droit comparé sur les problèmes engendrés par les nouvelles méthodes de télémédecine clinique, télé-expertise et télé-opération et plus particulièrement, la responsabilité médicale et les conflits de lois éd. PUF, 2007.
I. LUCAS-BALOUP, B. VORMS, Médecine/ cliniques, le contrat d'exercice libéral, éd. SCROF 2001.
A. LUCCHINI, La maltraitance de personnes vulnérables justifie le licenciement d'un agent hospitalier, RDS, n°91, 2019.
C. MASCRET, L'arrêt brutal d'un traitement entraînant un danger pour la santé du patient est un motif valable de suspension d'une décision administrative ,RDS, n°97, 2020.
E. MATRINGE, La réforme de la responsabilité civile en droit Suisse : Modèle pour le droit français ? 27 mars 2010.
M. MAZZUCOTELLI, Contrats d'exercice libéral et obligations contractuelles : attention au respect des clauses, RDS, n°85, 2018.
G. MEMETEAU, Droit des contrats en exercice libéral, RGDM, n°69, 2019.
F. MEURIS, Les conflits de lois dans le temps en droit de la propriété intellectuelle, Thèse, Paris-Est, 2011.
V. MIJUSKOVIC, HOPSYWEB : acte 4, RDS, n°97, 2020.
J. NERET, Le sous contrat est une convention ayant pour objet l'exécution d'une convention par une autre personne qu'une partie au contrat initial, préface de Pierre CATALA, LGDJ 1979.
N. NEVEJANS, Traité de droit, éthique et de la robotique civile, éd. LEH, janv.2017, coll. Science, éthique et société.

N. NEVEJANS, La participation des sciences de la vie et de la santé à la décision du juge civil et pénal, thèse de doctorat droit privé, Lille 2, 25 janvier 2000.

K.E. N'GUESSAN, Le risque juridique en télémédecine, édition Didactijuris, décembre 2024.

P. NICOLAS, Les enjeux juridiques de la télémédecine : contribution à l'étude des liens entre les droits des patients et les innovations technologiques. Volume 16, Bordeaux, LEH Édition, 2023, coll. "Thèses numériques de la BNDS",

R. OSSINTCHOUK, Prévenir le risque conflictuel au cabinet dentaire, éd. Cdp, 2002.

B. PASTRE-BELDA, Une protection renforcée de la santé des personnes privées de liberté ,RDS, n°89, 2019.

J. PENNEAU, Faute et erreur en matière médicale, éd. LGDJ 1973.

J. PENNEAU, La responsabilité du médecin, éd. Dalloz connaissance du droit, 3ème éd, 2004.

T. PIETTE-COUDOL, Les objets connectés, sécurité juridique et technique, éd. Lexis Nexis, 2015, coll. actualité.

B. PITCHO, Le statut juridique du patient, éd. LEH, coll. Thèses, 2004.

I. POIROT-MAZERES, Santé, numérique et droits, éd. Institut Fédératif de Recherche "Mutation des normes juridiques" Université Toulouse1, coll. Colloques IFR, août 2018.

P. PUIG, La qualification du contrat d'entreprise, éd. Panthéon Assas, 2002.

J. RAYNAL, Obligation de résultat, possible liberté de moyens en matière d'accessibilité des bâtiments aux personnes handicapées ,RDS, n°85, 2018.

R. SAVATIER, Etude juridique de la profession libérale, Thèse Poitiers, éd. LGDJ, 1947.

B. SIAU, Qualification d'une maladie psychique d'origine professionnelle dans la fonction publique, RDS, n°90, 2019.

P. SIMON, Télémédecine : Enjeux et pratiques, éd. Le Coudrier, 2015, coll. synthèses et repères.
D. THOUVENIN, Le secret médical et la loi du 4 mars 2002 : quels changements ? éd. Laennec, tome 55, 2007.
S. T. TRAORE, La télémédecine dans la formation et les prestations d'un service de chirurgie au Mali, Thèse de Médecine, Bamako 2008.
F. VIALLA, Au feu ! RDS, n°91, 2019.
V. VIOUJAS, Droit des établissements publics de santé, RGDM, n°68, 2020.
G. VINEY et P. KOURILSKY, Le principe de précaution, éd. Odile Jacob, 2000.
S. WELSCH, Responsabilité du médecin, risque et réalité judiciaires, éd. Litec 2000, coll. responsabilités.

ARTICLES

Y. ADAMA, « La responsabilité administrative en matière médicale en droit ivoirien », RGDM, n° 34, 2010.
H. ALAMI et al, « La télémédecine au Québec : état de la situation des considérations légales, juridiques et déontologiques », European research in telemedecine/ Recherche Européenne en télémédecine, 2015.
C-M. ALVES, « L'unification de la prescription médicale à l'épreuve de la prescription quadriennale », petites affiches 2004, n° 184.
F. ANDRE-ALBERT et C. QUANTIN, « Responsabilités et numérisations des actes de télé-expertise dans journal de gestion et d'économie médicale », 2012/4, vol.30.
J-B. ANZOUAN-KACOU, C. KONIN, I. COULIBALY, J. KOFFI, A. EKOU, M-P. N'CHO-MOTTOH, R. N'GUETTA, M. ADOH-

ADOH, R. ABOUO-N'DORI, « Délai de prise en charge de l'infarctus du myocarde à l'Institut de cardiologie d'Abidjan », Journal Africain du Thorax et de vaisseaux 2010.

M. BACCACHE, « L'exercice de la médecine au sein d'un établissement de santé privé : quelles responsabilités ? », Méd.& Droit, 2008, n° 89.

M. BACCACHE, « Responsabilité médicale, La faute technique », J-cl. Droit médical et hospitalier, fasc. 18-20, 2014, n°15.

C. N. BEKADA EBENE, « L'assurabilité du risque de développement dans l'espace CIMA ? », revue semestrielle d'études, de législation, de jurisprudence et de pratique professionnelle en droit des affaires et en droit communautaire, n° 6, janvier 2016.

J. BERANGER et R. BOUADI, « Approche éthico-juridique de l'usage des données médicales à caractère personnel », Lavoisier, les cahiers du numérique 2014/2, vol. 10.

J. BERANGER et al., « Télémédecine sous X ? Pourquoi prolonger cette protection individuelle historique ? », les tribunes de la santé 2012/2, n°35.

J-S. BERGE, « La résolution des conflits de lois », éd. Bruylant, 2003.

E. BERNHEIM, « Le pluralisme normatif : un nouveau paradigme pour appréhender les mutations sociales et juridiques ? », Revue interdisciplinaire d'études juridiques, 2011/2 Volume 67.

J-M. BISCHOFF, « Utilisation du principe de proximité pour désigner la loi compétente en cas de délit complexe », RCDIP n° 2, 15 juin 2000.

B. BONNICI, « Droit de la santé », études, 213, 214 et 215, éd. Lamy, 2011.

C. BOURRET, « Réseaux de santé et nouveaux métiers de l'information », Documentaliste-Sciences de l'Information 2004/3 (Vol. 41).

M. BRODIN, « Informatisation et confidentialité des données médicales », Laennec, 2007/1-tome 55, p. 12-22.
J. M. BRUNETTI et al., « Fast and furious: Telecardiology in acute myocardial infarction triage in the emergency room setting », European research in telemedicine / Recherche Européenne en télémédicine, 2013.
S. CALLENS, « Telemedecine and E-Commerce Directive», European Journal of Health Law, 2012.
C. CASTETS-RENARD, D. FOREST et A. CASANOVA, « Droit à l'oubli numérique », RLDI 2014/106, n° 3535, 3536 et 3537.
G. CHATILLON, « Le droit international de l'Internet », Actes du colloque organisé à Paris les 19 et 20 novembre 2001, Université Paris I Panthéon Sorbonne, Bruylant, 2003.
J-P. CHAUVIN, « Médecine des actes », infolettre, n° 7 de janvier 2012.
C. CLEMENT, « Quelques propos sur le principe du consentement en droit médical et hospitalier », Petites affiches, 24 juin 1996, n° 76.
C. CLEMENT, « Le médecin, son obligation de soins, et la volonté du malade », Petites affiches, 15 janvier 2002 n° 11.
B. COMTE et B. HENOCQUE, « Problématiques juridiques et technologies numériques », éd. les cahiers du numériques, 2014/2, vol.10.
V.T. DANHO-DA, J-C. GUINAN, M. SAMBA, R. BAKAYOKO-LY, « Le consentement éclairé : obligation légale du chirurgien-dentiste », Rev. Ivoir. Odonto-Stomatol., vol. 8, n° 1, 2006, EDUCI 2006.
P. DARY, « Télésurveillance de la fibrillation auriculaire : étude de faisabilité et résultats sur 200 patients », European research in telemedecine/ Recherche Européenne en télémédecine, 2013.
C. DAVER, « Télémédecine, entre progrès techniques et responsabilité », D. 2000, n°35.

C. DAVER. « La télémédecine, entre intérêt des patients et responsabilités », Médecine et droit, 2000, no 41.

K.F. DIBY, K.E. N'GUESSAN et al., « Tele-ECG improves diagnosis of acute coronary syndrome and ST-elevation myocardial infarction in Côte d'Ivoire », Digital Health, 2024.

F. K. DIBY, MD,1 Anicet Kassi Adoubi, Prof,1 Kouassi Efrahime N'Guessan, JD,4 et al. « A Medico-Socio-Economic Analysis of TeleEKG in Ivory Coast », A systematic review on characteristics and effects. International Journal of Medical Informatics 158, 104663. [Crossref]

K. F. DIBY et al., « Téléexpertise dans l'interprétation de l'électrocardiogramme d'une population noire africaine en Côte d'Ivoire (Afrique subsaharienne) », European research in telemedecine/ Recherche Européenne en télémédecine, 2015, 4, 109-117.

K. F. DIBY et al., « Télésurveillance et profil évolutif de l'électrocardiogramme d'une cohorte noire africaine en milieu professionnel au centre de la Côte d'Ivoire », European research in telemedecine/ Recherche Européenne en télémédecine, 2015, 4,130.

K. F. DIBY et al., « Étude de l'impact socio-économique d'un projet de télémédecine en Côte d'Ivoire : télé-expertise en cardiologie pour l'interprétation des électrocardiogrammes (ECG), résultats préliminaires », European research in telemedecine/ Recherche Européenne en télémédecine, (2015) 4,130.

M. DURUPT, O. BOUCHY, S. CHRISTOPHE, J. KIVITS et J-M. BOIVIN, « La télémédecine en zones rurales : représentations et expériences de médecins généralistes », Santé Publique 2016/4 (Vol. 28).

L. DUSSERRE, « Aspects juridiques et déontologiques du télédiagnostic en médecine, responsabilité médicale induite », Bull. de l'ordre des médecins, juin 1993, n°6.

P.E. DROIN, « Le réel reconstruit », Les Dossiers de l'Audiovisuel, juillet 2003.

C. ESPER, « Télémédecine », Etude 337. In : Droit de la santé. Paris : Lamy ; 2006. p. 337-1-337-31.

C. ESPER, « Réseaux et confidentialité des données », hospitalisation nouvelle, 1999 n. 253, P.15.

C. ESPER, « La responsabilité en télémédecine ». Bull Acad Natl Méd 2006 ;190(2):357-66

F. FORGERON et N. BESLAY, « Les applications de télémédecine : des responsabilités médicales traditionnelles aux responsabilités techniques nouvelles », Gaz. Pal, octobre 2001, p. 20.

M. GAGNEUX, « Systèmes d'information et efficience du système de santé », Traité d'économie et de gestion de la santé, Presses des Sciences politiques, 2009.

P-Y. GUAILLARD, « Aspects juridiques de la décision médicale », Laennec 2014/4, tome 62.

G. JAZOTTES, « Responsabilité dans les relations du maître de l'ouvrage et du sous-traitant », 21 novembre 2003, Droit et ville, revue de l'institut des études juridiques de l'urbanisme et de la construction, 2004, n° 57, p.35.

S. JUTTER, TRAN TIIIET JP. ct SERVOIR A., « e-commerce des produit de santé », Lamy droit de la santé, étude 480, n°480 et suivants.

S-G. KABLAN, « Le sort du contrat médical dans le contexte de la riposte à la COVID-19 en Côte d'Ivoire », in Pandémie et droit questionnements et réponses d'universitaires et experts du droit au Covid-19 en Côte d'Ivoire, édition CNDJ, Mars 2021.

K. KOFFI, « Côte d'Ivoire », Recherche en soins infirmiers 2010/1 (N° 100), p. 36-40. DOI 10.3917/rsi.100.0036.

C. LABRUSSE-RIOU, « Code civil et code de la santé publique », Revue de droit sanitaire et social, 2008, p. 427 et s.

P. LAGARDE, « Le principe de proximité dans le droit international privé contemporain », RDCAI, t. 196, 1986.

C. LARROUMET, « Pour la responsabilité contractuelle », Le droit privé français à la fin du xx e siècle : études offertes à Pierre Catala, Paris, Litec, 2001, p. 543.

A. LAUDE, « Principe de précaution en droit de la santé », Lamy 2003, étude 177.

A. LAUDE, « Le droit à l'information du malade », les Tribunes de la santé, 2005/4, n° 9, p.43-51.

A. LAUDE, « Le patient entre responsabilité et responsabilisation », les Tribunes de la santé, 2013/4, n° 41, p.79-87.

G. LEGIER, « Sources extracontractuelles des obligations », J.-Cl. dr. Int., 2010, Fasc. n° 553-2.

A. LENFANT, « La trace écrite de la juste information », Gamm, infos n° I, p.3, juin 1997.

T. LENOIR, « Le chirurgien virtuel », Les dossiers de l'audiovisuel, Juillet 2003, P.38.

P. LOKIEC, « La décision médicale », RTD Civ. 2004 p. 641 et s.

A. MATHIEU-FRITZ et L. ESTERLE, « Les transformations des pratiques professionnelles lors des téléconsultations médicales », In Revue française de sociologie, vol. 54, n° 2, 2013/2, pp. 303-329.

A. MATHIEU-FRITZ et L. ESTERLE, « Les médecins et le dossier santé informatisé communiquant dans les réseaux », 2013/2. N°178-179.

D. MAZEAUD, « Responsabilité civile et précaution », in colloque Chamery, responsabilité civile et Assurance, Hors-série juin 2001, p. 72.

K. MERGNAC et al., « Télémédecine : Quel cadre juridique lui conférer » ? La recherche européenne en télémédecine 2012, Elsevier, P.1, 66-69.

T. MOULIN et al., « Impacts des NTIC sur l'organisation hospitalière et la prise en charge des patients : réseaux d'aide au diagnostic et aux soins des urgences neurologiques », santé publique, 2003/HS.vol. 15, p.191-200.

L. MORDEFROY, « un doute diagnostique crée une obligation de recourir à un tiers compétent », JCP G, 2009, p.25.

J.L. MOURALIS, « Contrat Médical », Lamy Droit de la santé, 2006, Partie 3, Titre 1, étude 305.

C. NEIRINCK, « Le consentement à l'acte médical, l'acte médical et les droits des malades », Presse Universitaire des Sciences Sociales de Toulouse, numéro 3, 1996, p.94 et S.

R. NERSON, « Le respect par le médecin de la volonté du malade », in Mélanges Marty, Université des sciences sociales de Toulouse, 1978.

N. NEVEJANS, « La robotisation de l'homme au regard du droit », in Transhumanisme, MA éditions, 2018, p. 30-53.

N. NEVEJANS, « L'influence des logiciels d'aide à la décision, sur le processus décisionnel médical à la lumière du droit et de l'éthique », Dalloz, éthique biomédicale et normes juridiques, 2018, n° 113-127.

K.E. N'GUESSAN, F. DIBY, P. SIMON « Covid-19 et télémédecine : quel cadre juridique pour assurer le continuum des soins en Côte d'Ivoire ? », in Pandémie et droit, questionnements et réponses d'universitaires et experts du droit au Covid-19 en Côte d'Ivoire, édition du CNDJ, Mars 2021.

K.E. N'GUESSAN, « Objets connectés de santé et protection des données à caractère personnel en Côte d'ivoire », Journées d'Etude sur la TéléSANté, 6ème édition, Pôle 27 Capteurs, Université d'Orléans, May 2017, Bourges, JETSAN 2017 | UNIV-ARTOIS | TDSMACS ; HAL Id : hal-01565013.

C. NOURISSAT, « Le champ d'application du Règlement « ROME II » », in Le Règlement communautaire « Rome II » sur la loi applicable aux obligations non contractuelles, Actes du colloque du 20 septembre 2007 – Dijon, Lexis Nexis Litec, 2008.

F.J. PANSIER et C. CHARBONNEAU, « Commentaire de la loi du 4 mars 2002 relative aux droits des malades », Petites affiches, 13 mars 2002 n° 52, (1ère partie), p. 5 et s.

C. PASCAL, « La télémédecine face aux enjeux de l'évaluation médicoéconomique », European research in telemedecine/ Recherche Européenne en télémédecine, 2012, 1, p.125-129.
S. PELLETIER, « Le dossier médical », Journal du droit des jeunes 2003/3 (N° 223), pages 15 à 19.
J. PENNEAU, « Médecine (Réparation des conséquences des risques sanitaires) », Rép. Dalloz civil, 2013, n° 64.
E. PIDOUX, « La responsabilité au regard de la télétransmission et de la télémédecine », Petites Affiches, 2000, no 149, p. 5.
L. M. POAME, « Le consentement libre et éclairé dans le contexte ivoirien », in Ethique de la recherche et des soins dans les pays en développement,
Paris, éditions Hirsch, F. ; Hirsch, E. Espace éthique/ Vuibert, 2005.
I. POIROT-MAZERES, « Robotique et médecine : quelles responsabilités ? », journal international de bioéthique 2013/4, vol.24.
J-M. PONTIER, « Indemnisation juste » : AJDA 10 avril 2017 p. 705.
S. PORCHY-SIMON, « Santé, Responsabilité médicale, Principes généraux », J.Cl. Responsabilité civile et assurance, Fasc. 440-20, 2011, n°16.
S. PORCHY-SIMON, « Santé, responsabilité médicale. Principes généraux », J-Cl, responsabilité civile et assurance, Fasc. 440-20.2011.
J. RAVANAS, « Jouissance des Droits civils », J-Cl, civil, éd. 2002, Art. 9 fasc.20, vie privée.
A. REGNIAULT et J-A. ROBERT., « professionnels de santé et internet », Lamy droit de la santé, 2004, étude 275, note 275-6.
P. REMY, « La responsabilité contractuelle, histoire de faux concepts », revue RTD Civ, 1997, p. 323.
C. RIOT, « L'exercice subordonné de l'art médical », rec. Dalloz 2006, p.111, 25 RCA 2000, chr n°18.

E. ROSEN, « The death of telemedecine? », Telemed Today, 2000; 8 (1):14-17.
P. SARGOS, « La révolution éthique des codes de déontologie des professions médicales et ses conséquences juridiques et judiciaires », D. 2007, p. 811.
P. SARGOS, « L'obligation d'informer le patient », Les petites affiches, sep, 1999, n° 189, p. 09.
J-C. SAINT-PAU, « La responsabilité du fait d'autrui est- elle devenue une responsabilité personnelle et directe ? », Responsabilité civile et assurance 1998, chron. 22.
P. SIMON et P.L. WILLIATTE, « le décret français de télémédecine : une garantie pour les médecins », Elsevier, 2012.
D. TALLON, « L'inexécution des contrats pour une autre prestation », RTD. Civ, 1999, p. 223.
F. VIALLA, « Enjeux et logiques de l'information comme préalable au consentement », in A. LAUDE (dir), « Consentement et santé », Dalloz, 2014.
F. VIALLA, « Le refus de soins » in F. VIALLA et V. FORTIER (dir), « la religion dans les établissements de santé », Paris, LEH, 2013.
G. VINEY et P. SARGOS, « Le devoir d'information du médecin », Revue des contrats, juillet 2012, n° 3, p. 1104.
G. VINEY, « La place de la responsabilité contractuelle parmi les sanctions de l'inexécution du contrat », JCP, G, 2004, n° 39, Chron., p. 1627.
D. VIRRIOT-BARRIAL, « Consentement et soins pénalement ordonnés au regard de la contractualisation de la justice pénale », in A. LAUDE (dir), « consentement et santé », Dalloz, 2014.
P. VERSPIEREN, « Le secret médical et ses fondements », Laennec, 2007/1, tome 55, p. 6-11.

ARTICLES EN LIGNE

ACPM, « Télémédecine-possibilités, défis et obligations », septembre 2013, révisé en mars 2015, P 1303-5-F ; vu le 5/02/2018

X. BARELLA, « Le droit à l'information en matière médicale, vers la reconnaissance d'un droit subjectif du patient », AJDA 2012. 1991, en ligne ; https://www.dalloz.fr/documentation/lien?famille=revues&dochype=AJDA/CHRON/2012/0406.

S. BERNARD, « Le consentement à l'acte médical » In ; Revue juridique de l'Ouest, 1998-3. P.293.-doi : 10.3406/Juro.1998.2465, http://www.persee.fr/doc/juro_0990-1027_1998_num_11_3_2465, document généré le 13/06/2016.

N. BESLAY, « Télémédecine, téléchirurgie, télédiagnostic : essai d'identification des responsabilités des acteurs », 15 mai 2001 ; http://www.medcost.fr/html/droit_dr/mag_19/telemedecine.htm.

B. BLACKWELL, Patient compliance. The New England Journal of Medecine 1973 ; 2 : 249-52. http://www.nejm.org/doi/full/10.1056/NEJM197308022890506.

L. CARROLL, « Télémédecine et pédiatrie : des erreurs de diagnostics et de prescriptions », Reuters, 9 avril 2019 ; http://genethique.org/fr/telemedecine-et-pediatrie-des-erreurs-de-diagnostics-et-de-prescriptions-71651.html#.XMcFllQzbIV.

A. CHASSORT, « Exercice de la médecine et internet », www.conseil.national.médecin.fr.

CNOM, « Télémédecine, les préconisations du cnom », janvier 2009.

DGOS, « Télémédecine et responsabilités juridiques engagées », 18/05/2012.

K.F. DIBY, K.E. N'GUESSAN et al., « Tele-ECG improves diagnosis of acute coronary syndrome and ST-elevation myocardial infarction in Côte d'Ivoire ». Digital Health, V.10 : 1-7,

2024, DOI: 10.1177/20552076241262276 ; journals.sagepub.com/home/dhj

G. LAGARNIERE, « La loi applicable à la responsabilité du fabricant en droit international privé canadien et européen », les cahiers du droit, v.57, mars 2016. P.3-221. https://www.erudit.org/fr/revues/cd1/2016-v57-n1-cd02373/1035215ar/.

L. LARENG, « Nous sommes à une nouvelle croisée des chemins en télémédecine », Propos recueillis par Hervé Nabarette 15 mars 2001 suite (2/3) ; http://www.medcost.fr/html/telemedecine_tm/mag_16/tm_130301a.htm, vu le 07/04/2018 à 12H45.

J. LUCAS, « Réflexions sur la télémédecine et son développement », 2007.

J. MITCHELL J., «Increasing the cost-effectiveness of telemedecine by embrasing e-health». J Telemed Telecare 2006; 6 Suppl1 :S16-S19. http://journals.sagepub.com/doi/abs/10.1258/1357633001934500.

L. MONDADA, « Téléchirurgie et nouvelles pratiques professionnelles : les enjeux interactionnels d'opérations chirurgicales réalisées par visioconférence », Université Lumière Lyon2, Département Sciences du langage, ICAR UMR5191 CNRS, ENS-LSH, BP 7000, 69342 Lyon Cedex, France; http://www.jle.com/download/sss264042telechirurgic_et_nouvelles_pratiques_professionnelles

A. C. N'DA, « La faute médicale : que dit le droit ivoirien ? », http://www.connectionivoirienne.net/121359/cote-divoire-la-faute-medicale-que-dit-le-droit-ivoirien-contribution.

T. N'DRI-YOMAN, « Comment se soigne-t-on aujourd'hui en Côte d'Ivoire », CERAP, 20 juin 2008.

K.E. N'GUESSAN, « Objets connectés de santé et protection des données à caractère personnel en Côte d'ivoire », Journées d'Etude sur la TéléSANté, 6ème édition, Pôle Capteurs, Université d'Orléans, May 2017, Bourges, JETSAN2017 | UNIV-ARTOIS | TDS-MACS ; HAL Id : hal-01565013.

C. PEYRON et L. WALLUT, « Tarification à l'activité et équilibre financier des prises en charge avec télémédecine : l'exemple du dispositif TéléAVC en Bourgogne », Journal de gestion et d'économie médicales 2016/8 (Vol. 34), pages 415 à 429 ; https://www.cairn.info/revue-journal-de-gestion-et-d-economie-medicales-2016-8-page-415.htm.

R. PIERRE-KOURI et S. BRISSON, « Les incertitudes juridictionnelles en télémédecine, où est posé l'acte médical ? », (2005) 35 R.D.U.S. 521-547. https://www.usherbrooke.ca/droit/faculte/personnel/corps-professoral/robert-p-kouri/#c4735-

S. PONTIER, « Evolution de la jurisprudence BIANCHI », actualités, 2OO9, en ligne ; https://www.avodroits-sante.com/fr/actualites/id-78-evolution-de-la-jurisprudence-bianchi.

S. PONTIER, « Le droit d'information du patient : nouvelle jurisprudence du Conseil d'Etat, vers l'existence d'un préjudice autonome, actualités », 2012, en ligne ; https://www.avodroits-sante.com/fr/actualites/id-82-le-droit-d-information-du-patient-nouvelle-jurisprudence-du-conseil-d-etat-vers-l-existence-d-un-prejudice-autonome.

C. ROUGE-MAILLART, « La responsabilité médicale », faculté de médecine d'Angers, 2012, en ligne ; https://docplayer.fr/15194717-Medecine-legale-et-droit-de-la-sante-pr-cl-rouge-maillart-dr-n-jousset-dr-a-gaudin.html.

P. SIMON, « Le plan national de télémédecine en Côte d'ivoire va débuter en 2022 ; https://telemedaction.org/439245281/450959438

P. SIMON et J. LUCAS, « La télémédecine, ce n'est pas du e-commerce ! », SFT-ANTEL, 22 novembre 2013.

P. SIMON, « La télémédecine clinique : un modèle français », éd. Revue hospitalière de France, N°560 (septembre-octobre 2014), p. 42-43.
P. VERSPIEREN, « L'éthique médicale et ses fondements », novembre 2017, https://centresevres.com/content/uploads/2017/07/lethique-medicale-et-ses-fondements-1.pdf.
S. YANOURGA, « L'exercice de la médecine en Côte d'Ivoire : le droit pour plus de justice médicale » ; https://www.village-justice.com/articles/exercice-medecine-cote-ivoire-droit-pour-plus-justice-medicale,50254.html.

S. YANOURGA, « Traiter efficacement l'erreur médicale en Côte d'Ivoire », mercredi 21 août 2013 ; http://www.village-justice.com/.
S. YANOURGA, « Le secret médical en Côte d'Ivoire : mythe ou réalité », vendredi 17 mai 2013 ; http://www.village-justice.com/.
S. YANOURGA, « Le droit à la santé dans les constitutions nationales », jeudi 13 février 2014 ; http://www.village-justice.com/.
S. YANOURGA, « La prescription médicale en droit ivoirien : médecin et pharmacien », nécessité de situer la responsabilité, mercredi 2 octobre 2013 ; http://www.village-justice.com/.
S. YANOURGA, « Télémédecine, cybersanté et principes du droit médical et de la santé : la place du consentement du patient dans l'exécution des TIC liés à la santé en Côte d'Ivoire », lundi 19 octobre 2015 ; http://www.village-justice.com/.

RAPPORTS

AHS, Qualité et sécurité des actes de téléconsultation et télé-expertise, Fiche mémo au ministère de la santé et de la solidarité, 2018 ; https://www.has-sante.fr/portail/upload/docs/application/pdf/201804/fiche_memo_qualite_et_securite_des_actes_de_teleconsultation_et_de_teleexpertise_avril_2018_2018-04-20_11-05-33_441.pdf.

ARS de Picardie, Projet- Programme Régional de Télémédecine 2012-2017.

A. CHASSORT, « Exercice de la médecine et internet », Rapport à l'ordre national des médecins, 2000.

CNIL, Guide professionnel de santé, édition 2011.

Commission Nationale Ivoirienne pour l'UNESCO, Rapport de l'Etat membre de Côte d'Ivoire sur les mesures prises pour donner effet à la recommandation sur la promotion et l'usage du multilinguisme et l'accès universel au cyberespace, 2006.

CNEM (comité nationale d'éthique médicale), Aspects éthiques et juridiques, Onzième Conférence Annuelle Tunis, le 16 Novembre 2007.

J.M. COURBET, Responsabilité médicale et télémédecine, Urgences 2011, chapitre 26.

COUR des Comptes, La télémédecine : une stratégie cohérente à mettre en œuvre Sécurité sociale 2017 – septembre 2017 Cour des comptes - www.ccomptes.fr - @Courdescomptes.

CNOM, Télémédecine, les préconisations du conseil National de l'Ordre des Médecins, janvier 2009.

X. DEAU, Télémédecine, Rapport à l'ordre national des médecins, 2005.

K.F. DIBY, Atelier de restitution de l'évaluation de la phase 1 du projet de télé-expertise en cardiologie, 15 décembre 2016.

K.F. DIBY, Rapport d'évaluation de la phase pilote d'un projet de télé-ECG : Téléexpertise dans l'interprétation des ECG en Côte d'Ivoire (Résultats préliminaires), décembre 2015.

K.F. DIBY, Le téléECG au service du dépistage des maladies cardiovasculaires en Côte d'Ivoire dans le projet CFA, décembre 2017.

L. DUSSERRE, La télé-expertise : un acte médical à reconnaître... et à rémunérer, Rapport à l'ordre national des médecins, 1999.

D. FASQUELLE, L'application des droits des patients en matière de soins de santé transfrontaliers, Rapport à l'Assemblée Nationale, n°1308, 2008.

J. GROS, Rapport, Santé et NTIC, CES, mercredi 10 avril 2002.

HAS, note de cadrage : efficience de la télémédecine : état des lieux de la littérature internationale et cadre d'évolution, juin 2011.

V. HAZEBROUCQ, Rapport sur l'état des lieux de la télémédecine française, 2003.

J. HUBERT et F. MARTINEAU, Mission Groupements Hospitaliers de Territoires, rapport intermédiaire, Mai 2015.

J-M. JUILHARD, B. CROCHEMORE, A. TOUBA, G. VALLANCIEN, Le bilan des maisons et des pôles de santé et les propositions pour leur déploiement, Rapport au ministère de la santé et des sports, 2010.

La région Nord-Pas-de-Calais à l'heure de la télémédecine : Télémédecine, une valeur ajoutée à l'organisation de la santé, Observatoire Régional de la santé Nord-Pas-de-Calais, N·S·E·O· Numéro 2, 2012.

G. LARCHER, Rapport de la commission de concertation sur les missions de l'hôpital, 2008.

J. LUCAS, Télémédecine : les préconisations du conseil national de l'ordre des médecins, Rapport à l'ordre national des médecins, 2009.

Ministère de la santé et de l'hygiène publique, Plan stratégique de développement des ressources humaines du secteur de la sante en Côte d'ivoire 2009-2013, Abidjan, septembre 2008.
Ministère de la santé et de l'hygiène publique, Plan national de développement sanitaire 2016-2020.
ONU-CI, Rapport 2013 sur les droits de l'homme en Côte d'Ivoire.
PNDS, Plan stratégique de cybersanté 2014.
O. RENAUDIE, Télémédecine et téléservice public, Document téléchargé depuis www.cairn.info - - 78.203.232.93 - 18/03/2016 17h12. © Ecole nationale d'administration.
P. SIMON et D. ACKER, La place de la télémédecine dans l'organisation des soins, Rapport à la DGOS, novembre 2008.
P. SIMON, Projet d'Appui à la Redynamisation du Secteur de la Santé Ivoirien Contrat EuropeAid/2013/304-755, rapport final, Assistance technique à court terme pour le développement de La télémédecine en Côte d'Ivoire, 15 novembre 2016.

JURISPRUDENCE

CA Paris,7 mars 1952, JCP, éd. Gén. 1952, III,n° 7210 Voir note J. CARBONNIER.
CA. Lyon, 1ère chambre civ, 26 janvier 2012, n°10/03901, Bull. n° 1 (janvier-juin 2012).
CA Paris, 20 mars 2003, J. BONNEAU, « Un retard dans le diagnostic, une perte de chance de guérison? L'exemple d'une "chaîne " d'acteurs de santé », Actualité Juris santé, sept.2003, n°43, p.23.
CA paris, 14 sept. 1994, Juris-data n°023130.
CA de Bordeaux, 18 septembre 2001. D. 2001, Informations rapides. P 2805.

CAA Paris, 3 avril 1997, « Centre hospitalier de Papeete », n° 96, PA00077.

CA Paris, 20 mars 2003, sur l'absence de chaîne de contrats.

CAA. Paris, 27 mai 2013, n°12PA01842.

CA Paris, 25 Février 1994, Revue Trimestrielle de Droit Sanitaire et Social 1995, p. 310, note de MEMETEAU.

CA, Paris, 7 juillet 1989, Gaz. Pal. 1989, 2, 752.

CA, Versailles, 30 mars 1989, JCP II 21505.

CAA Paris, 17 juin 1999, APHP c/M. saint Clair, req. n° 98PA02404 ; CE 4 oct. 1968, Delle DOUKAKIS, Rec., T. P. 1100.

CAA Bordeaux, 9 mai 1989, CH de Castelnaudary, Rec. T.P. 909.

CAA Lyon, 21 déc. 1990, Rec. CE 1990, page 498.

CA Paris, 16 janvier 1997, JDI 1997, page 986, observation LEGIER.

CA Paris, 13 mars 1996, SA Editions Plon / Cts Mitterrand, JCP 1997, 22894, http://www.infos-patients.fr/content/download/232/1159/file/violation_secret_professionnel.pdf.

CA Paris, 11 févr. 1978, D. 1987, Informations rapides, p. 50.

CA Colmar, 22 févr. 1984, JCP 1985 IV, p. 217.

CA Toulouse, 1ère Ch., 4 septembre 2000, D., 2001, I.R, 179.

CAA Paris, 24 juin 2003, D. 2004, Jur. p. 983.

Cass .Civ. 1ère, 20 mai 1936 MERCIER, D. 1936. 1.p. 88, concl. MATTER, rapp. Josserand, S. 1937. 1. 321, note Breton.

Cass. Civ. 1ère, 29 mai 1951, D. 1952, p. 53, note SAVATIER.

Cass. Civ. 1re, 21 février1961, 534, S. 1961, p.296 ; JCP 1961, II, n° 12129, obs. SAVATIER.

Cass. Civ. 1ère, 14 octobre 1997, Bull, n° 278 et 20 juin 2000, Bull. n° 193

Cass. Civ. 3ème, novembre 1955, D. 1956, 3ème ; JCP 1955, p.9014.

Cass. Civ, 1ère, 17-02-1988, Bull.Civ,I,n.67 ; Cass.27-05-1988,Bull.Civ,I,n.187.

Cass. Civ, 1ère, 19-04-1988-arrêt Baud, Bull civ,I,N.107.

Cass.civ., 29 mai 1951, D.1952, p.53, note SAVATIER.

Cass. Civ., 1ère, 25 février 1997, GP. 27-29 avril 1997, note Guigne, médecine et droit, mai-juin 1997 n°24, note MEMETEAU.

Cass. Civ. 1ère, 29 mai 1951, D.1952, p.53, note SAVATIER.

Cass. Civ 1ère, 22 février 1978 Affaire Poussin.

Cass. Civ 1ère, 28 mars 2008 JCP 2008 II 10101.

Cass. Civ 1ère, 13 novembre 2003 Bull III n°201.

Cass. Soc 3 juillet 1990 D1991, 507.

Cass. Civ.1ère, 27 février 2007, vu sur https://legavox.fr/blog/corentin-kerhuel/erreur-vice-consentement-commentaire-arret-419.htm.

Cass. Civ, 1ère, Audience publique du 13 février 2001 N° de pourvoi: 98-18704 vu sur https://www.juritravail.com/jurisprudence/JURITEXT000007424668.html.

Cass. Civ 1ère, 3 juin 2010, n° 09-13591, Publié au Bulletin.

Cass. Civ, 4ème, 4 juillet 1989, bull.civ.IV, n. 210 note VIRASSAMY.

Cass. Civ.1ère 17 octobre 1995, Bull. civ. I, n° 369.

Civ.1ère 4 avril 1995, Bull. civ. I, n°159.

Cass. Civ. 1ère, 17 décembre 1957, Bull. civ. I, 494, p.40 ; R.T.D. Civ, 1958,p.273, observations CARBONNIER.

Cass.Civ.,1ère, 4 juin 1991, 89-10446, JCPG 1991, II, n°21730 note J. SAVATIER ; ou D. 1993, som, p.24, ob. J. PENNEAU.

Cass. Civ. 1ère, 26 mai 1999, Bull. n° 175.

Cass. Civ. 1ère, 15 décembre 1999, Société Clinique générale d'Annecy c/epoux X et autres, Bull. Civ.I, n°351.

Cass.civ, 1ère, 14 octobre 1997, Bull. Civ, I, n°276, p. 187.

Cass. Civ.1ère, 7 novembre 2000, D. 2000, som. commenté, p.3085, observations A. PENNEAU.

Cass. Civ. 1ère, 30 juin 1993, Responsabilité civile et assurance 1993, commentaire n°12,p. 10.

Cass. Civ., 2, 6 février 1974, Dalloz 1974, 409, note Ph. Le TOURNEAU.
Cass. ASS. Plen. 25 février 2000. Cassation partielle, arrêt COSTEDOAT, note de Mme PONROY.
Cass. Civ. 1ère, 9 novembre 2004, 01-17.908, Publié au bulletin.
Cass. Civ. 1ère, 2004-11-09, Bulletin, I, n° 260, p. 217 (cassation partielle).
Cass. Civ, 1ère, 13 novembre 2002, n° 1577 P.
Cass. Civ.1ère, 26 mai 1999, Sté Clinique Victor PAUCHET de Butler, Bull. civ. I, n° 175.
Cass. Civ, Chambres réunies, Arrêt du 13 février 1930, JAND'HEUR.
Cass. Civ. 1ère, 6 juin 2000, Bull.. civ. I n° 176.
Cass. Civ. 1ère,18 sept. 2008, Bull. Civ. I n° 206.
Cass. Civ. 1ère, 27 novembre 2008, Bull. Civ. I n° 273.
Cass. Civ. 1ère, 9 novembre 1999, Bull.civ. I, 300 ; R.T.D. civ. 2001, p.153, JOURDAIN.
Cass. Civ., 1ère , 13 mars 1997, Bull. N° 99 rapport annuel p. 273.
Cass. Civ. 1ère, 27 mai 1998, Bull. N° 187.
Cass. Civ. 1ère,3juin 2010, Bull. Civ. I n° 128.
Cass. Civ. 1ère, 6 juin 2000, Bull. N°176.
Cass. Civ ; 1ère, 24 novembre 1987, Dalloz 1989, sommaire p. 61, observation J. PENNEAU.
Cass. Civ. 1ère, 10 janvier 1990, Bull. Civ. I, 10, Gazette du Palais 1991, 1, sommaire, p. 159, observation CHABAS. F.
Cass. Civ. 1ère, 8 novembre 2000, bull. Civ. 1, 287, Dalloz 2000, Informations Rapides, p. 292.
Cass. Ass. Plén., 29 mars 1991, « arrêt BLIECK » 89-15231, Bull. Civ, assemblée plénière, n°1.
Cass. Civ., 2ème, 22 mai 1995, 2 arrêts, bull. Civ. II, 155.
Cass. Ass. Plén. 29 mars 1991, bull. Civ, assemblée plénière 1991, n°1.

Cass. Civ. 2ème, 22 mai 1995, 92-21197 et 92-21871, Bull. Civ. II, 155.
Cass. Civ. 1ère, 18 octobre 1960, Dalloz 1961, 125.
Cass. Civ., 1ère 29 mai 1963, Bull. Civ. N° 287, Gaz. Pal. 1963, 2è sem., p. 290.
Cass. Civ. 3ème, 3 décembre 2003, SCI Place Saint Jean c/ SARL. Precom, Bull, civ, III, 2003, n° 221.
Cass. Civ. 1ère, 8 novembre 1955 ; JCP 1955, 9014, observation SAVATIER.
Cas. Civ, 1ère, 23 mai 2000, Bull. n° 159, p. 377.
Cass. Civ, 1ère, 14 octobre 1997, Bull. n° 278.
Cass. Civ. 2ème, 28 janvier 1966, Bull. Civ. 2; n° 136. Dalloz 1967, jurisprudence, p. 447, note SAVATIER.
Cass. Ass. Plen. 12 juillet 1991, « arrêt Besse », Dalloz 1991, 549, note GHESTIN.
Cass. Ass. Plen., 7 février 1986.
Cass. Civ. 3ème, 28 novembre 2001, « Haironville », Dalloz 2002, Informations Rapides 45 ; Bull. Civ. III, n° 137.
Cass. Civ. 3ème, 8 décembre 1993, Bull. Civ.III, n° 159.
Cass. Ass. Plén. 25 février 2000, Bull. ass. Plén. N° 2.
Cass. Civ. 1ère, 26 mai 1999, Bull. civ. I n° 175.
Cass. Civ. 1re, 12 juil. 2007, Bull. civ. I, n° 270.
Cass. Civ. 1ère 28 nov. 1961, Bull. civ. I, n° 558 ;
Cass. Civ. 1ère , 9 nov.1999, Bull. civ. I, n° 300.
Cass. Civ. 1ère, 4 juin 1991, Bull. n° 185.
Cass. Civ. 1ère, 18 juillet 2000, Bull. n° 220.
Cass. Civ. 1ère, 15 décembre 1999, Bull. n° 351.
Cass. Civ. 1ère, 9 nov. 2004, Bull. civ. I, n° 262.
Cass. Civ. 1ère, 29 juin 1999, Bull. n° 220.
Cass. Civ. 1ère, 27 mars 2001, Bull. n° 87.
Cass. Civ, 1ère, 04 octobre 2017, 16-24159 ; https://juricaf.org/arret/FRANCE-COURDECASSATION-20171004-1624159.

Cass. Civ. 3ème, 3 décembre 2003, SCI Place Saint Jean c/ SARL. Precom, Bull, civ, III, 2003, n° 221.
Cass. Civ. 1ère, 9 novembre 1999, 98-10010, Bull. civ. I, n°300, D. 2000, jurisprudence, p.117, note P. JOURDAIN.
Cass. Civ., 1ère, 7 novembre 2000, « Polyclinique Saint-Roch », Bull. civ. I, 279, Dalloz 2000, Information Rapide, p.293.
Cass. Civ., 1ère , 13.4.1988, JCP 1989,II,21320.
Cass. Civ. 1ère, 16 septembre 2015, 14-10.373, Publié au bulletin ; https://www.legifrance.gouv.fr/affichJuriJudi.do?idTexte=JURITEXT000031186719.
Cass. Civ. 1ère, 25 mai 1948. Dalloz, 1948, page 357.
Cass. Civ,1ère, 27 mars 2007, 05-10.480, Publié au bulletin ; https://www.legifrance.gouv.fr/affichJuriJudi.do?idTexte=JURITEXT000017827200.
Cass. Civ. 1ère, 4 janvier 2005, D. 2005, IR, p. 170, JCP 2005, II n° 10061.
Cass . Civ. 1ère , 28 janvier 2010 ,
Cass. Civ. 1ère, 7 décembre 2004,
Cass. Civ.1ère, - 27 novembre 2008, en ligne, http://lexinter.net/JF/responsabilite_des_medecins.htm.
Cass. Civ. 1ère, 9 novembre 1999, D. 2000, Jur. p. 117, JCP 2000, II n° 10251, Defrénois 2000, p. 251 par Mazeaud.
Cass. Civ., 1ère, Arrêt n° 113 du 28 janvier 2010 (09-10.992), en ligne,
https://www.courdecassation.fr/publications_cour_26/arrets_publies_2986/premiere_chambre_civile_3169/2010_3318/janvier_3319/113_28_14977.html.
Cass. Civ. 18 oct. 1937, D.H. 1937, 549 ; 13 juill. 1949, J.C.P. 1950, II, 5716, note Brunet ;
Cass. Civ. 1ère, 12 mai 1964, Gaz Pal 1964, 2, 267 ;
Cass. Civ. 1ère, 31 mai 1960, J.C.P. 1961, II, 11914, et notre note
Cass. Civ. 6 mars 1945, D. 1945, Jur. p.217, http://droitonline.canalblog.com/archives/2005/07/08/618696.html

Cass. Civ., 1ère, 9 nov. 2004, D. 2005, 253, note Chabas ; Resp. civ. et ass. 2004, comm. 364. Adde, Maud Asselin, Responsabilité des professionnels de santé salariés : changement de solution.
Cass. Civ., 1ère, 6 juin 2000, JCP, G, 2001, 10.447, note G. MEMETEAU.
Cass. Civ.,1ère, 10 sept. 2015, n° 14-17.772,
Cass. Ass. Plén., 13 juillet 2001, D. 2001, Jur. p. 2325, BICC 1er octobre 2001, JCP 2001, II n° 10601 ; Cass. Ass. Plén. 28 novembre 2001, BICC 1er février 2002, JCP 2002, II n° 10018, D. 2001, IR p. 3587.
Cass. Civ. 1ère, 25 février 1997, Gaz. Pal. 1997. 1. 274,
Cass. Civ., 1ère, 13 févier 2001 ; https://www.etudier.com/dissertations/Civ-1%C3%88re-13-F%C3%A9vrier-2001/249966.html.
Ass. Plén. 25 février 2000, D., 2000, Jur. 673, note P. Brun.
Cass. Civ. 1ère, 7 novembre 2000, DEFRENOIS 2001, p. 268 SAVAUX.
Cass.Civ., 1ère, 25 janvier 2000, 98-12.702, Publié au bulletin ; https://www.legifrance.gouv.fr/affichJuriJudi.do?idTexte=JURITEXT000007041800.
Cass. Civ.,1ère, 28 octobre 2010, https://www.lepetitjuriste.fr/droit-civil/droit-des-contrats/le-renforcement-de-lobligation-de-conseil-pesant-sur-le-vendeur-professionnel/.
Cass. Civ., 1ère, 22 mai 2008, Bull. 2008, I, n° 147, pourvoi n° 06-14.952 ; n° 148, pourvoi n° 05-20.317 et n° 149, pourvoi n° 06-10.967
Cass. Civ., 1ère, 24 janvier 2006, Bull. 2006, I, n° 35, p. 34, pourvoi n° 02-16.648.
Cass. Civ.,1ère, 19 mars 1973, pourvoi n° 72-11296, Bull. I n° 99 ;
Cass. Civ., 1ère, 28 mars 2006, pourvoi n° 03-19891, Bull. I n° 181.
Cass. Civ. 1ère, 13.4.1988, JCP 1989, II,21320.

Cass. Com. 3 Janvier 1995, bul, civ.n.2.
Cass. Com., 22 octobre 1996, Bull. Civ. IV, 261 ; JCP, G, 2000, I, p. 100, observations G. Viney.
Cass. Com. 9 juillet 2002, II, 10176, note G. LOISEAU et M. BILLAU.
Cass. Com., 22 mars 2011, pourvoi n°C 10-13. 727 ; http://www.revue-banque.fr/risques-reglementations/chronique/obligation-information-conseil-preuve-son-executio.
Cass. Com., 26 mai 2010, 08-18.545, Publié au bulletin ; https://www.legifrance.gouv.fr/affichJuriJudi.do?idTexte=JURITEXT000022279676
Cass. Com., 22 mars 2011, pourvoi n°C 10-13. 727 ; http://www.revue-banque.fr/risques-reglementations/chronique/obligation-information-conseil-preuve-son-executio.
Cass. crim. 5 mars 1992 JCPG 1993, II, no 22013, p. 100, note de CHABAS.
Cass. Crim, 5 mars 1992, JCP 1993, note CHABAS.
Cass. Crim, 7 Juin 1988, Dalloz, 1989, sommaire p. 312, observation PENNEAU.
Cass. Crim., 7 avril 2004, D. 2004, IR p. 1563.
Cass. Crim., 02 avril 1992.
Cass. crim. 11 août 1848.
Cass. Crim., 25 mars 1998, n° 96-85. 382, Juris Data n° 1998-002277.
Cass. Crim., 26 mars 1997, 3 arrêts, Bulletin criminel, 124.
Cass. Crim 18 novembre 1976, Bull. Crim. Dalloz, 1976, JCP, G, 1977, 18617, n° 333.
Cass. Ass. Plén. 14 décembre 2oo1, Bull. crim. n° 269, D. 2002. P. 1230.
Cass. Crim. 13 févr. 2007, Bull. crim., n°45.

Crim., 28 mai 1891, Bull. n° 210, en ligne, https://www.courdecassation.fr/publications_26/rapport_annuel_36/rapport_1999_91/etudes_documents_93/isabelle_ferrari_5792.html

Crim., 23 janvier 1996, Bull. n° 37 ; 8 avril 1998, Bull. n° 138 ; Crim 22 juin 1994, Bull n° 248.

Crim., 30 juin 1999, Bull. n° 174 ; Dalloz 1999, p. 710, note D. VIGNEAU ; Gaz. Pal. 29, 30 octobre 1999, Droit de la santé, p 19, note J. BONNEAU ; Dr pénal 2 000, 3 ; JCP 2 000, 10 231, note G. Fauré ; Dalloz 2 000, sommaires commentés par Y. MAYNAUD, p 27

Crim., 29 juin 1999, Bull. n° 162

Crim., 26 mars 1997, Bull. n° 123, Dr pénal 1997, 109.

Crim., 7 juillet 1993, Gaz Pal. 1996, 28, note F. CHABAS.

Crim., 29 septembre 1989, Bull. n° 328.

Crim., 23 janvier 1996, Bull. n° 37 ; 8 avril 1998, Bull. n° 138, vu en ligne sur http://lexinter.net/JF/responsabilite_penale_des_medecins.htm.

Crim, Arrêt n° 2296 du 25 mai 2016 (15-84.099) en ligne, https://www.courdecassation.fr/jurisprudence_2/chambre_criminelle_578/2296_25_34329.html

Cass. Crim., 1er avril 2014, n° 12-86501, en ligne, https://legavox.fr/blog/maitre-anthony-bem/responsabilite-penale-personnes-morales-necessite-14956.htm.

Cass. Crim. 20 juin 2006, n° 05-85255, en ligne, https://legavox.fr/blog/maitre-anthony-bem/responsabilite-penale-personnes-morales-necessite-14956.htm.

Cass. Crim., 26 juin 2001, n°00-83466, en ligne, https://legavox.fr/blog/maitre-anthony-bem/responsabilite-penale-personnes-morales-necessite-14956.htm.

Cass. Crim., 23 avril 1992, pourvoi n° 91-81.687, Bull. Crim. n° 175 ;

Cass. Crim. 5 mars 1992, Bull. crim., n° 101.

CSCA, 26 mars 1971, N'Guetta BLEHOUET, BLEOU et WODIE 91.
CSCA, Docteur SOUME BI KACOU Brice contre Ministre de la Fonction Publique, 28 janvier 1988.
CSCA, 26 Mai 2005, AKA Ettien, Etat de Côte d'Ivoire contre DAO Mamadou, la faute de service.
CSCJ, 21 janvier 1972, SATMACI/KRIPA Amoin, RID, 1974 1-2, p. 19.
CC 25 Juillet 1979 AJ, Sept 79, p.46.
CC, décision 143 DC du 30 juillet 1982.
CCJA, 1ère ch., Arrêt n° 002/2015 du 12 février 2015 ; Pourvoi n° 014/2009/PC du 16 février 2009 : Société Habitat Bellecour Côte d'Ivoire dite HBCI Sarl c/ KOUOTO SOUASSOU Bruno ; https://juricaf.org/arret/OHADA-COURCOMMUNEDEJUSTICEETDARBITRAGE-20150212-0022015.
CE, 16 août 2002, ref n°249552.
CE, Section, 5 janvier 2000, Assistance publique des hôpitaux de Paris.
CE, 7 Juillet 1950 Arrêt DEHAENE, GA 79.
CE. 22.03.1954 JAGNIER.
CE. 19.06.1959 MORITZ.
CE. 06.05.1966 CHEDRU.
C.E. 20 avril 1956, Epoux BERTIN.
C.E. 21 mars 1957, Compagnie d'Assurances de l'Urbaine et de la Seine, Rec. 200, AJDA 1957.
CE, 10 octobre 1973, Demoiselle de saint-Louvent et Caisse primaire d'assurance maladie du Calvados, Recueil du Conseil d'Etat, p.556.
CE, 4 juin 1965, hôpital de pont à Mousson c/Epoux MATHIEU, Recueil du Conseil d'Etat, p. 351 ; JCP, G, 1966, II,n. 14666, note RAYNAUD.
CE. Arrêt du 28 juillet 1951 (LARUELLE et DELVILLE).

CE, 28 décembre 2001, n° 213931.
CE 30 novembre 1946, FAURE, S. 1946, 3, 37.
CE, 17 avril 1953, PINGUET, S. 1954, 3, 69.
CE, 11 octobre 1957, Commune de Grigny, Rec. 524.
CE 22 novembre 1946, G.A. 69, « Arrêt Commune de Saint-Priest-La Plaine, GAJA, n° 257.
CE. 26 octobre 2001, n° 198546, Madame X.
CE. 11 février 1972, 76799, Dalloz 1972, jurisprudence, p. 439.
CE. 30 mars 1984, Hôpital-hospice de Mayenne c/BARAS, rec. p.141.
CE. 20 déc. 2006, Association de médecine d'urgence de l'estuaire de la Loire, req. n°262280, AJDA 207, p. 488.
CE. 10. Avril 1992, Epoux V., Rec., p. 171.
CE, Arrêt du 8 novembre 1935, Veuve LOISEAU et Dame PHILIPONNEAU.
CE, 23 fév. 1962, rec. CE 1962, page 122.
CE, 9 av. 1993, JCP 1993, II 22061, note MOREAU.
CE. Ord. Réf. 16 août 2002, Mme FEUILLATEY, Rec. P. 309.
CE. sect., 5 janv. 2000, Consorts TELLE c. APHP, rec. P.5.
CE, Arrêt Époux LEMONNIER de 1918.
CE, 28 juillet 1951, Arrêt LARUELLE et Delville.
CE, 19 juillet 2011 en ligne, http://lexinter.net/JPTXT4/JP2005/nature_du_proces_penal.htm.
CE., 18 novembre 1960, Sieur SAVELLI, Rec 640. https://www.loidici.com/index.php.
C.E., 21 avril 1937, Dlle QUESNEL, Rec. 413.
Tribunal de Nice, 16 janvier 1954, D.1954, p.178.
TA, Lille, 25 août 2002, ref n°02-3138.
TPI, Abidjan-Plateau, chambre civile présidentielle du 29 juin 2017, n° 191 CIV/17.
TPI, Abidjan 22 décembre 1983, ZUNON Gnobo Julien c/ Etat de Côte d'Ivoire.
TA Paris 19 déc. 2000, Rec. T.P. 1228.

TGI Paris, 29 septembre 1082 und 27.04. 1983, Rev. Crit. DIP 1983, pages 670 ss, observation GAUDEMET-TALLO.
TC, 14 fév. 2000, Rec. N°2929.
TC 18.05.1954 MORITZ.
TC, 14 fév. 2000, RATINET, Dr. Administratif 2000, n° 121.

CODES ET TEXTES JURIDIQUES

Acte additionnel A/SA.2/01/10 portant transactions électroniques dans l'espace CEDEAO.
Code Civil (France), 2016, 2017, 2018, 2019.
Code Civil (Côte d'Ivoire).
Code de la Santé publique (France).
Code de déontologie médicale (France).
Code de déontologie médicale (Côte d'Ivoire).
Code harmonisé de déontologie médicale de la CEDEAO.
Code pénal (France), Dernière modification du texte le 30 décembre 2015 - Document généré le 06 janvier 2016 - Copyright (C) 2007-2016 Legifrance.
Code pénal (Côte d'Ivoire), édition 2017.
Code CIMA (Côte d'Ivoire), édition 2017, Téléchargé sur www.ivoire-juriste.blogspot.com.
Constitution de la République de Côte d ' Ivoire soumise au référendum du 30 octobre 2016.
Convention de Rome de 1980 sur la loi applicable aux obligations contractuelles (version consolidée).
Loi n° 78-17 du 6 janvier 1978 relative à l'informatique, aux fichiers et aux libertés, Version consolidée au 8 mai 2017.
Loi n° 2013-450 du 19 juin 2013 portant protection des données à caractère personnel.

Loi n° 98-388 du 2 juillet 1998 fixant les règles générales aux établissements publics nationaux, (Côte d'Ivoire).
Loi n° 2001-339 du 14 juin 2001 instituant le paiement d'une contrepartie financière pour la délivrance définitive de la licence aux opérateurs de la télécommunication.
Loi n° 2013-451 du 19 juin 2013 portant lutte contre la cybercriminalité, (Côte d'Ivoire).
Loi n° 2013-546 du 30 juillet 2013 relative aux transactions électroniques, (Côte d'Ivoire).
Loi n° 92-570 du 11 septembre 1992 portant statut général de la fonction publique (Côte d'Ivoire).
Loi n° 83-634 du 13 juillet 1983 portant droits et obligations relatives à la fonction publique (France).
Ordonnance n°2012-293 du 21 mars 2012 relative aux télécommunications et aux Technologies de l'Information et de la Communication.
Décret n°2012-1151 du 19 décembre 2012 relatif aux contrats de partenariats public-privé (Côte d'Ivoire).
Décret n° 2015-79 du 4 février 2015 fixant les modalités de dépôts des déclarations, de présentation des demandes, d'octroi et de retrait des autorisations de traitement des données à caractère personnel.
Décret n° 93-607 du 2 Juillet 1993, portant modalités communes d'application du statut général de la Fonction Publique.
Décret n° 2014-106 du 12 mars 2014 fixant les conditions d'établissement et de conservation de l'écrit et de la signature sous forme numérique.
Décret n° 2016-771 du 12 octobre 2016 portant publication du projet de constitution de la 3ème République.
Décret no 2010-1229 du 19 octobre 2010 relatif à la télémédecine (France).
Décret n° 2018-361 du 29 mars 2018 portant réglementation de la télémédecine en Côte d'Ivoire.

Directive 95/46/ce du parlement européen et du conseil du 24 octobre 1995 relative a la protection des personnes physiques a l'égard du traitement des données à caractère personnel et a la libre circulation dc ces données.
Directive 2002/58/ce du parlement européen et du conseil du 12 juillet 2002 concernant le traitement des données à caractère personnel et la protection de la vie privée dans le secteur des communications électroniques (directive vie privée et communications électroniques). Directive n° 06/cm/UEMOA relative a la libre circulation et a l'établissement des médecins ressortissants de l'union au sein de l'espace UEMOA.
Projet de texte uniforme portant droit général des obligations dans l'espace OHADA. http://www.ohada.org/index.php/fr/travailler-ou-faire-un-stage-a-l-ohada/saisir-le-secretaire.
Protocole sur la libre circulation, le droit de résidence et d'établissement, zone CEDEAO.
Règlement (ce) no 593/2008 du parlement européen et du conseil du 17 juin 2008 sur la loi applicable aux obligations contractuelles (Rome I).
Règlement du parlement européen et du conseil sur la loi applicable aux obligations non contractuelles (Rome II), 2006.
Règlement (UE) 2016/679 du parlement européen et du conseil du 27 avril 2016 relatif à la protection des personnes physiques à l'égard du traitement des données à caractère personnel et à la libre circulation de ces données.
Traité OHADA.

SITES INTERNET

Gouvernement : http://www.gouv.ci/Main.php.

Ministère de l'emploi et de la solidarité : http://www.sante.gouv.fr.
Ministère de la santé et de l'hygiène publique : www.gouv.ci/
Conseil National de l'Ordre des Médecins : http://www.conseil-national.medecin.fr.
Ordre National des Médecins de Côte d'Ivoire : https://www.medecins.ci/.
Télémédecine :
http://www.medcost.fr.
http://www.caducet.net/telemedecine.
http://www.sf-telemed.org/
http://www.sft-antel.org/
http://www.telemedaction.org/
http://www.cmpa-acpm.ca/fr/advice-publications/browse-articles/2013/telemedecine-challenges-and-obligations.
Cour de Cassation : https://www.courdecassation.fr/jurisprudence_2/
Cour Suprême de Côte d'Ivoire : http://www.consetat.ci/
https://juricaf.org/recherche/+/facet_pays:C%C3%B4te_d'Ivoire,facet_juridiction:Cour_supr%C3%AAme.
https://www.legifrance.gouv.fr/
http://loidici.com/.
http://cndj.ci/cndj/akwaba/
Assemblée Nationale de Côte d'Ivoire : http://www.assnat.ci/assembleenationale/
https://www.bing.com/search?FORM=SK216DF&PC=SK216&q=abidjan+net+portail
http://koaci.com/
ONG Wake Up Africa: http://wakeupafrica-ci.org/main.php
Commission Nationale de l'Informatique et des Libertés : https://www.cnil.fr
Autorité de Régulation des Télécommunications en Côte d'Ivoire : http://www.artci.ci/
Haute Autorité de Santé : https://www.has-sante.fr/portail/

Agence Régionale de Santé : https://www.ars.sante.fr/
Direction Générale de l'Offre Soins : https://lannuaire.servicepublic.fr/gouvernement/administration-centralc-ou-ministere_171317
Cairn Info : https://www.cairn.info/
https://www.cairn.info/revue-journal-du-droit-des-jeunes-2003-3-page-15.htm#pa24
http://www.medcost.fr/html/droit_dr/mag_18/dossier_medical.htm.
Wikipedia: https://fr.wikipedia.org/
Village de la justice : https://www.village-justice.com/articles/
LexisNexis : http://www.lexisnexis.fr/
https://www.doc-du-juriste.com/droit-prive-et-contrat/droit-penal/etude-de-cas/responsabilite-penale-etat-447578.html
https://droit-finances.commentcamarche.com/contents/1321-la-violation-du-secret-professionnel-definition
https://actu.dalloz-etudiant.fr/a-la-une/article/point-sur-la-responsabilite-penale-des-personnes-morales/h/051d2af9e957e9d7d0f7bb3240fd1376.html
https://telemedaction.org/439245281/450959438

COLLOQUES

Atelier bilan du TéléECG du 27 au 29 Octobre 2021, à Bouaké, communication de Kouassi Efrahime N'GUESSAN sur les aspects juridiques du téléECG en Côte d'Ivoire.
Participation au forum d'échanges sur la télémédecine dont le thème est : « Télémédecine et santé numérique, du concept à la pratique » du 27 février au 1er mars 2020 à Hammamet en Tunisie.

Premières journées scientifiques de la Société Ivoirienne de Télémédecine du 11 au 12 Octobre 2019 à Yamoussoukro, modérateur, section juridique.
Premier séminaire technique sur la télémédecine et l'hôpital numérique en Afrique, les 17 et 18 février 2014 à Bouaké (centre de la Côte d'Ivoire).
Séminaire de formation avec l'appui de l'ANSUT (Agence Nationale du service universel des télécommunications-TIC), les 05 et 06 Décembre 2014 au Centre national de télémédecine au CHU de Yopougon (Abidjan) sur le téléECG.
Atelier bilan du téléECG couplé au séminaire technique sur la télémédecine et l'hôpital numérique du 15 au 17 Février 2018 à Bouaké. Communication de Kouassi Efrahime N'GUESSAN sur l'information du patient ivoirien dans sa relation avec le médecin, notamment dans les pratiques de télémédecine.
8ème congrès de la SFT-ANTEL à Paris, Université Descartes, les 30 et 31 octobre 2015 :
Télésurveillance et profil évolutif de l'électrocardiogramme d'une cohorte noire africaine en milieu professionnel au centre de la Côte d'Ivoire et Etude de l'impact socio-économique d'un projet de télémédecine en Côte d'Ivoire : télé expertise en cardiologie pour l'interprétation des électrocardiogrammes (ECG), (Résultats préliminaires), présentées par Kouakou Florent DIBY.
9ème congrès de la SFT-ANTEL à Paris, SORBONNE Universités, les1er et 2 décembre 2016
Communication présentée par Kouakou Florent DIBY sur : Connaissances, attitudes et pratiques des professionnels de la santé face aux opportunités de diagnostic et de prise en charge des pathologies cardiovasculaires par télémédecine en Côte d'Ivoire.
JETSAN-journée d'étude sur la télésanté 2017, 31 Mai au 1er Juin 2017, IUT de Bourges

Communication présentée par Kouassi Efrahime N'GUESSAN sur : Objets connectés de santé et protection des données à caractère personnel en côte d'ivoire.

Index alphabétique

A

C

D

E

F

G

H

I

J

M

N

O

P

Q

R

S

T

U

V

Table des matières

Fin du document

www.ingramcontent.com/pod-product-compliance
Lightning Source LLC
LaVergne TN
LVHW060025210926
848481LV00013B/3788
* 9 7 9 1 0 9 7 7 2 3 2 4 8 *